성공을 부르는 인생 처세술

# 관상

성공을 부르는 인생 처세술

# 관상

김현남 편저

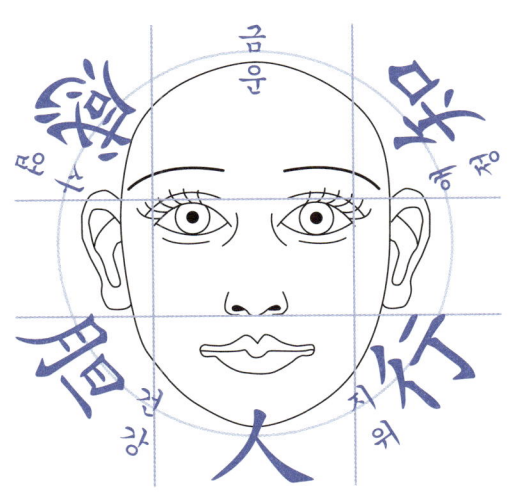

나들목

## 서문

관상(觀相)은 수많은 점술(占術) 가운데서도 매우 어려운 분야라 할 수 있다. 그렇기 때문에 어떤 특별한 계기나 상당한 각오가 없으면 완벽하게 마스터하기가 어렵다. 하지만 간단한 내용 정도는 관상과 관련된 책을 통해 쉽게 습득할 수 있다. 관상을 어렵다고 생각하면 어려운 분야가 될 것이다. 그러나 여기서는 관상에 관심 있는 사람이라면 누구나 간단하게 이용할 수 있는 내용을 중심으로 소개할 것이다.

그렇다면 관상이란 무엇일까? 우리는 가끔 얼굴이 무섭고 험악하게 생긴 사람에 대해 '인상이 나쁘다.'고 말한다. 반면 온화해 보이는 사람에게는 '저 사람은 인상이 좋다.'고 말한다. 그 밖에도 '저 사람은 겉모습과 달라.', '저 사람은 ~한 사람이야.', '관록 있어 보이네.', '별로 눈에 띄지 않는 사람이야' 등의 말도 많이 한다.

이처럼 관상은 우리가 일상생활에서 무의식중에 판단하는 얼굴에 나타난 성격이나 컨디션 등을 정확하게 판단할 수 있도록 학문적으로 설명한 것을 말한다. '겉모습만으로 사람을 판단할 수 없다.'는 말이 대변하듯이, 인간은 지능이 발달해 있기 때문에 느낌만으로 상대방을 판단해서는 내면에 숨겨진 심상을 제대로 볼 수 없다는 것이다.

관상을 보는 일을 '상학(相學)' 또는 '관상'이라 하며, 머리끝에서 발끝까지의 상(相)을 관상으로 살핀다. 그렇다고 해도, 실제로 사람의 몸을 구석구석 살펴보기란 어려운 일이기 때문에 일반적으로 얼굴을 보고 판단하는 것이다. 여기서 사용되는 것이 오관상법(五官相法), 골격상법(骨格相法), 기색상법(氣色相法)이다. 그중에서도 가장 많이 사용되는 오관상법은 얼굴을 눈썹(이마 포함)·눈·코(뺨 포함)·입술(턱 포함)·귀의 다섯 부분으로 나누어 감정하는 것이다. 골격상법은 얼굴 등 신체의 형태로부터 일생의 운세 등을 대략적으로 추정하는 것이고, 기색상법은 안색을 통해 고민이나 문제, 질병 등을 판단하는 것이다.

관상학의 고전에서는 이 오관을 가리켜 '눈은 싹, 코는 꽃, 치아는 잎, 귀는 열매'라고 표현하기도 한다. 이것은 상(相)의 양부(良否)가 그 사람의 인생에 있어서 어떤 의미를 가지고 있는가를 나타낸 것으로, 눈은 좋은 싹이 나오는 것을 의미하고 코는 꽃을 피우는 것이 가능한지를 의미하며, 치아는 좋은 잎을 무성하게 할 수 있는지를 의미하며, 귀는 큰 결실을 볼 수 있는지를 의미한다.

운과 운명이 궁금한가? 그렇다면 이 책을 통해 자신의 장단점을 파악하여 부족한 점을 보완하려고 노력해 보자. 조화로운 삶을 살 수 있을 것이다.

참선와운(參禪臥雲)에서
김현남

## 1. 삼정육부도

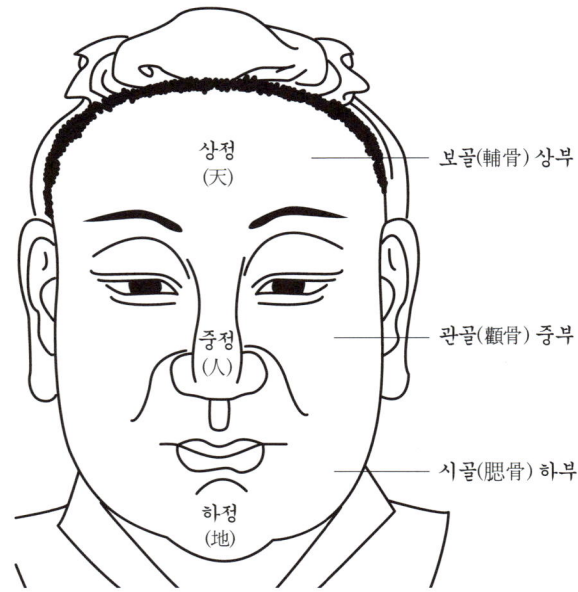

## 2. 오관도

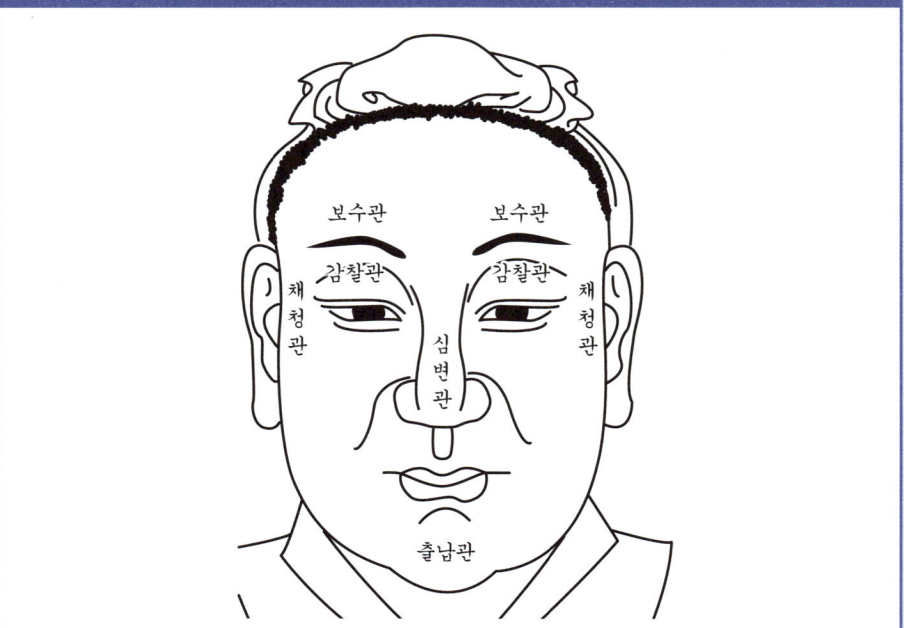

## 3. 오악사독도

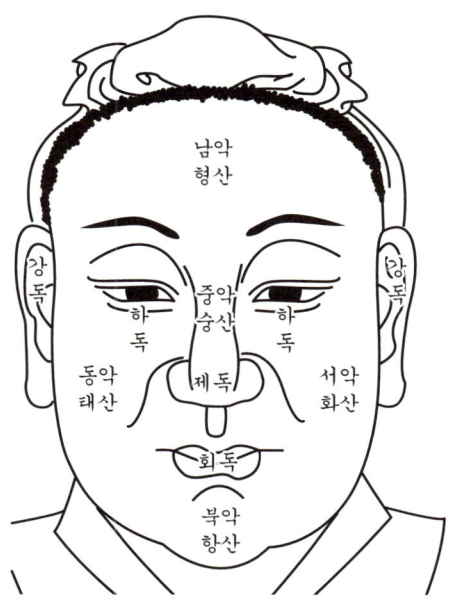

## 4. 오성육부도

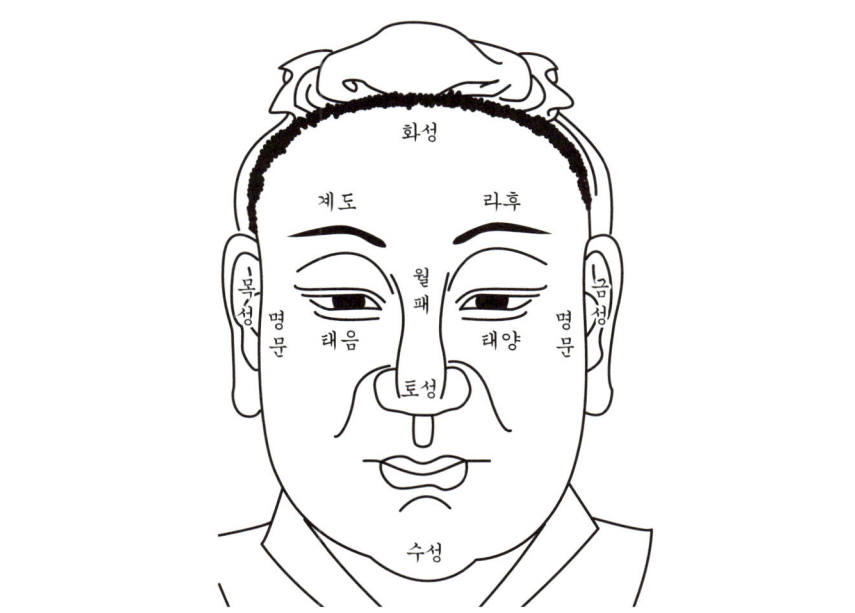

## 5. 사학당 팔학당

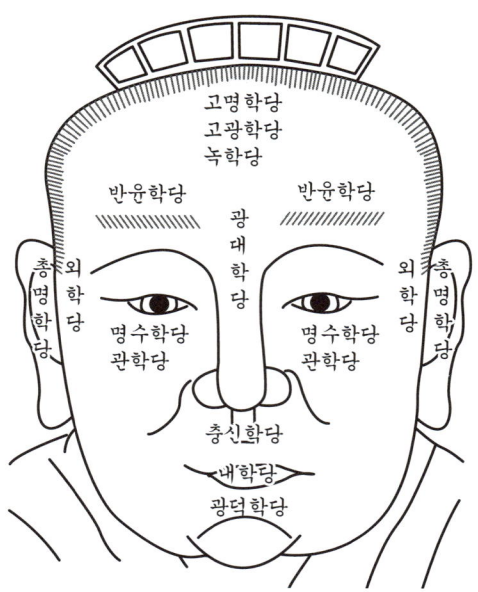

## 6. 안면 사계 및 12월령도

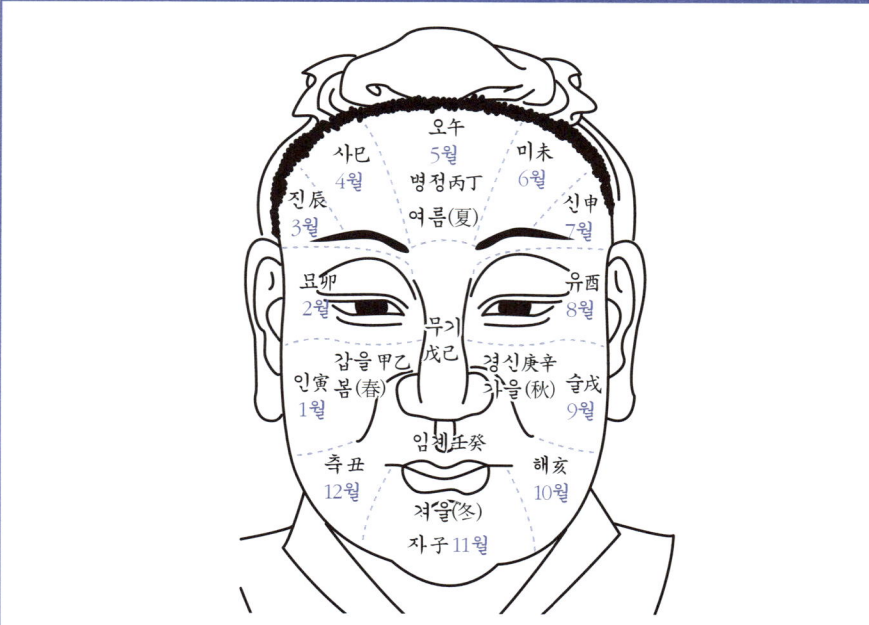

## 7. 안면 12궁도

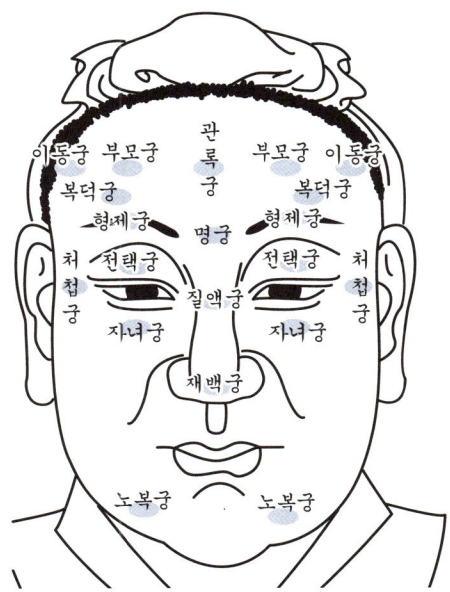

## 8. 안면 36궁도

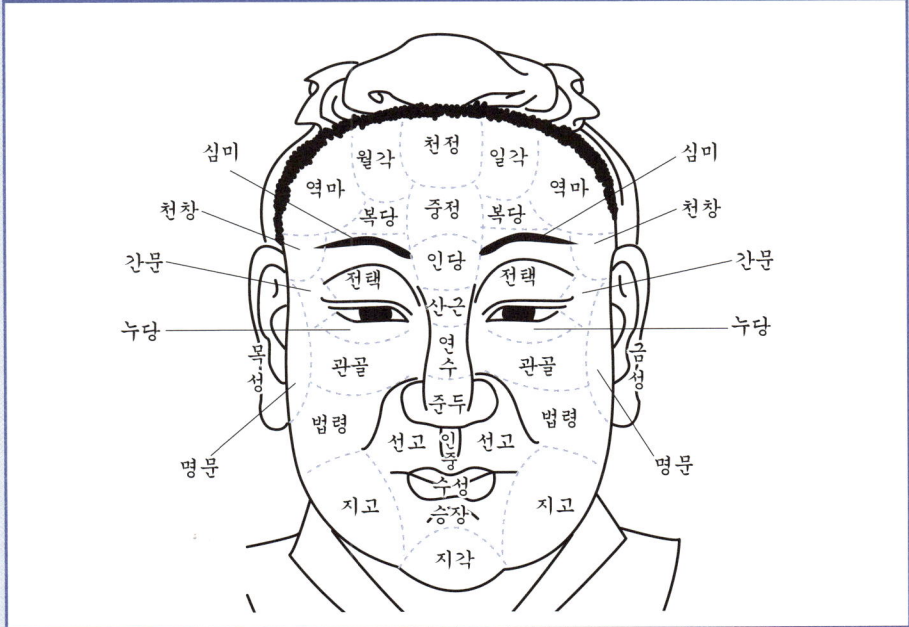

## 9. 안면 75부 유년도

오른쪽                                                    왼쪽

- 사巳 86·87
- 오午 88·89
- 화성 15
- 미未 90·91
- 산림 30
- 천중 16
- 산림 29
- 진辰 84·85
- 변성 24
- 보각 21
- 월각 18
- 천정 19
- 사공 22
- 일각 17
- 보각 20
- 변성 23
- 신申 92·93
- 총묘 27
- 채하 34
- 자기 32
- 중정 25
- 능운 31
- 번하 33
- 구릉 26
- 천륜 8·9
- 인당 28
- 천륜 1·2
- 인륜 10·11
- 소음 40
- 중음 38
- 태음 36
- 태양 35
- 중양 37
- 소양 39
- 천성 3·4
- 묘卯 82·83
- 산근 41
- 광전 43
- 연상 44
- 정사 42
- 유酉 94·95
- 호이 59
- 관골 47
- 수상 45
- 관골 46
- 호이 58
- 지륜 12·13·14
- 귀래 69
- 법령 57
- 정위 50
- 준두 48
- 난대 49
- 법령 56
- 귀래 68
- 천곽 5·6·7
- 인寅 80·81
- 금루 67
- 선고 53
- 인중 51
- 선고 52
- 금루 66
- 술戌 96·97
- 시골 75
- 아압 65
- 녹창 55
- 수성 60
- 식창 54
- 파지 64
- 시골 74
- 축丑 78·79
- 증장 61
- 지고 63
- 송당 70
- 지고 62
- 해亥 98·99
- 노복 73
- 지각 71
- 노복 72
- 자子 76·77

## 10. 안면 내외 오행 연속도

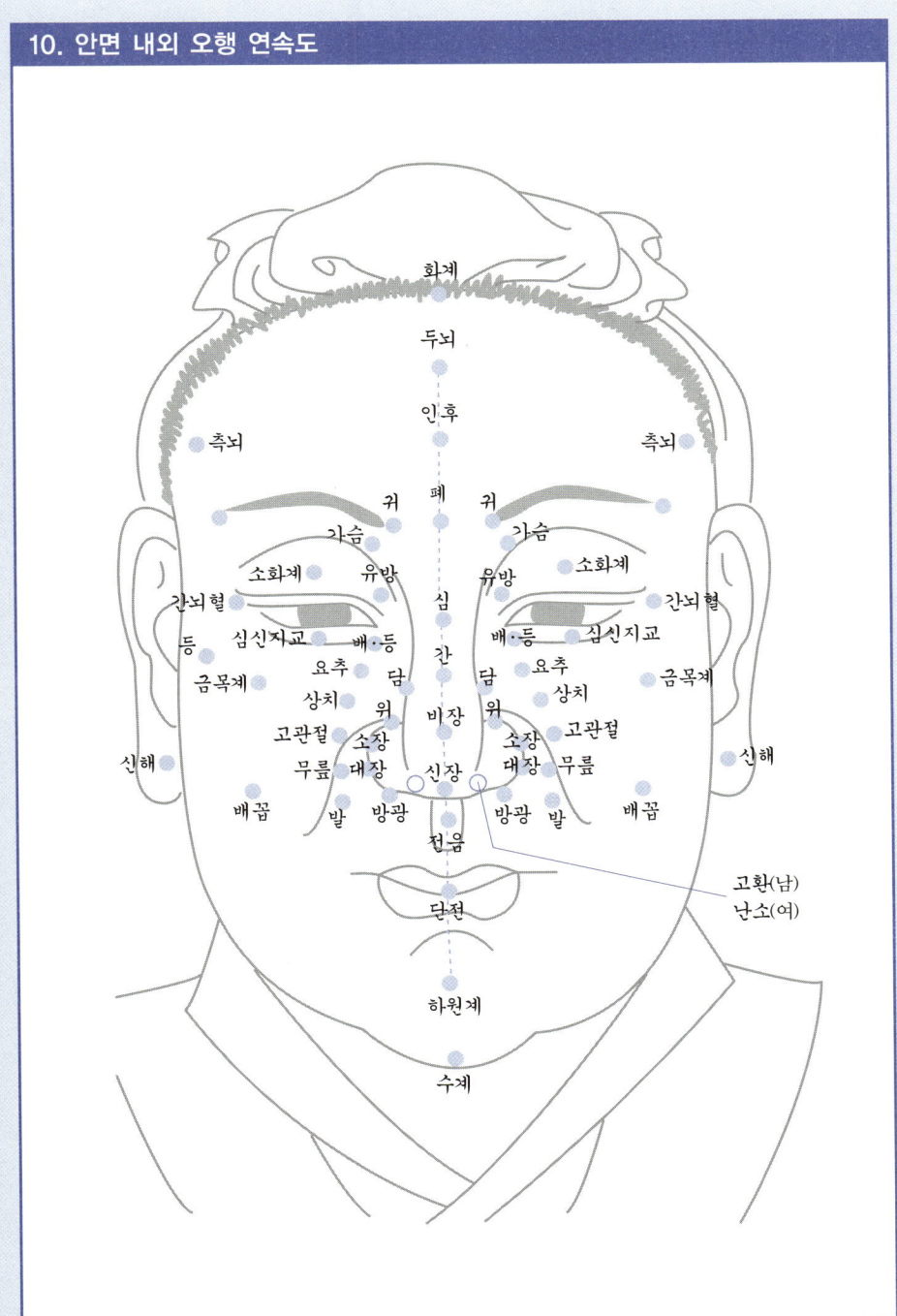

# 간단하게 **관상** 보는 법

**1 얼굴의 좌우를 살핀다** _ 사람의 얼굴을 반으로 나누어 살펴보면 좌우 인상이 매우 다르다는 것을 느낄 수 있을 것이다. 왼쪽의 반은 선천적으로 그 사람의 인품을 나타내고, 오른쪽 반은 살면서 만들어 온 인품을 나타낸다. 관상학적으로 별로 운이 좋지 않은 사람이라도 생각에 의해서 얼굴이 계속 변화해 간다는 것이다. 운이 좋아지면 얼굴도 바뀐다.

**2 풍수적으로 살핀다** _ 얼굴이 둥근 사람은 〇의 도형적 성질을 가지고 있다. 대체로 성격이 원만하며, 밝고 명랑하다. 얼굴이 네모난 사람은 □의 성질을 가지고 있다. 계획적이며, 진실되고 안정적이다. 역삼각형 모양의 얼굴을 가진 사람은 ▽의 성질을 가지고 있다. 머리 회전이 빠른 반면 불안정하고 감정의 기복도 심한 편이다. 기세와 박력이 있는 형태는 풍수적으로 볼 때도 길상(吉相)이다. 그런 관상을 가진 사람은 큰 인물이 된다.

**3 눈동자로 살핀다** _ 검은자위가 큰 사람은 정이 많고 솔직하여 사람들의 마음을 하나로 묶는 재주가 있다. 검은자위가 작은 사람은 말투가 매우 정중하고 인기도 많지만 차갑다는 것이 흠이다. 삼백안의 사람은 강한 운세와 격렬한 기질을 가지고 있어 목적을 달성하기 위해 전력을 다한다.

**4 입술로 애정운을 살핀다** _ 입술은 애정과 밀접한 연관이 있다. 윗입술의 두께는 상대방에 대한 자신의 애정을 나타내고, 아랫입술은 나에 대한 상대방의 애정을 나타낸다. 위아래 입술 두께가 2 : 3의 균형을 이루는 것이 가장 이상적이다. 그런 사람은 애정운이 좋아서 연애운이 높다.

**5 눈썹으로 살핀다** _ 원래 눈썹의 역할은 이마에서 흐르는 땀이 눈에 들어가지 않게 하기 위한 것이다. 눈썹이 굵은 사람은 땀을 많이 흘리는 사람으로, 매우 활동적이다. 관상학적으로 굵은 눈썹은 매우 좋은 상으로 생각된다. 여성의 경우에는 눈썹을 정돈할 때 '애인눈썹'에 주의해야 한다. 애인눈썹이란 처음에는 굵고 비스듬하게 올라가다가 정점에서 갑자기 꺾여 가늘어지는 것을 말한다. 그 이름처럼 절정기를 지나면 애인과 같이 버려진다는 의미로, 운이 떨어지므로 조심해야 한다.

**6 귀로 사교성을 판단한다** _ 귀의 위치로 그 사람의 사교성을 판단할 수 있다. 귀가 눈과 인중 사이에 위치해 있는 사람은 일반적이고 상식적인 사람으로, 어느 누구와도 원만한 교제를 할 수 있다. 반면 귀가 눈보다 위에 위치해 있는 사람은 교제에 서툰 경우가 많다. 하지만 일단 친해지면 깊은 우정을 쌓는다. 귀가 눈보다 아래에 위치한 사람은 성격이 느긋한 편으로, 한편으론 무뚝뚝해 보이기도 한다. 하지만 실행력을 갖춘 보스 기질을 가진 사람이 많다.

**7 턱을 통해 재능을 살핀다** _ 턱의 형태로 그 사람의 숨은 재능을 살필 수 있다. 턱이 휘어진 사람은 기술 계통에 뛰어나거나 미적 감각이 탁월하여 디자인이나 광고계 등에 적합하다. 턱이 둥근 사람은 사람을 상대하는 일에 능숙하여 영업이나 세일즈처럼 사교적인 일에서 재능을 인정받는다. 턱이 각진 사람은 리더의 재능을 갖추고 있다. 일과 공부에도 열심이고, 큰일을 맡아서 잘 처리한다.

**8 머리카락이 난 부위를 통해 애정 경향을 살핀다** _ 이마의 형태를 통해 교제하는 방법을 살펴볼 수 있다.
**원형** : 우유부단하여 결단력이 부족한 반면 상냥하고 호의적이다.
**장방형** : 믿음직하고, 연인을 리드한다.
**M형** : 정열적이고 적극적이다. 천성은 매우 조용한 편이다.
**A형** : 플라토닉한 사랑을 추구한다. 조금 딱딱해 보이지만 연인에 대한 애정이 깊다.
**좌우가 들어간 형태** : 바람을 피기 쉽다.

**9 귓불로 성격을 살핀다** _ 귓불의 형태는 그 사람의 생활이나 컨디션에 의해 크게 바뀔 수 있다. 완전하게 귓불이 없는 귀를 가진 사람은 두뇌가 뛰어난 이성적인 학자 타입으로, 실행력은 약간 떨어진다. 신경질적인 면도 있다. 귓불은 없지만 둥글림이 있는 귀를 가진 사람은 성격이 명랑하고 사교적이다. 남에게 지기 싫어하고 자기 주장도 강한 편이다. 귀가 늘어진 사람은 느슨하고 불규칙한 생활을 할 가능성이 높다. 그래서 성격이 약한 사람이 많은데, 오히려 그 개성을 살려 성공하는 사람도 많다. 살집이 많은 귓불을 가진 사람은 인내심은 강한 반면 작은 일에 신경을 쓰지 않으며, 감정을 겉으로 쉽게 드러내지도 않는다. 어떤 일을 해도 평균 이상의 힘을 발휘해 성공하는 타입이다.

**10 수염으로 남성의 심리를 살핀다** _ 수염은 남성에게 있어 인상을 바꾸고 얼굴을 바꾸는 데 매우 편리한 수단이다. 수염 모양에 따라서 변화하는 이미지나 그 남성의 심리는 다음과 같다.
**콧수염** : 위압감이나 관록을 나타낸다.
**팔(八)자 수염** : 이성적이고 지적으로 보이게 한다.
**정리되지 않은 수염** : 강력하고 정력적이고 남성다움을 느끼게 한다.
**입 주변만 깨끗이 깎아 손질한 수염** : 섹시해 보이게 한다.
**턱 전체를 가린 수염** : 본심을 위장한다. 리더나 전투적인 정치가 스타일
**턱 앞부분만 긴 수염** : 종교인이나 예언가처럼 염력을 가진 사람으로 보이게 한다.
이처럼 남성은 수염으로 이미지를 확 바꿀 수 있다. 반면 여성은 수염의 이미지에 조심해야 한다.

**11 얼굴의 옆모습으로 성격을 살핀다** _ **철형** : 얼굴 중앙부가 앞으로 돌출된 타입으로, 성격이 매우 밝아서 싫은 일, 슬픈 일도 곧잘 잊어버리고 일에 대해서도 싫증을 많이 내지 않는다.
**직선형** : 이마와 턱 라인이 꼿꼿한 타입으로, 정상적이고 상식적인 스타일. 사물에 대해 적당한 분별력을 가지고 있으며 생각이 견실하다.
**요형** : 이마와 턱이 앞으로 나오고 얼굴 중앙부가 움푹 패인 타입으로, 약간 내향적이다. 머리가 좋고 이성적이며, 다른 사람과 의논하기보다는 스스로 결정하는 경우가 많으며, 충동적이기 때문에 가끔씩 주변 사람들을 놀라게 한다.

## 차례

### 제1장 | 상법 총론

**01 관상학의 기원** 25
  1) 중국 관상학의 전개 25   2) 우리나라 관상학의 전개 29
**02 심상 보는 방법(心相鑑定法)** 31
**03 형상(形象)** 35
**04 골상(骨相)** 36
  1) 뼈와 운명 36   2) 뼈와 건강 38
**05 육상(肉相)** 40
  1) 근육과 운명 40   2) 근육과 건강 41
**06 음성(音聲)** 43
  1) 음성과 운명 43   2) 음성과 건강 44
**07 삼정(三停)** 47
  1) 삼정과 운명 47   2) 삼정의 의미 48   3) 삼정과 인체 49   4) 삼정과 안면 26부위 52
**08 안면 이분법** 54
**09 오악(五岳)** 55
**10 사독(四瀆)** 56
**11 오관(五官)** 58
**12 육부(六府)** 60
**13 오성육요(五星六曜)** 61
**14 십삼부위(十三部位)** 63
**15 십이학당(十二學堂)** 65

# 제 2 장 | 상법 분론

**01** 십이궁(十二宮)이란? 71

**02** 명궁(命宮) 73
   1) 명궁과 운명 73   2) 명궁의 색과 질병 76

**03** 재백궁(財帛宮) 77

**04** 관록궁(官祿宮) 80

**05** 복덕궁(福德宮) 82

**06** 부모궁(父母宮) 85

**07** 형제궁(兄弟宮) 87

**08** 처첩궁(妻妾宮) 90

**09** 남녀궁(男女宮) 94

**10** 노복궁(奴僕宮) 99

**11** 질액궁(疾厄宮) 102
   1) 산근의 의미와 운명 102   2) 산근과 건강 104

**12** 천이궁(遷移宮) 106

**13** 전택궁(田宅宮) 110

**14** 얼굴 총론 114
   1) 부귀할 관상 116   2) 빈천할 관상 117   3) 색택으로 귀천 살피는 법 118

**15** 유년도 120

## 제3장 | 안면 분과론

**01 머리와 운명** 129
    1) 머리의 의미와 운명 129   2) 머리의 형태와 운명 130   3) 모발과 건강 131

**02 귀와 운명** 134
    1) 귀의 의미와 기본 형태 134   2) 귀의 형태와 운명 136   3) 귀의 형태와 길흉 138
    4) 귀와 건강 141   5) 귀의 형태와 질병 144   6) 귀를 통해 보는 여러 가지 운 146

**03 이마와 운명** 148
    1) 이마의 의미와 기본 형태 148   2) 이마와 운명의 길흉 152
    3) 이마의 형태와 질병 153   4) 이마의 색과 질병 154
    5) 측면에서 본 이마와 얼굴의 형태 155
    6) 이마에 나타난 주름과 운명 156
    7) 이마에 나타난 주름과 재능 165

**04 눈썹과 운명** 169
    1) 눈썹의 의미와 기본 형태 169   2) 눈썹의 형태와 운명 170
    3) 눈썹과 운명의 길흉 175   4) 눈썹과 건강 178

**05 눈과 운명** 183
    1) 눈의 의미와 기본 형태 183   2) 눈의 형태와 운명 187
    3) 눈과 운명의 길흉 192   4) 눈과 건강 192

**06 코와 운명** 199
    1) 코의 의미와 기본 형태 199   2) 코의 형태와 운명 201   3) 코와 운명의 길흉 204
    4) 코와 건강 205   5) 코의 형태와 질병 206

**07 인중** 212
    1) 인중의 의미 212   2) 인중의 형태와 운명 213   3) 인중과 건강 215
    4) 인중의 형태와 질병 216   5) 인중의 색과 질병 218

**08 입과 운명** 221

    1) 입의 의미와 기본 형태 221    2) 입의 형태와 운명 222
    3) 입과 운명의 길흉 225    4) 입과 건강 226

**09 입술과 운명** 228

    1) 입술의 의미와 운명 228    2) 입술과 건강 229
    3) 입술의 형태와 건강 230    4) 식록과 건강 233

**10 치아와 운명** 236

    1) 치아의 의미와 운명 236    2) 치아와 건강 238

**11 혀와 운명** 241

    1) 혀의 의미와 운명 241    2) 혀와 건강 242    3) 혀를 통해 생사를 살피는 방법 245

**12 관골과 운명** 246

    1) 관골의 의미와 운명 246    2) 관골의 형태와 운명 247    3) 관골과 질병 249

**13 수염과 운명** 251

    1) 수염과 운명 251    2) 수염과 건강 251

**14 법령과 운명** 253

    1) 법령의 의미와 운명 253    2) 법령과 수명 253    3) 법령선과 사업운 254

**15 턱과 운명** 257

    1) 턱의 의미와 운명 257    2) 턱의 형태와 운명 257    3) 턱과 건강 259

## 제4장 | 신체 분과론

01 목과 운명 265

02 어깨와 운명 267

03 등과 운명 268

04 허리와 운명 269

05 가슴과 운명 270

06 유방과 운명 271

07 배와 운명 272

08 배꼽과 운명 273
    1) 배꼽과 운명 273    2) 배꼽의 위치와 건강 274

08 엉덩이와 운명 277

10 무릎 정강이와 운명 278

11 팔·다리와 운명 279
    1) 팔·다리의 의미와 운명 279    2) 다리와 질병 279

12 음부와 운명 283

13 손과 운명 285
    1) 손과 운명 285    2) 간단하게 손금 보는 법 288    3) 손의 형상과 질병 292
    4) 손가락의 형태와 질병 295

14 얼굴과 몸의 점으로 길흉 판단하기 301
    1) 얼굴의 점 301    2) 몸의 점과 길흉 303

## 제5장 | 얼굴의 여러 가지 형태

01 ○형 = 영양질(營養質) 309
02 □형 = 근골질(筋骨質) 311
03 ▽형 = 심성질(心性質) 312
04 유자형(由字形) 313
05 갑자형(甲字形) 315
06 신자형(申字形) 317
07 전자형(田字形) 319
08 동자형(同字形) 322
09 원자형(圓字形) 323
10 목자형(目子形) 325
11 용자형(用字形) 327
12 왕자형(王字形) 328
13 풍자형(風字形) 329
14 사상 의학으로 본 얼굴 형태와 질병 330
    1) 태양인 330  2) 태음인 331  3) 소양인 331  4) 소음인 332
15 오행과 얼굴의 형태와 질병 334
    1) 목형 334  2) 화형 335  3) 토형 336  4) 금형 337  5) 수형 339

# 제6장 | 물형론

**01** 물형론 살피는 법 343

**02** 각 형상별 특징 346

    1) 용의 형상 _ 푸른 용이 여의주를 희롱하는 상 346
    2) 기린의 형상 _ 기린이 밭둑을 걷는 상 347
    3) 사자의 형상 _ 수풀에 나는 사자상 347
    4) 호랑이의 형상 _ 수풀에 나는 호랑이 상 348
    5) 코끼리의 형상 _ 밀림을 걸어가는 코끼리 상 348
    6) 원숭이의 형상 _ 밤을 까먹는 원숭이 상 349
    7) 곰의 형상 _ 양지 끝에 곰이 누워 있는 상 349
    8) 사슴의 형상 _ 봄에 풀밭을 거니는 사슴의 상 350
    9) 승냥이의 형상 _ 숲 속에 숨은 승냥이 상 350
    10) 성성이의 형상 _ 술에 취해서 누워 있는 성성이 상 350
    11) 여우의 형상 _ 늙은 여우가 뼈를 희롱하는 상 351
    12) 노루의 형상 _ 산과 들에 닿는 노루의 상 351
    13) 돼지의 형상 _ 산돼지가 밭에 내려오는 상 351
    14) 소의 형상 _ 풀밭에 누운 소의 형상 352
    15) 말의 형상 _ 말이 방울을 흔들며 달리는 상 352
    16) 개의 형상 _ 개가 도둑을 지키는 상 353
    17) 염소의 형상 _ 풀밭에서 우는 염소의 상 353
    18) 당나귀의 형상 354
    19) 토끼의 형상 _ 토끼가 달을 바라보는 상 354
    20) 봉의 형상 _ 대나무 숲에 길든 봉의 상 354
    21) 학의 형상 _ 소나무 위에서 춤을 추는 학의 상 355
    22) 앵무새의 형상 _ 말 잘하는 앵무새의 상 356
    23) 공작의 형상 _ 궁중에서 춤추는 공작의 상 356
    24) 까치의 형상 _ 기쁜 소식을 알리는 까치의 상 356
    25) 참새의 형상 _ 굶주린 새가 벌레를 찾는 상 357
    26) 제비의 형상 _ 잠자리를 쫓는 제비 상 357
    27) 매의 형상 _ 하늘을 나는 매가 토끼를 차는 상 358
    28) 거북이의 형상 _ 거북이 물결을 희롱하는 상 358
    29) 쥐의 형상 _ 겨울에 집에 든 쥐의 상 359
    30) 두꺼비의 형상 _ 장마 중에 나온 두꺼비 상 359
    31) 물고기의 형상 _ 맑은 강물에 물고기가 노는 형상 360
    32) 뱀의 형상 _ 뱀이 똬리를 튼 상 360

## 제7장 | 운을 높여 주는 관상 메이크업

**01** 복을 부르는 메이크업 363

**02** 관상 메이크업의 포인트 365
  1) 표준 얼굴이란 365   2) 개운 메이크업의 포인트 366

**03** 애정운을 높이는 메이크업 368
  1) 섹시한 매력을 발산하는 메이크업 368
  2) 연인이나 남편과의 애정운을 높이는 메이크업 369

**04** 재운을 높이는 메이크업 370
  1) 금운(金運)을 높이는 메이크업 370
  2) 남편이나 연인의 금운을 높이는 메이크업 371

**05** 직업운을 높이는 메이크업 373
  1) 커리어 우먼의 이미지를 높이는 메이크업 373
  2) 동료에게 사랑받고 윗사람에게 신뢰를 얻는 메이크업 374

## 부록 | 경험 비결

- 경험 비결 377
- 남성의 빈궁상 386
- 여성의 빈천상 388
- 팔대(八大)란 무엇인가? 390
- 팔소(八小)란 무엇인가? 391
- 오장(五長)이란 무엇인가? 392
- 오단(五短)이란 무엇인가? 392
- 오소(五小)란 무엇인가? 393
- 오로(五露)란 무엇인가? 393
- 십대공망(十大空亡)이란 무엇인가? 394
- 십살(十殺)이란 무엇인가? 395
- 십대천라(十大天羅)란 무엇인가? 396
- 육천상(六賤相)이란 무엇인가? 397
- 육악(六惡)이란 무엇인가? 397

# 제1장
# 상법 총론

관상학의 기원 / 심상 보는 방법 / 형상(形象) / 골상(骨相) / 육상(肉相) / 음성(音聲) / 삼정(三停) / 안면 이분법 / 오악(五岳) / 사독(四瀆) / 오관(五官) / 육부(六府) / 오성육요(五星六曜) / 십이학당(十二學堂) / 십삼부위(十三部位) / 십이학당(十二學堂)

## 01 관상학의 기원

### 1 중국 관상학의 전개

오랜 옛날, 인류의 생활은 짐승과 별반 다를 것이 없었다. 그러다 인구가 증가하면서 다양한 문화가 발전하고 국가와 도시가 형성되면서 생존 경쟁이 치열해지게 되었다. 그러던 4800년 전, 중국의 복희씨(伏羲氏 또는 伏犧氏)가 처음으로 '팔괘(八卦)'를 발명하면서 미래를 점칠 수 있게 되었다.

그 후, 4119년 전 우나라 때 다시 낙서(落書)가 출현하여 점술이나 미래를 예측하는 학문이 더욱 발전하게 되고, 하나라와 은나라를 거쳐 주나라 문왕(文王) 시대에 이르면서 귀장을 '주역(周易)'이라 고쳤다. 이로 인해 점술 방법이 더욱 구체적이고 체계적으로 보급되면서 많은 사람들이 이에 관심을 갖게 되었다. 그러나 이때까지는 점복을 대략적으로 완성한 시대이긴 해도 충분치는 못한 상황이었다. 그러던 중 동주(東周)의 숙복(叔服)이라는 사람이 '인생의 길흉(吉凶)을 미리 알 수 있는 방법이 없을까?' 하고 고민하게 된다. 숙복은 지금으로부터 2274년 전 사람으로 공자보다 무려 1백여 년 전에 출생하여 당시 내사 벼슬을 한 학자이자 유명한 천문학의 태두요, 점성술의 원조라 할 수 있다. 노나라 문공 14년 7월에 성패가 북두에 침입하자 숙복은 그것을 보고 칠 년 내에 송·제·진, 이 세 나라의 왕이 반드시 죽을 것이라 예언한다. 과연 그의 예언은 적중한다. 이것이 점성술의 효시로, 그는 관상법의 창설자이기도 하다.

《좌전(左傳)》이라는 책에는 다음과 같은 내용이 나온다. "문공 원년에 부희공을 장사지낼 때 주 왕 혜공이 숙복에게 명하여 감독케 하였다. 그때 노나라의 재상 공손오(公孫敖)는 내사 숙복이 관상을 잘한다는 말을 듣고 그의 아들 이명의 상을 보인바 훗날 과연 숙복의 예언대로 적중하였다."

그 후 관상학에 대한 연구가 점점 확대되어 일가를 이룬 상가들이 매우 많았다. 이것이 바로 관상학의 시초로, 관상학은 형이하학이요, 통계 과학으로서 옛날부터 전해 오는 복술과는 전혀 형태가 다르다.

이런 숙복의 뒤를 계승한 자가 고포자경(姑布子卿 또는 姑布子)이다. 고포자경의 경력은 잘 알려져 있지 않으나 경(卿) 자가 붙은 것으로 미루어 보아 주(周) 왕실의 고관이었음을 추측할 수 있다. 일설에 의하면 공구(孔丘)라는 이름은 고포자경이 공자의 관상을 본 뒤에 지어 준 이름이라고 한다. 공자의 아버지는 숙양글이고 어머니는 안 씨였으니 공(孔)은 양쪽 부모 그 누구의 성도 아니다. 공자는 겨우 3세 때 아버지를 잃고 지극히 가난하여 어머니 안 씨의 손에 자랐다. 그런데 공자의 얼굴이 잘생겼다는 말을 듣고 고포자경이 그의 관상을 살펴보니 머리의 중심이 요(凹)하여 구멍과 같고, 머리의 주위가 철(凸)하여 언덕과 같았다. 그래서 그의 이름을 공구라 불렀다 한다. 뒤에 그의 성을 공(孔)이라 하고 이름을 구(丘)라 하였다. 나아가 장래에 위대한 성인이 될 것을 예언한 것은 실로 놀라운 일이다.

고포자경 다음에는 초(楚) 나라의 당거(唐擧)라는 사람이 있다. 《사기(史記)》에 의하면 당거는 채택과 진나라의 장군 이태, 재상 이사의 관상을 보아 준 것으로 유명하다. 《순자(荀子)》의 〈비상〉 편에도 "옛적에 고포자가 있었으나 지금은 당거가 있다."고 했다. 당거는 3대 째로서 초대인 숙복과 2대인

고포자경까지는 이른바 골상(骨相) 시대였으나 당거에 이르러 처음으로 기색(氣色) 보는 법을 발명하여 이것으로 관상학의 대략적인 체계가 완성되었다고 할 수 있다. 그 후 주나라가 망하고 진나라가 들어서면서 진시황은 모든 서적을 불살라 버리지만 점술 서적만은 남겨 놓는다. 그중에서도 다행히 상서(相書)만은 비전(秘傳)으로 발표하지 않았기 때문에 화(禍)를 면할 수 있었다.

그 후 진나라가 망하고 한나라가 들어섰는데, 한나라의 고조 황제는 특히 관상학을 신용했다. 그것은 그의 개인적인 경험과 맞닿아 있다. 그가 아직 천자가 되기 전에 여공이라는 사람이 그의 상을 보고 장래에 황제가 될 것을 예언하고 자신의 딸과 결혼해 줄 것을 청하자 그는 괭이를 던져 버리고 군인이 되어 훗날 항우를 정복하고 마침내 천자가 되었다. 한 고조가 황제가 된 것은 모두 그 관상가의 공이었다는 것. 그 덕분에 관상가는 한나라 왕실에 자유로이 출입하였음은 물론 특별한 대우를 받았다. 그리고 그 덕에 궁중의 비밀을 전부 쥐게 되었고, 자연스럽게 세력과 권력까지 얻게 되었다.

이러한 관상학은 더욱 발전하여 사람마다 관상가를 선가(仙家)라 부르게 되었다. 주나라 말기에는 이른바 제4대 관상가라 불리는 허부(許負)가 출생한다. 일찍이 한신의 상을 봐 준 뒤로 허부는 은연중에 궁중 고관을 누른 것은 말할 것도 없고 수많은 재산을 쌓게 된다. 오늘날 각종 관상서에서 말하는 이목구비 등의 형태도 모두 허부가 저술한 《인륜식감(人倫識鑑)》에 기록되어 있는 것이다. 그 다음 제5대 관상가는 겸도(鉗徒)라는 사람으로, 그는 동방삭(東方朔)을 비롯하여 유명한 제자들을 많이 두었다. 이처럼 한나라 때는 관상학이 융성한 시기로, 명사들을 많이 배출하여 역사에 이름을 남긴 사람들이 많았다.

한나라가 망하고 위·촉·오 세 나라가 정립하면서도 관상학에 대한 명사가 상당히 많았는데, 그중에서도 관로(官輅)의 이름이 가장 높았다. 그의 사적은 〈유림전(儒林傳)〉에 자세히 씌여 있고, 《삼국지(三國志)》에도 기록되어 있다.

동진과 서진 시대에 이르러서도 관상학은 앞 시대 못잖게 융성했을 뿐만 아니라 더욱더 발전하여 그 연구를 선술이라 하여 일종의 비술로서 전해지기도 했다. 남북조의 서인도에서 달마대사가 중국으로 건너와 불교를 전파하는데 노력한 바, 관상가의 세력에 밀려 미래보다 현재의 형편이 간절하다는 설이 많아서 전파를 할 수 없으므로 부득이 다시 본국으로 돌아가 9년간 관상법을 연구하여 그것으로 불교를 전파하는 방편을 삼았다는 설도 전해지고 있다. 그리고 그 후 이것을 제자에게 전한 것이 오늘날의 《달마상법(達磨相法)》이다. 이때부터 선가(仙家)에서는 선가적으로 연구하고 불교는 불교적으로 연구하면서 술어의 명칭이 서로 다른 형태로 발전했다. 예를 들어 눈을 '신(神)'이라고도 하고 '용궁(龍宮)'이라고도 하는 것을 불가에서는 '정사(精舍)' 또는 '광전(廣殿)'이라고 하는 것과 같은 차이다.

당나라 시대는 문학이 가장 왕성한 시기였을 뿐만 아니라 관상학에서도 여동빈(呂洞賓)이나 일행선사(一行禪師) 등 수많은 명사를 배출한 시기이기도 하다. 오대(五代) 때의 주나라 세종(世宗)이 관상가 왕박(王朴)을 스승으로 삼았다는 것을 오대의 역사에서도 찾아볼 수 있다.

다음 마의(麻衣)라는 선인은 화산 석실 속에 살면서 겨울에도 항상 삼베옷을 입고 있어서 마의 선생이라 불렸는데, 그가 어디 사람인지에 대해서는 알려진 바가 없다. 일설에 의하면 간의대부라는 벼슬을 살았다고도 하나 확실하지 않다. 또한 그때에 진박(麻衣)이라는 사람이 있었는데, 마의 선생을 찾아가 스승으로 삼고 나무를 해다 밥 지어 주기를 10년, 때는 송나라가 되었다. 진박은 송나라 태종 황제의 부름을 받고 야복을 입은 채 황제를 만났다. 태종 황제는 진박을 크게 믿고 간의대부를 삼으려 했으나 그는 간곡하게 사양하고 벼슬을 받지 않았다. 태종은 그의 뜻이 굳어 공명을 희망하지 않음을 알고 이에 '희이(希夷)'라는 호를 내렸다. 희이라는 뜻은 노자에서 생긴 말로 '보아도 보이지 않음을 희(希 : 見而不見曰希)요, 들어도 듣지 않음을 이(夷 : 聞而不聞曰夷)'라는 뜻이다. 즉 그 사람의 마음이 심오해서 보통 사람으로서는 측량할 수 없음을 의미한다.

희이 선생에 이르러서는 종래에 비전으로서 전수한 것이나 일반이 알아서 공익이 된다면 굳이 비전으로 전할 필요가 없다 하고, 처음으로 관상에 관한 이론을 책으로 발표하는데, 불가는 불가에 의해서 발표하고 선가는 선가에 의해서 발표하게 된다. 이것을 송나라 사람이 편찬하여 《신상전편(神相全編)》이라는 제목으로 출판한다. 이것이 바로 처음으로 세상에 나온 관상서다. 이와 같이 상서(相書)가 비밀의 문을 열고 처음으로 세상에 출판되자 사람들은 앞다투어 이것을 연구하게 되고, 그 덕분에 관상학은 더욱 발전하게 된다. 그리하여 세상 사람들은 희이를 가리켜 관상학의 중시조(中始祖)라 한다.

원나라 때는 태조 황제의 스승으로 있던 벽안도사(碧眼道士)가 가장 유명하다. 원나라의 태조는 일본을 정벌하려다가 뜻을 이루지 못하고 지금의 중유럽을 정복하였다. 중국의 문물이 중유럽에 전래된 것은 이때부터다. 19세기의 카루씨가 골상학(骨相學)을 발표한 것은 모두 《신상전편》을 기초로 한 것이다.

명나라 때의 원충철(袁忠徹)은 유장(柳庄)이라 불렸는데, 유장은 당시에 가장 이름을 날린 사람이다. 청나라의 강희(康熙) 시대에는 특히 저자들이 많이 배출되었다. 이처럼 당나라와 송나라 이후는 관상학이 발달한 시대로, 특히 진희이의 발표 이후가 가장 융성했다. 그리고 청나라가 망하고 중화민국이 들어서면서 많은 출판사들이 앞다투어 상서를 발간하게 된다. 이처럼 관상학의 기원은 옛날 중국에서부터 시작하여 무려 2200년의 역사를 가지고 있다.

## 2 우리나라 관상학의 전개

그렇다면 관상학이 우리나라에 들어온 것은 언제일까? 지금으로부터 1400년 전 신라 선덕여왕(善德女王) 때 승려들이 중국으로 유학을 갔다가 귀국하면서 가져온 것으로 추측된다. 계통은 달마대사의 상법이다. 그러나 정사(正史)

에 없으므로 명기(明記)할 수 없으나, 야사에 보면 승려들이 유명한 위인들의 상을 보아 미래의 일을 예언했다는 것을 알 수 있다.

고려 말, 유명한 관상가 혜증(惠澄)은 조선의 태조인 이성계가 아직 임금이 되기 전에 그의 상을 보고 깜짝 놀라며 장래에 군왕(君王)이 될 것임을 예언했고, 영통사(靈通寺) 도승은 조선 초 세조 시절에 한명회(韓明澮)의 관상을 보고 장래에 재상이 될 것을 예언한 것이 《한씨보응록(韓氏報應錄)》에 기록되어 있다. 그 밖에도 《대동기문(大東奇聞)》이라는 책에는 역대 고관대작의 집에는 관상가들의 출입이 잦았고, 또 예언이 적중하여 세상 사람들을 놀라게 한 일이 많았다는 이야기도 전한다.

그러나 자신이 아는 특기를 다른 사람에게 가르쳐 주는 것을 싫어하는 우리 민족의 특성상 관상학은 이렇다 할 발전을 이루지 못한다. 그러는 중에도 혜증을 위시하여 이천연(李千年)·이토정(李土亭)·정인홍(鄭仁弘)·정북창(鄭北昌) 등이 유명했고, 일제 강점기 때는 배상철(裵相哲)·강남월(姜南月)·최운학(崔雲鶴) 등이 유명했다. 그러나 이들은 모두 생활을 위하여 관상을 업으로 삼았기 때문에 진실한 포부를 다했을 것이라고 보긴 어렵다. 물론 지금은 관상계에 유명한 사람들이 적지 않고, 처세상(處世上)의 필요로 관상학을 연구하는 이도 많아졌다. 그 밖에도 생계를 위해 관상을 업으로 하는 유명·무명의 관상가들이 그 수를 헤아릴 수 없을 만큼 많은 실정이다. 문제는 대부분이 영리를 추구하는 바람에 관상학 본래의 진실성을 잃어 가고 있다는 것이다. 게다가 그 연구가 진실한 학자의 연구가 아니기 때문에 일반 대중이 관상학을 복술(卜術)과 혼동하는 경우도 많다. 이로 인해 연구의 토대를 그르쳐 과학적 인상법이 일종의 미신으로 취급받아 발전하지 못하고 있는 것은 참으로 유감스럽다.

# 심상 보는 방법 心相鑑定法

공자는 "만상이 불여심상[萬相不如心相]이라."했고, 석가(釋迦)는 "일체가 유심조[一切有心造]라."했다. 또 예수는 "원수를 사랑하라."했으니 이들 성인의 말은 표현 방식만 다를 뿐 결론은 하나, 즉 모든 것은 마음먹기에 달려있다는 것이다.

관상학자 마의 선생(麻依先生)은 "심재형선(心在形先)하고, 형재심후(形在心後)니 미관형모(未觀形貌)하고 선상심전(先相心田)하라."했다. 상은 형상이 있으나 마음은 형상이 없다. 그러나 유형의 상은 무형의 마음에 의해 지배되어 변화한다. 예를 들어 부끄러운 일이 생기면 얼굴이 붉어지고, 기쁜 일이 생기면 얼굴이 환해지며, 성이 날 때 얼굴이 잔뜩 찌푸려지는 것은 모두 무형의 마음이 유형의 상으로 표현된 것에 불과하다.

얼굴은 짐승 같아도 마음이 인자한 이가 있는 반면 인면수심(人面獸心)의 철면피도 적지 않다. 그러므로 친구를 사귀려면 눈을 먼저 살펴야 한다. 사람의 마음을 가장 빠르고 정확하게 표현하는 것이 눈이기 때문이다. 눈이 불량하고 툭 불거진 사람은 마음이 선량하지 못하다.

스스로 단점을 파악하여 작은 허물이라도 고치는 것은 덕의 근본이 되고, 박명(薄命)하더라도 양생(養生)을 잘하면 장수할 수 있다. 부귀빈천(富貴貧賤)을 정하는 요소는 상에 의하지만 그 상을 형성하는 것은 마음이다. 그러므로 그 마음이 선량하면 빈천할 상이라도 부귀할 수 있고, 그 마음이 불량하면 부귀할 상이라도 도리어 빈천할 수 있다. 사람의 마음은 형상의 근원이니, 그 마음을 살피면 그의 선악을 알 수 있다. 특히 사람의 행동은 마음의 표현이므로 그의 화복(禍福)을 가히 알 수 있다.

- 비리(非理)로 재산을 모은 자는 그 재산이 오래가지 못한다.
- 말을 이랬다저랬다 바꾸며 책임을 회피하는 자는 신용을 잃어 성공하기 어렵다.
- 크게 해도 좋은 말을 귀에 대고 속삭이는 자는 음흉하다.
- 간담(肝膽)을 헤치고 실정을 말하는 자는 영걸(英傑)하다.
- 고집이 세고 자기 주장만 내세우는 자는 큰 재앙과 망신을 당할 것이다.
- 성질이 불꽃같고 참을성이 없는 자는 수명이 줄고 손재(損財)할 사람이다.
- 부자에게는 친절하지만 가난한 사람을 무시하는 자에게는 큰일을 맡길 수 없다.
- 권력에 아부하고 아랫사람을 얕보는 자는 권세를 오랫동안 누릴 수 없다.
- 거칠고 사나운 자를 누르고 약한 자를 돕고 늙은이를 공경하고 어린이를 사랑하는 자는 복록을 길게 누릴 수 있다.
- 입이 경솔하여 쓸데없는 말을 함부로 하는 자는 큰 재앙을 당한다.
- 은혜는 잊고 사소한 원한에만 집착하는 자는 도량이 적어서 발전하지 못한다.
- 쥐꼬리만 한 권세와 재산을 가지고 남용하는 자는 장래에 패가망신한다.
- '대의를 위해서는 죽음까지 불사한다.' 는 말을 자주 하는 자는 정작 큰일을 당해서는 회피한다.
- 겉으로는 친한 척하나 궁할 때 찾아가면 냉대하는 자는 좋은 친구라 할 수 없다.
- 겉으로는 청백한 척하나 명예와 이권을 낚는 자는 소인에 불과하다.
- 큰일을 처리하되 그 수고를 사양하는 자는 대인의 기상이 있다.
- 사소한 일을 당하여 책임을 회피하는 자에게는 심복의 일을 부탁할 수 없다.
- 사람이 사지(死地)에 빠진 것을 가만히 생지(生地)로 인도하는 것은 음덕이니, 당대에 눈에 보이는 은덕은 없다 할지라도 그의 자손에게는 반드시 복이 있을 것이다.

- 과음은 실수의 근본이다.
- 탐색(貪色)은 망신의 근본이다.
- 남을 물속에 끌어넣으려면 자신도 물속으로 들어가야 하듯 남을 중상모략하여 해를 입히는 자는 결국 자신이 당하고 만다.
- 환란(患亂) 중에라도 중심이 튼튼하여 흔들리지 않는 자는 대성한다.
- 소년이면서 노인의 행동을 하는 자는 20세 전에 죽기 쉽고, 노인이면서 소년의 행동을 하는 자는 오래 산다.
- 재주가 있으나 가르쳐 주기를 꺼리는 자는 큰 공을 이루기 어렵다.
- 만족을 아는 자는 가난해도 부자보다 낫고, 만족을 모르는 자는 부자라 해도 가난한 것과 같다.
- 장담만 하는 사람은 백 가지에 한 가지도 이룸이 없고, 말 없이 실천하는 자는 마침내 성공한다.
- 베풀기를 좋아하고 궁한 자를 도와주는 자는 비록 어려운 일을 당해도 구원받을 수 있다.
- 성질이 지나치게 강한 사람은 일을 꾀하기는 쉬우나 큰 재앙을 면할 수 없다.
- 성질이 지나치게 유(柔)한 사람은 일을 이루기는 어려우나 큰 실수는 없다.
- 곤란을 당해서도 태연자약한 자는 초년에는 곤궁하더라도 말년에는 크게 발전할 사람이다.
- 즐거울 때 얼굴이 처량한 자는 마침내 가난하고, 화낼 때 도리어 웃는 자는 음험하다.
- 자신의 장점을 자랑하는 자는 국(局)이 작아 크게 성공하기 어렵고, 남의 단점을 드러내는 자는 박덕(薄德)하여 생명이 위험하다.
- 모양이 청수하고 약간 거만한 자를 음험하여 사귀기 어렵다고 말라. 그 가운데 크게 귀히 될 자가 많다.
- 부드럽고 약하여 팔통(八通)하지 못하니 무능하다고 비웃지 말라. 때를

만나면 비상(非常)한 공력이 있을 수 있으니 보통 사람으로서 측량하기 어렵다.
- 남의 잘못은 나무라면서 자신의 잘못을 깨닫지 못하는 자는 크게 성공하기 어렵다.
- 공은 남에게 돌리고 잘못은 자신에게 돌리는 자는 가히 환란을 면할 수 있다.
- 부모에게 효도하고 형제간에 우애를 돈독히 하는 자는 재산이 늘어난다.
- 나라와 운명을 같이하는 자는 이름이 후세까지 전한다.
- 참기를 오래하고 잘못을 용서할 줄 아는 자는 도량이 넓어 크게 성공한다.
- 큰 소리를 자주하고 얼굴색이 자주 변하는 자는 박복한 사람의 습관이다.
- 웃고 꾸짖을 때 시비를 살피지 못하는 자는 친한 벗과 의절한다.
- 희로애락(喜怒哀樂)을 얼굴 표정으로 나타내지 않는 자는 반드시 성공한다.
- 희노(喜怒)의 경중을 가리지 못하는 자는 백사불성(百事不成)한다.
- 일 없이 항상 바쁜 사람은 복이 번개처럼 가고, 어려운 일을 당해도 태연한 자는 복이 무궁하다.

## 03 형상 形象

사람은 아버지의 정기와 어머니의 피[父精母血]로 태어나 천지의 형상[天地形像]과 음양오행의 이치[陰陽五行之理]에 응(應)하지 않음이 없다. 그러므로 만물의 영장[萬物之靈長]이라 한다.

- 머리는 하늘을 형상했으므로 높고 둥글고, 발은 땅을 형상했으므로 모지고 두터워야 한다.
- 눈은 해와 달을 형상했으므로 빛나고 밝아야 하며, 소리는 우레를 형상했으므로 진향(震響)이 있어야 한다.
- 혈맥은 강하(江河)를 형상했으므로 윤택해야 하고, 골절은 금석(金石)을 형상했으므로 단단하고 무거워야 한다.
- 살[肉]은 흙을 형상했으므로 풍후(豊厚)해야 한다.
- 이마와 턱, 코, 관골, 광대뼈는 산악(山岳)을 형상했으므로 높이 솟아야 하고, 머리카락은 풀과 나무를 형상했으므로 청수(淸秀)해야 한다.

그러나 이와 반대로 하늘은 낮고, 땅은 얇고, 해와 달은 밝지 못하고, 우레는 떨치지 못하고, 강하는 조악하고, 금석은 약하고 가볍고, 흙은 얇고, 산악은 솟지 못하고, 풀과 나무는 지나치게 빽빽[鬱密]하면 모든 것이 좋지 못하다. 다시 말해서 머리는 높고, 발은 두텁고, 눈은 빛이 밝고, 소리는 웅장하고, 피는 맑고, 뼈는 무겁고, 살은 두텁고, 오악은 높이 솟고, 머리카락은 청수해야 한다는 뜻이다. 이와 같이 천지의 형상에 합당한 사람은 부귀할 것이요, 반대로 천지의 형상에 적합하지 못한 사람은 가난해서 일생을 고생으로 마칠 것이다.

# 골상 骨相

## 1 뼈와 운명

골(骨)이란 땅속의 금석(金石)과 같은 것이니, 높이 솟은 것은 좋아도 옆으로 뻗은[橫骨] 것은 좋지 않다. 둥근 것은 좋아도 모진 것은 좋지 않다. 뼈는 국(局)이요, 살은 체(體)이므로 사람을 건물에 비유하면 뼈는 대들보나 기둥과 같고, 살은 벽에 바른 흙과 같다. 건물이 낡으면 흙이 떨어지고 재목이 드러나듯 사람도 늙는다. 즉 살이 빠지고 뼈만 남는다.

이와 같이 늙은이는 별 문제가 아니나, 젊은 사람이 살이 없고 뼈가 툭 불거지면 좋지 못하다. 근본은 뼈가 많아도 살이 부족한 사람도 있고, 살은 많아도 뼈가 적은 사람이 있으나 뼈가 많고 살이 적어 비록 허약하게 생겼더라도 뼈가 불거지지 않고 적은 살이나마 골고루 있어서 균형만 잃지 않으면 오히려 살이 많고 뼈가 적은[肉多骨小] 사람보다 훨씬 좋다. 뼈와 살이 서로 합하고 기와 혈이 서로 응해야[骨肉相合 氣血相應] 원만한 건강체라 할 수 있으며, 좋은 상이라 할 것이다.

- 야윈 사람이 뼈가 불거진 것은 좋지 않다. 고독할 상이다.
- 살진 사람이 살이 탄력이 없고 축 처진 것은 좋지 않다. 단명할 상이다.
- 앞가슴이 넓지 않고 등이 좁고 두 어깨가 축 늘어졌거나 올라붙어서 마치 병든 닭처럼 생긴 사람을 골한(骨寒)이라 하여 가난하지 않으면 요사(夭死)한다. 또는 가난해서 오래 살 수도 있다.
- 일각의 왼쪽과 월각의 오른쪽이 반듯한 골을 금성골(金城骨)이라 한다. 이 골이 일어난 사람은 지위가 장관에 이를 상이다.

- 인당골(印堂骨)이 천장(天庭)까지 뻗은 것을 천주골(天柱骨)이라 하고, 천장 이상 발제(髮際)까지 뻗은 것을 복서골(伏犀骨)이라 하여 지위가 최고 일품까지 오를 상이라 본다. 그러나 이와 같이 기골이 있어도 얼굴이 청수하지 못하면 부귀하더라도 오래가지 못한다.
- 골격이 청수하고 기색이 명윤한 사람은 평생을 부귀를 누린다.
- 얼굴 좌우의 광대뼈를 관골(顴骨)이라 하여 이 골이 높이 솟고 살비듬이 좋은 사람은 권세가 높을 상이다.
- 여자가 관골이 높으면 과부가 될 상이다. 관골이 계란 모양으로 생긴 여자는 무자(無子)할 상이다. 이런 여자는 재취(再娶)로 시집가야 액을 면한다.
- 관골에서 귀[耳]까지 뻗은 골은 옥양골(玉梁骨)이라 하여 이 골이 높고 둥근 사람은 장수한다.
- 귀 뒤의 뼈를 수골(壽骨)이라 하여 이 골이 높이 솟은 사람은 장수한다.
- 어깨에서 팔꿈치까지의 골을 용골(龍骨)이라 하여 신하가 된다.
- 용골은 인군(人君)을 상징하므로 길고 커야 하고, 호골(虎骨)은 신하를 상징하므로 짧고 작아야 한다. 이와 반대가 되면 신하가 인군을 이기는[臣克君] 격이 되므로 좋지 않다.
- 골은 둥글고 단순하고 무거워야 좋다. 모지고 부드럽고 가벼운 것은 좋지 않다.
- 관골에서 살적까지 뻗친 골을 역마골(驛馬骨)이라 하여 이 골이 높고 둥글어 살결이 좋은 사람은 일선 지방의 장이 될 상이다. 이런 사람은 말 타는 데 특별히 소질이 있다. 이곳의 빛이 검고 어두우면 말에서 떨어지는 액[落馬之厄]이 있다.
- 왼쪽 눈 위의 골을 일각이라 하고 오른쪽 눈 위의 골을 월각이라 하여 이 골이 높이 솟고 둥근 사람은 대사(大使)나 공사(公使)의 직에 오를 수 있다.
- 귀 위의 골을 장군골(將軍骨)이라 하여 이 골이 높고 둥근 사람은 무관으로 출세한다.

- 일각 아래를 용각(龍角)이라 하고 월각 아래를 호각(虎角)이라 하며, 액골(額骨)을 거오골(巨汚骨)이라 하여 용각·호각·거오골이 높이 솟아서 머리까지 뻗은 사람은 일찍 죽고, 뼈가 툭 불거진 사람은 고독하고 무력하다.
- 뼈가 연약한 사람은 오래 살더라도 행복하지 못하다.
- 뼈가 옆으로 뻗은 사람은 성질이 흉악하고, 뼈가 가벼운 사람은 가난하고 천하다(체구는 큰데 중량이 적은 사람은 골경(骨輕)이라 한다).
- 골격이 병든 닭 모양으로 추레한 사람은 궁상(窮相)이라 평생 고생할 것이요, 뼈가 불거진 사람은 육친(肉親)의 덕이 없다.
- 금골인(金骨人)은 근골질(筋骨質)이니 성질이 강한 사람이 많다.
- 목골인(木骨人)은 심성질(心性質)이니 성질이 유약하다.
- 수골인(水骨人)은 영양질(營養質)이니 성질이 쾌활하다.
- 화골인(火骨人)은 유자형(由字形)이니 성질이 급하다.
- 토골인(土骨人)은 동자형(同字形)이니 성질이 강유(强柔)를 겸했다.
- 뼈가 살보다 많은 이는 적극적이요, 살이 뼈보다 많은 이는 소극적이다. 뼈는 양(陽)이요, 살은 음(陰)이다.

## 2 뼈와 건강

《황제내경》〈영추·해론〉에서는 "뇌는 수(髓)의 바다요, 수해(髓海)가 남음이 있으면 몸이 가볍고 체력이 장수를 유지하며, 수해가 부족하면 머리가 빙그르르 돌고 귀가 울리며, 다리가 노곤하고 어지럽고 눈이 잘 안 보이고 권태로워 눕고만 싶어진다."고 하였다. 또한 《황제내경》〈소문·오장생성론〉에서도 "모든 수는 모두 뇌에 속한다."고 했다.

즉 뇌는 모든 수(髓)의 회합이요 바다이며, 수도 또한 신수(腎髓)의 변화에 의해 이룩된 것이므로, 신장은 단지 오장육부의 근본일 뿐만 아니라 골수 및 뇌 기능과도 관계가 있다는 것이다.

뼛골이 아프고 시린 것은 뼈에 골수가 부족하여 찬 기운이 뼈까지 스며들어 나타나는 증상으로, 이는 골수와 뼈를 만들어 내는 장기인 신장[腎]의 기능이 나쁘기 때문에 발생한다.

발목이나 손목에 힘이 없고 자주 삐는 사람이 있는데, 특별한 이유 없이 자주 이런 증상에 시달린다면 한 번쯤 신장 기능을 검사해 보아야 한다. 신장이 약한 사람들 가운데는 허리 디스크나 요통으로 고생하는 사람들이 많다.

광대뼈가 크면 몸의 뼈도 굵고, 광대뼈가 작으면 몸의 뼈도 작다고 한다. 형상 의학에 의하면 광대뼈가 나오고 뼈가 굵은 사람은 타고난 근력이 강해서 항상 일을 많이 하는 체질이라고 한다.

# 육상 肉相

## 1 근육과 운명

살은 땅의 흙과 같은 것으로, 뼈를 감추기 위해 있는 것이다. 흙이 두터워야 좋듯이 살 또한 풍후해서 뼈를 잘 감싸 주어야지 너무 없어서 뼈를 감싸 주지 못하면 좋지 않다. 풍후해서 탄력이 있어야지 탄력이 없는 살은 좋지 않다. 허약해도 살이 균형을 잃지 않으면 좋지만 부족하면 좋지 않다. 살이 지나치게 많이 찐 것[肉多骨小]을 음승어양(陰勝於陽)이라 하고, 살이 부족한 것[骨多肉小]을 양승어음(陽勝於陰)이라 한다. 양승어음이나 음승어양이나 모두 치우쳐서 좋지 않다.


- 살이 뼈 속으로 들어가지 못하는 것처럼 뼈가 살 밖으로 불거진 것은 음 부족(陰不足)이니 좋지 않다. 패가망신한다.
- 사람이 살이 지나치게 많이 찌면 기단(氣短)하여 명을 재촉하고, 말[馬]이 살이 지나치게 찌면 기천(氣喘)하여 병이 생긴다.
- 사람이 살이 지나치게 많이 쪄서 더위를 견디지 못하는 것은 기가 부족한 까닭이다.
- 살이 많이 찐 사람은 혈압이 높아서 뜻밖의 뇌일혈로 급사하는 수가 있다. 뼈는 재목(材木)과 같고 살은 벽토(壁土)와 같아 재목은 약한데 벽토가 너무 두터워 무너지는 것과 같은 이치다.
- 살이 많이 찌면 숨이 차서 속히 죽을 상이다.
- 살이 옆으로 찐[橫肉] 사람은 성질이 흉악해서 적(敵)을 많이 둔다.
- 물렁살이 많은 사람은 가까운 시일 내에 죽을[近死] 상이다.

- 살이 축 처진 사람은 성질이 지나치게 유약하여 기회를 잃기 쉽다.
- 40세 전에 배가 나온 사람은 요사(夭死)할 상이다.
- 살결이 향기로우면 귀인이 되고, 살결에서 악취(惡臭)가 나면 빈천할 상이다.
- 희고 윤택한 사람은 귀격(貴格)이고, 검고 거친 사람은 천격(賤格)이다.
- 피부가 얇고 향기로우면 귀격이요, 피부색이 진한 노란색을 띠는 사람은 고독할 상이다.
- 얼굴이 몸보다 희면 귀할 상이다.
- 귀가 얼굴보다 희면 만년에 이름을 날리고, 목이 얼굴보다 희면 늦게 대귀(大貴)할 상이다.
- 부자(富者) 중에는 몸이 두터운 이가 많고, 귀자(貴者) 중에는 청수한 이가 많다.

## 2 근육과 건강

한의학에서는 근(筋)과 육(肉)을 나누는데, 근을 주관하여 몸의 힘줄을 생기게 하는 곳은 간이고, 살을 주관하는 곳은 비위다. 근(筋)이란 근섬유소원의 분해에 의하여 일어나는 현상 등에 관여하는 요소들을 관찰하여 부른 말이요, 육(肉)이란 근육 내에 함유되어 있는 영양적 요소로 관찰할 때 사용하는 말이다.

근육의 피로는 간과 관련이 있다. 힘줄이 당기면서 불편한 것은 간기(肝氣)에 열이 있기 때문으로, 이때는 담즙이 나오기 때문에 입맛이 매우 쓰다. 근경련(흔히 쥐가 났다고 말하는 증상)이 일어나는 것은 힘줄에 혈액이나 진액이 부족해서이다. 힘줄과 살이 푸들거리는 현상 역시 혈이 부족하여 힘줄에 영양분을 제대로 공급하지 못해서 생긴다. 힘줄과 달리 살은 비위에 속한다. 비장이 허하면 살이 많이 빠진다.

팔다리의 병은 주로 비위와 관련해서 오지만 담음이나 신경성·기혈 순환 장애·과음·풍한습에 의해서도 온다. 담음이 원인이 되어 아픈 경우는 팔다리와 가슴·등·허리·엉덩이 등으로 은근하면서도 참기 어려운 통증이 느껴지면서 힘줄과 뼈까지 당기는 증상이 나타난다.

# 06 음성 音聲

## 1 음성과 운명

음성은 하늘의 뇌성(雷聲)과 같은 것이니 음향이 있어야 한다. 사람이 소리가 있는 것은 북이나 종에서 소리가 나는 것처럼 큰북은 큰북 소리가 나고 작은북은 작은북 소리가 나며, 큰 종은 소리도 웅장하고 작은 종은 소리가 청량하다.

이와 같이 그릇이 크면 소리도 웅장하고, 그릇이 작으면 소리도 작다. 정신이 맑으면 기운이 화평하고, 기운이 화평하면 소리도 화창(和暢)하다. 정신이 탁하면 기가 촉[氣促]하고, 기가 촉하면 소리도 또한 촉급(促急)하다. 귀인의 소리는 배꼽 아래[丹田]에서 나기 때문에 마음과 기운이 서로 통해서 흔연히 밖으로 나는 것이다.

단전(丹田)이란 소리의 근원이요, 혀끝은 표현의 도구다[表現器]. 그러므로 근본이 실하면 표현도 중하고, 근본이 약하면 표현도 경하다. 이처럼 사람은 누구나 단전과 혀끝을 갖고 있으나 그 소리는 천인천성(千人千聲), 만인만성(萬人萬聲)으로 똑같은 사람이 하나도 없다.

이런 것을 보면 무형의 조물주의 힘이 얼마나 신비하고 조화로운지를 새삼 느끼게 된다. 예를 들어 친구가 밖에서 찾는다고 가정해 보자. 당신은 그의 얼굴을 보기 전에 그가 누구인지 알 것이다. 이것은 그 소리의 주인공이 단 한 명뿐이기 때문이다. 그러나 천태만상의 각성을 모두 분별할 수 없기 때문에 이것을 종합해서 다섯 가지 음(音)으로 구별했다. 궁(宮)·상(商)·각(角)·치(徵)·우(羽)가 그것이다. 궁은 토성(土聲)이요, 상은 금성(金聲)이요, 각은 목성(木聲)이요, 치는 화성(火聲)이요, 우는 수성(水聲)이다.

- 금성은 화윤(和潤)하여 끝에 음향(音響)이 남고,
- 목성은 고창(高唱)하여 끝이 조급(操急)하다.
- 수성은 원급(圓急)하나 끝이 유창(流唱)하고,
- 화성은 초열(焦烈)하여 끝에 여운(餘韻)이 없다.
- 토성은 침후(沈厚)하여 끝이 웅장(雄壯)하다.
- 남성의 음성은 웅장하여 음향이 있어야 좋고,
- 여성의 음성은 하윤(河潤)하여 유창해야 좋다.
- 깨진 종소리나 찢어진 북소리 같은 음성은 좋지 않다.
- 남성이 여성의 목소리를 하는 것은 빈천할 상이요, 여성이 남성의 목소리를 하는 것은 팔자가 세서 재가(再嫁)할 상이다.
- 체구는 큰데 음성이 작은 사람은 발달이 매우 더디고, 체구는 작아도 소리가 웅장하면 발달할 상이다.
- 위대한 정치가치고 소리가 적은 이가 없다. 만약 있다 해도 정치적 수명이 길지 못할 것이다.
- 음성이 청했다 탁했다 하는 것을 나망성(羅網聲)이라 하여 형벌을 당하고,
- 음성이 컸다 적었다 하는 것을 자웅성(自雄聲)이라 하여 빈천하다.
- 먼저는 급하고 뒤에는 더듬는 것을 체성(滯聲)이라 하여 일에 막힘이 많고,
- 말을 다하기도 전에 그만두거나 말도 하기 전에 얼굴 색부터 변하는 것은 천상이다.
- 성공할 사람은 소리가 단전에서 나고, 평생 가난할 사람은 입 안에서 소리가 우물쭈물한다.

## 2 음성과 건강

음성은 오장의 외부 정보 가운데 하나로, 음성의 변화는 질병의 중요한 정보가 된다. 음성의 고저(高低)와 장단(長短), 빠르고 느림의 변화는 장부의 허

실 상황에 중요한 예보로서의 기능을 지닌다. 대체로 소리가 크면 장이 실하고, 소리가 유약하면 장이 허하다. 그래서 《인재직지방(仁齋直指方)》에서는 "심장은 음성의 주인이고, 폐는 음성의 문이고, 신장은 음성의 뿌리다."라고 했다.

비장의 병은 음성이 완만하고, 신장의 병은 음성이 침울하고, 폐의 병은 음성이 촉급하고, 심장의 병은 음성이 높고, 간의 병은 음성이 답답하다. 그렇기 때문에 음성의 변화는 장부의 상황을 반영할 수 있다.

《금궤요략(金匱要略)》〈장부경락선후병맥증〉 편에서는 "병든 사람의 음성이 고요하여 잘 놀라는 것은 골절 사이의 병이고, 음성이 어둡고 분명하지 않은 것은 심장과 흉격 사이의 병이고, 음성이 끊어질 듯하여 가늘고 긴 것은 머릿속의 병이다."라고 했으며, 《영추》〈사기장부병형〉 편에서는 "쓸개에 병이 든 사람은 한숨을 잘 쉰다."고 하였다.

이처럼 환자의 언어와 음성의 변화를 가지고 질병의 내상·외감·허한·허열 등의 증상을 감별할 수 있다. 예를 들면 언어가 낮고 미미하면 내상 허증이 많고, 언어가 맑고 또렷하면 외감 실증이 많다. 소리가 높고 말이 많거나 헛소리를 하는 것은 흔히 열실증에 속하고, 소리가 낮고 말이 적거나 정성(鄭聲 – 언어가 무력하여 서로 전속하고 한 가지 일을 반복해서 말하는 것)이 있는 것

### 음성의 종류와 오행

| 오행 | 소리 | 종류 | 성격과 음성 | 운명 |
|---|---|---|---|---|
| 토성(土聲) | 후음(喉音) | 궁성(宮聲) | 침착하고 후하며 우렁찬 맛이 있다. | 부하다. |
| 금성(金聲) | 치음(齒音) | 상성(商聲) | 사리가 분명하고 급하며 쟁쟁한 맛이 있다 | 귀하다. |
| 목성(木聲) | 아음(牙音) | 각성(角聲) | 느릿느릿하고 음이 높은 편이다. | 빈천하다. |
| 화성(火聲) | 설음(舌音) | 치성(徵聲) | 우둔하고 가끔 음이 끊어지고 여운이 없다. | 노고가 많다. |
| 수성(水聲) | 순음(脣音) | 우성(羽聲) | 원급(圓急)하고 유창하다. | 생사가 짧다. |

은 흔히 한허증에 속한다. 또 언어가 잘 돌아가지 않아 더듬는 것은 풍담이고, 자기 혼자 중얼거리는 것은 정신이 상한 것이다. 그 밖에 언어가 낮고 희미한 것은 내상허증(內傷虛證)이고, 환자가 신음하는 것은 병이 진행되고 있다는 징조다. 언어가 작고 적거나 한 가지를 가지고 2~3회 헛소리를 되풀이하면 한증(寒症) 또는 허증(虛症)이며, 입속에서 중얼거리며 말이 명확하지 못한 것은 풍병의 징조다.

# 삼정 三停

## 1 삼정과 운명

삼정이란 얼굴을 삼분하여 상부·중부·하부로 나눈 것이다.

- 상부를 상정(上停) 또는 천정(天停)·천재(天才)라 하고, 중부를 중정(中停) 또는 인정(人停)·인재(人才)라 하며, 하부를 하정 또는 지정(地停)·지재(地才)라 한다.
- 상정은 발제(髮際)에서 인당(印堂)까지로 초년운을 지배하고, 중정은 산근(山根)에서 준두(準頭)까지로 중년운을 지배하고, 하정은 인중(人中)에서 지각(地閣)까지로 말년운을 지배한다.
- 상정이 넓고 둥글면 대귀(大貴)하고,
- 중정이 바르고 두터우면 부와 수(富壽)를 누린다.
- 하정이 모지고 두터우면 말년이 행복하다.
- 천정이 넓고 높이 솟았으면 소년기에 이름을 날린다.
- 중정이 풍후하고 코가 현담(懸膽)처럼 생겼으면 중년에 부를 이룬다.
- 하정이 풍후하여 앞으로 이곳에서 상정과 조공(朝貢)하면 말년에 부귀를 누린다.

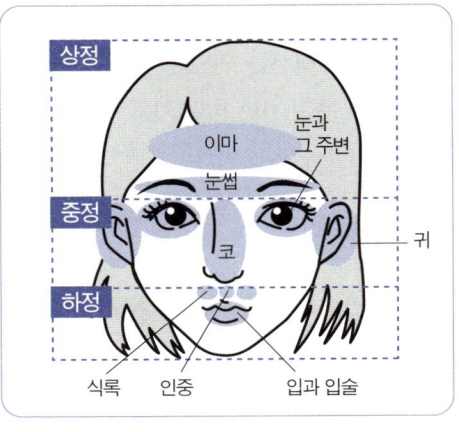

- 상정이 좋은 사람은 부모의 덕과 윗사람의 도움을 받아 성공한다.
- 중정이 좋은 사람은 형제와 친구들의 덕을 많이 입는다.
- 하정이 좋은 사람은 자녀 덕과 손아랫사람 덕이 많다.
- 상정은 15세부터 30세까지의 운을 지배하고,
- 중정은 35세부터 50세까지의 운을 지배하며,
- 하정은 51세부터 75세까지의 운을 지배한다.
- 14세 이전은 귀가 지배한다.

## 2 삼정의 의미

상정은 지(智), 중정은 의(意), 하정은 정(情)을 뜻한다.

- 상정은 손윗사람과의 관계를 암시하며, 미래가 표시되어 있다.
- 중정은 사회 생활을 암시하며, 현재 자신의 의사가 표시된다.
- 하정은 가정 생활을 암시한다.

살집을 통해서는 인덕을 보거나 정을 소중히 하는 사람인가, 자제력이 있는 사람인가 등을 살핀다.

얼굴을 3등분하여 얼굴의 형태로 보는 방법인데, 얼굴 전체 중에서 이마+뺨+턱=100%로, 어느 부분의 면적이 큰지를 따져 얼굴의 특징을 잡는

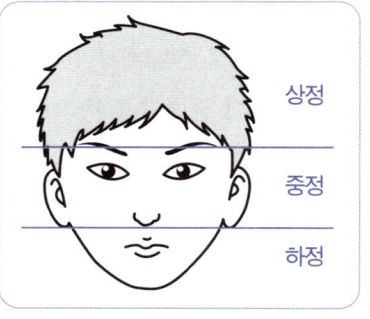

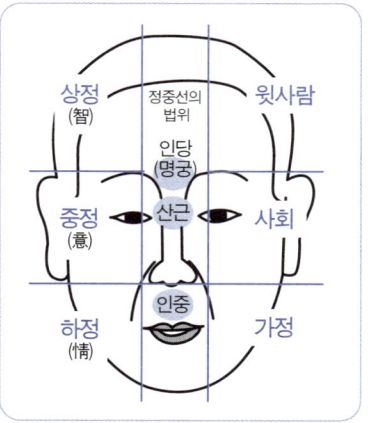

다. 예를 들어 턱이 없는 듯한 사람은 이마나 뺨이 큰 것이다. 뺨이 아니고 이마가 크면 상정이 발달했다 하는데 이런 사람은 꿈과 현실의 구별이 불가능한 경향이 있다.

상정 정중선의 범위는 미래를 암시한다. 가까운 미래를 알고 싶은 경우에는 상정(미래 · 손윗사람)을 보면 된다.

인당(명궁)은 미간으로, 얼굴의 운을 살피는 가장 중요한 부위다. 길흉이나 소망, 쾌 · 불쾌 모두 이 부위를 통해 알 수 있다.

## 3 삼정과 인체

### ❶ 상정(上停)

머리끝에서 눈썹 아래까지를 살펴 심장과 폐의 상태 및 지혜에 대해 판단한다.

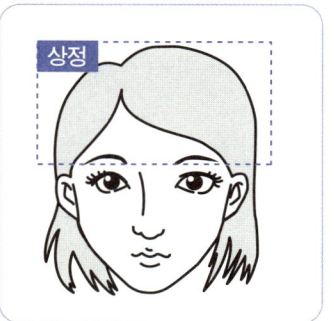

- 상정이 큰 사람은 심장과 폐가 강하고, 일을 지혜롭게 해결하려고 한다.
- 상정이 붉은 사람은 심장과 폐에 열이 지나치게 많다.
- 상정이 흰 사람은 심장과 폐에 열이 부족하다.
- 상정이 거뭇한 사람은 심장과 폐에 저항력이 부족한 상태(허증)라고 볼 수 있다.

### ❷ 중정(中停)

주로 눈과 코로, 간장이나 췌장(한방에서 말하는 비, 여기서는 췌장)의 상태 및 의지의 강약이나 결단력, 실행력 등을 판단한다.

- 중정이 큰 사람은 간장과 췌장이 강하고, 일이나 업무를 의지와 행동으로 해결하려는 경향이 있다.
- 중정이 붉은 사람은 간장과 췌장에 열이 많은(열증) 타입이다.
- 중정이 흰 사람은 간장과 췌장에 열이 부족한(한증) 타입이다.
- 중정이 거뭇한 사람은 간장과 췌장의 저항력이 부족한 상태(허증)인 경우가 많다.

### ❸ 하정(下停)

인중에서 턱까지를 말하며, 신장이나 자궁, 성기, 항문 상태 및 감정을 판단한다.

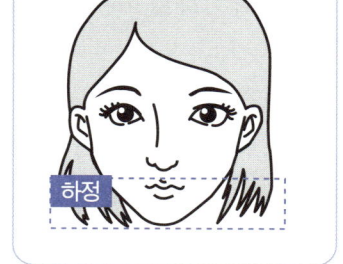

- 하정이 큰 사람은 신장과 방광이 강하고, 일을 정(情)으로 해결하려고 한다.
- 하정이 붉은 사람은 신장과 방광에 열이 많은(열증) 타입이다.
- 하정이 흰 사람은 신장과 방광에 열이 부족한(한증) 타입이다.
- 하정이 거뭇한 사람은 신장과 방광의 저항력의 부족한 상태(허증)인 경우가 많다.

## 일본의 남북 상법 南北相法 에서 말하는 안면 삼정 顔面三停

- **상정은 하늘과 운, 손윗사람을 의미하고, 초년(20세 이전)을 살피는 곳이다.**

  상정의 살집이 두툼하고 풍부해 보이는 사람은 운이 강하다. 손윗사람과의 교제에도 타고난 재능이 있으며, 특히 젊은 시절의 운세가 좋다. 반면 상정의 살집이 얇고 뼈가 보일 정도로 빈약한 사람은 운세가 나쁘다. 손윗사람의 도움도 적고 의견이 맞지 않는 경우도 많다. 특히 젊은 시절의 운이 좋지 않다.

- **중정은 본인의 신체와 행운을 의미하고 권위를 담당한다. 중년운을 살피는 곳이다.**

  중정의 살집이 두툼하고 풍부해 보이는 사람은 행운을 타고났다고 볼 수 있다. 중년 운세가 특히 좋고, 사람들에게 신뢰와 존중을 받는다. 반면 중정의 살집이 두툼하면서 뼈가 보이는 사람은 중년에 고생이 많은 상이다. 행운을 타고나지 못하며, 사람들에게도 존경받지 못한다.

- **하정은 땅을 의미하고 사는 집과 아랫사람을 의미하며, 노년을 살피는 곳이다.**

  하정의 살집이 매우 풍부해 보이는 사람은 집을 잘 다스릴 수 있어서 노후의 운세가 좋다. 하정의 살집이 풍부해 보여도 부푼 것처럼 피부가 느슨한 사람은 노년에 고생이 많다. 또 아랫사람과의 인연이 약하고 자신의 집을 갖는 시기가 늦어진다.

## 4 삼정과 안면 26부위

| | |
|---|---|
| 1 | 정중 13부위에서는 '천중·천정'에 해당하고, 신불(神佛)이나 소송 문제 등을 판단한다. |
| 2 | 정중 13부위에서는 '사공'에 해당하고, 관공서 관련, 시험의 합격 여부, 사업운 등을 판단한다. |
| 3 | 정중 13부위에서는 '중정·인당'에 해당하고, 본인의 소망이나 인감(印鑑) 문제를 판단한다. |
| 4 | 이마의 상부로, 선조나 심령 세계와 관계가 깊고, 예기치 못한 재난이나 천재지변 등을 판단한다. |
| 5 | 이마 중앙 좌우의 넓은 영역으로, 눈에 잘 띄지 않지만 부모운이나 재산운 등을 판단한다. |
| 6 | 미골(眉骨)이 있어 조금 높고 눈썹을 포함한 부분으로, 본인의 행동력과 혈연 관계, 재능을 판단한다. |
| 7 | 이마 좌우의 변지에 해당하는 부분으로, 본인에게 있어 미지의 영역을 나타내고, 해외 사건 등을 판단한다. |

| | |
|---|---|
| 8 | 이마의 측면으로, 관자놀이라고도 불린다. 여행이나 이동의 길흉, 먼 곳의 거래 등을 판단한다. |
| 9 | 이마의 측면에서 관자놀이의 아랫부분으로, 일상적 동향이나 금전 거래, 계약 문제를 판단한다. |
| 10 | 정중 13부위에서는 '산근'에 해당하고, 가족이나 건강 문제, 결혼운을 판단한다. |
| 11 | 정중 13부위에서는 '연상·수상'에 해당하고, 이 부분을 통해서는 1년간의 운세나 병을 판단한다. |
| 12 | '정중 13부위'에서는 '준두'에 해당하고, 물질적 욕망이나 도량의 크기를 판단한다. |
| 13 | 눈을 포함한 눈꺼풀 전체에 해당하는 부분으로, 눈에는 정신력이 나타나므로 눈꺼풀을 통해 가정에서의 애정을 판단할 수 있다. |
| 14 | 코의 측면에서 광대뼈에 이르는 부분으로, 세상과의 관계나 사회적 지위, 재력 등을 판단한다. |
| 15 | 콧망울을 포함한 뺨의 아랫부분으로, 금전의 출입과 인기운을 비롯한 대인운을 판단한다. |
| 16 | 눈꼬리 부분으로, 배우자나 연인과의 관계, 애인이나 짝사랑 상대와의 문제 등을 판단한다. |
| 17 | 귀 앞에 위치하는 부분으로, 본인의 건강 상태나 친척과의 문제를 판단한다. |
| 18 | 귓불 앞에 위치하는 부분으로, 가정 내 문제나 가계, 상속 재산 문제 등을 판단한다. |
| 19 | 정중 13부위에서는 '인중'에 해당하고, 성 문제나 임신, 출산 등을 판단한다. |
| 20 | 정중 13부위에서는 '수성'에 해당하고, 애정의 많고 적음과 결벽 정도 등을 판단한다. |
| 21 | 정중 13부위에서는 '승장'에 해당하고, 인감 문제나 소화 기관 질병을 판단한다. |
| 22 | 관상에서 말하는 '식록'과 '법령'을 포함한 영역으로, 본인의 활동 범위나 부하 및 후배 관계를 판단한다. |
| 23 | 입술 양쪽에 속하는 부분으로, 본인의 의지나 생각이 얼마나 투철한지를 판단한다. |
| 24 | 아래턱의 양사이드 부분으로, 집이나 직장에서의 근린(近隣) 관계와 창고 등의 문제를 판단한다. |
| 25 | 귀 아래에 돌출된 뼈 부분으로, 본인이 비밀로 하고 싶은 일을 판단한다. |
| 26 | 턱의 각진 부위로, 바다나 강처럼 물과 관련된 문제나 노상에서의 사건 등을 판단한다. |

# 08 안면 이분법

　왼쪽의 반은 외면적인 얼굴로 사교성을 나타내고, 오른쪽 반은 내면적인 얼굴이라 한다. 얼굴 좌우의 균형이 맞지 않을 경우 양극단적인 성격을 갖는다고 한다.

　여성의 오른쪽은 과거를 암시하는데, 특히 조상과의 숙연이나 본인 또는 부모님의 과거가 여기에 나타난다. 오른쪽의 재운은 부모님이나 선조가 덕을 쌓은 징표로, 재운을 손에 넣는 것은 본인의 노력 여하에 달려 있다. 왼쪽은 앞으로의 운명을 암시한다. 만약 오른쪽에는 재운이 있는데, 왼쪽에는 흉이 나타나는 경우도 있다. 이는 조상이나 부모님은 주변 사람이나 아는 사람을 구해 덕을 쌓아 재운을 남겼는데, 본인은 자신의 이익만을 추구하여 사회에 공헌하지 않거나 그 사람이 게으르다는 것을 의미한다. 남성은 오른쪽이 미래, 왼쪽이 과거로 여성과 반대다.

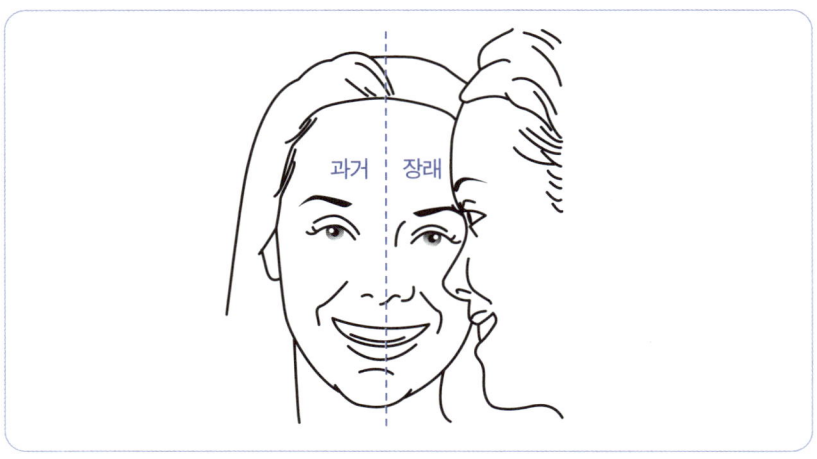

#  오악 五岳

오악은 얼굴에서 우뚝 솟은 다섯 곳을 이르는 말로, 그 명칭은 중국의 오대산(五大山)에 부합시킨 것이다.

- 왼쪽 광대뼈[左顴骨]를 동악 태산(東岳泰山)이라 하고,
- 오른쪽 광대뼈[左顴骨]를 서악 화산(西岳華山)이라 하며,
- 코를 중악 숭산(中岳嵩山)이라 하고,
- 턱을 북악 항산(北岳恒山)이라 하며,
- 이마를 남악 형산(南岳衡山)이라 한다.
- 오악은 골육이 풍만하면 부귀하고, 오악에 흉터나 사마귀가 있으면 좋지 않다.
- 남자는 왼쪽이 동쪽, 오른쪽이 서쪽, 이마가 남쪽, 턱이 북쪽이 되고, 여자는 오른쪽이 동쪽, 왼쪽이 서쪽, 그리고 남북은 남자와 같다.

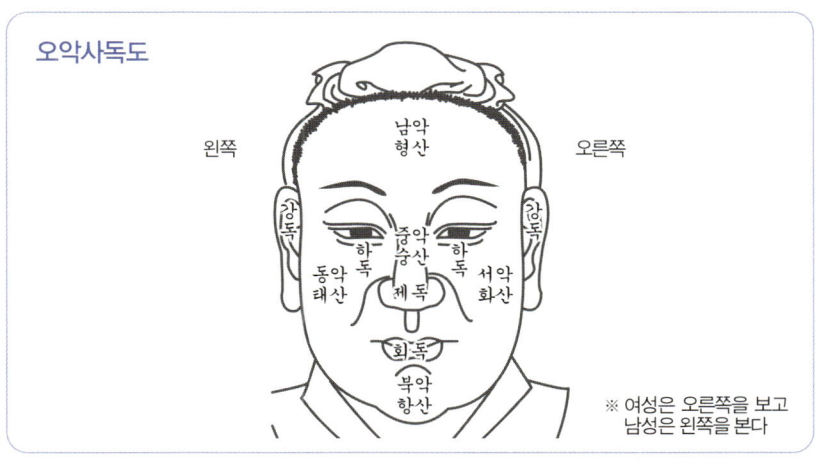

오악사독도

# ⑩ 사독 四瀆

사독이란 얼굴의 깊은 네 부분을 부르는 명칭이다.

- 눈을 하독(河瀆)이라 한다. 눈은 맑고 흑백이 분명하고 광채가 있어야 한다.
- 콧구멍을 제독(濟瀆)이라 한다. 콧구멍은 크되 훤히 보이지 않아야 좋다.
- 입을 회독(淮瀆)이라 한다. 입은 굳게 다물고 힘차며 살이 두터워야 좋다.
- 귓구멍을 강독(江瀆)이라 한다. 귓구멍은 드러나지 않아야 좋다(또는 드러나지 않게 해야 좋다).

이와 반대로 눈은 탁하고, 콧구멍은 뻔히 들여다보이며, 입은 힘이 없어 헤벌레하고, 귓구멍이 훤히 보이는 것은 좋지 않다.

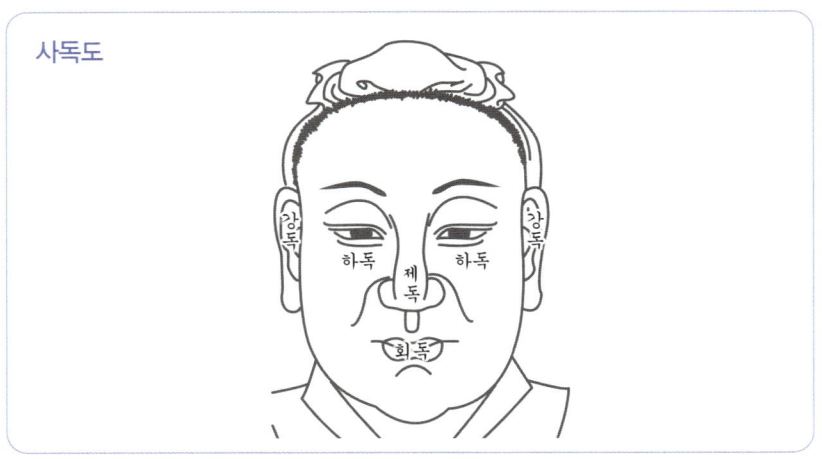

사독도

## 오악과 사독

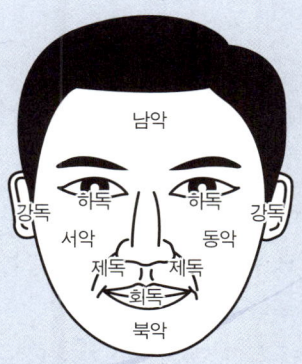

사람의 얼굴 부위를 산과 강에 비유해 살피는 방법이다. 산에 해당하는 부분은 이마·코·좌우 광대뼈·턱으로 양의 에너지와 관련되어 있으며, 성격이나 재력·권력 등이 나타난다.

강에 해당하는 부분은 두 귀와 두 눈, 콧구멍, 입으로 음의 에너지에 관련되어 있으며, 정서나 감정 등을 나타낸다.

| | |
|---|---|
| 남악(南岳) | 이마가 발달한 사람은 사물을 이성적으로 파악하고 수학적인 면이 뛰어나다. 사람들에게 존경받아 덕망이 두터운 사람이 많다. |
| 동악·서악 (東岳 西岳) | 양쪽 광대뼈가 발달한 사람은 의지가 강해서 꾸준한 노력으로 성공하는 경우가 많다. |
| 북악(北岳) | 턱이 발달한 사람은 체력이 뛰어나며, 만년에 좋아지는 사람이 많다. |
| 강독(江瀆) | 귀(또는 귓구멍)가 발달한 사람은 장수하는 사람이 많다. |
| 하독(河瀆) | 눈이 발달한 사람은 자기 주장을 가진 밝은 성격의 소유자가 많다. |
| 제독(濟瀆) | 코가 발달한 사람은 활동적이고 정력적인 사람이 많다. |
| 회독(淮瀆) | 입이 발달한 사람은 견실하고 현실적인 사람이 많다. |

# ⑪ 오관 五官

오관이란 이목구비(耳目口鼻)의 사독(四瀆)에 눈썹을 덧붙인 것이다.

- 귀를 채청관(採聽官)이라 한다. 귀는 색이 선명하고 귓바퀴가 분명하고 살 비듬이 두루 있어야 하고 뒤로 약간 누운 듯하고 눈썹보다 약간 높이 솟고 명문(明門)이 관대해야 좋다.
- 눈을 감찰관(監察官)이라 한다. 눈은 들어가지 않고 툭 불거지지도 않으며 흑백이 분명하고 눈동자가 단정하고 광채가 사람을 쏘는 듯하고 가늘고 길어야 좋다.
- 입을 출납관(出納官)이라 한다. 입은 모지고 크며, 입술은 붉고 이는 희며 단정하고 두터우며 활[角弓]처럼 벌리면 크고 닫으면 작아야 좋다.
- 코를 심변관(審辨官)이라 한다. 코는 산근(山根)이 죽지 않고 인당이 넓고 산근이 인당과 연수(年壽)와 연결되어야 준두(準頭)가 풍융(豊隆)하고 난대

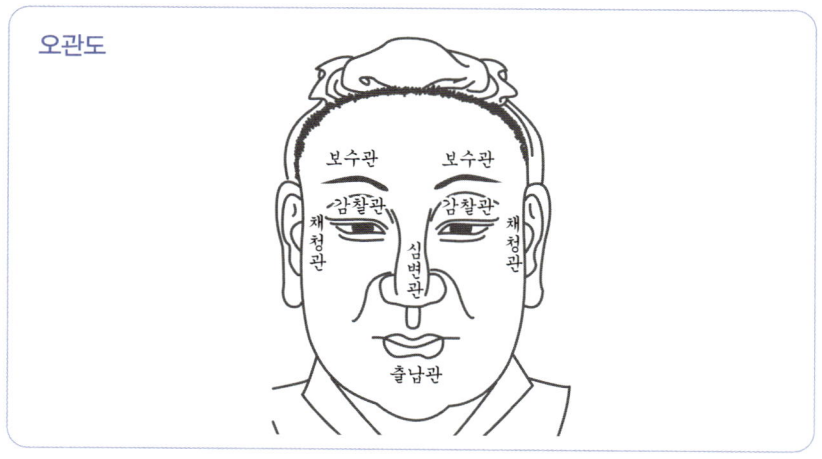

오관도

정위(蘭台廷尉)가 원만하며, 마치 쓸개를 달아맨 것과 같고 색이 황명(黃明) 해야 좋다.
- 눈썹을 보수관(保壽官)이라 한다. 눈썹은 곱고 맑으며 길고 좌우로 잘 나뉘어졌으며, 마치 초승달처럼 모양이 곱고 수미(首尾)가 풍영(豊盈)하여 높이 붙어서 이마에 나 있어야 좋다.

이상 오관이 잘 발달되어 있으면 평생 부귀할 것이요, 일관만 잘되어 있어도 그 운수에 10년의 왕운을 더 탈 수 있다. 그러나 이와 반대로 오관이 모두 잘못되어 있으면 평생 고생할 상이다.

- 귀 : 갓이 없거나 얇고, 갈퀴나 박적귀는 좋지 않다.
- 눈 : 둥글고 툭 솟았거나 붉은 살이 눈알에 뻗친 것은 좋지 않다.
- 입 : 얇고 모졌으며 입술이 검거나 푸르고 헤벌심한 것은 좋지 않다.
- 코 : 살이 얇고 뼈가 불거졌거나 콧구멍이 훤히 보이고 산근이 함(陷)한 것은 좋지 않다.
- 눈썹 : 탁하거나 두 눈썹이 서로 붙고 황박(黃薄)하거나 눈과 지나치게 가까우며 아주 드물거나 부족하면 좋지 않다.

이상 오관 중에 삼관(三官)만 좋아도 길상이요, 이관(二官)만 좋아도 20년 운을 탈 수 있다. 오관이 모두 잘 발달되어 있으면 평생의 부귀는 말할 것도 없다.

# 12 육부 六府

육부란 좌우 보골(輔骨), 좌우 관골(顴骨), 좌우 시골(腮骨)을 말한다.

- 육부가 풍만하면 좋고,
- 함(陷)하고 골이 불거지면 좋지 않다.
- 상이부는 보골에서 천창(天倉)까지를 가리키며,
- 중이부는 관골에서 명문(命門)까지이고,
- 하이부는 시골에서 지각(地閣)까지다.

이곳이 꽉 차고 곧고 죽은 데가 없고 흠이 없으면 재복이 있다. 반대로 이곳이 함하고 흠이 있거나 주름 또는 검은 사마귀가 있으면 좋지 않다.

- 천창이 솟았으면 재복이 많고,
- 보골이 솟았으면 대귀한다.
- 관골이 솟았으면 권세를 누리고,
- 지각이 방후(方厚)하면 만년에 자식복이[子福] 많고 전지(田地)를 많이 둔다.
- 지각이 풍만하면 아랫사람을 많이 거느린다.

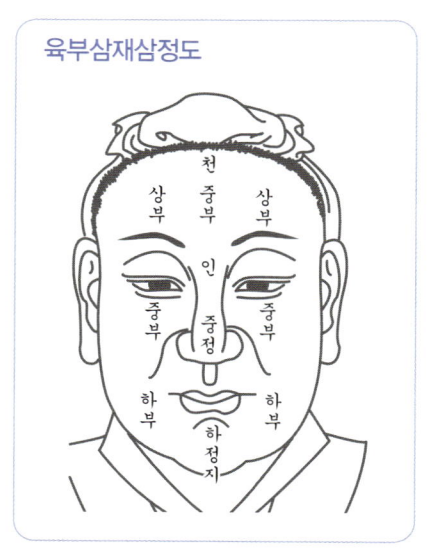

육부삼재삼정도

# 오성육요 五星六曜

　오성이란 금(金)·목(木)·수(水)·화(火)·토(土)를 이르니, 하늘에는 오성이 있고 땅에는 오행이 있다. 사람은 소천지(小天地)와 같으므로 오성이라 한다.

- 오른쪽 귀를 금성이라 하고(여성은 목성),
- 왼쪽 귀를 목성이라 하며(여성은 금성),
- 이마를 화성이라 하고(남녀 같음),
- 코를 토성이라 하며(남녀 같음),
- 입을 수성이라 한다(남녀 같음).
- 오른쪽 눈은 태음이니 월요에 해당하고,

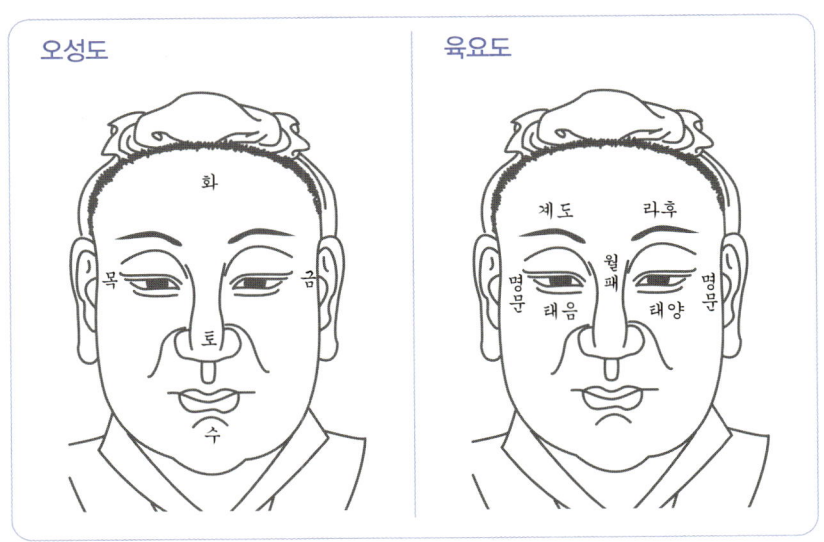

- 왼쪽 눈은 태양이니 일요에 해당하며(여성은 반대),
- 이마는 화성이니 화요에 해당하고,
- 입은 수성이니 수요에 해당하고,
- 오른쪽 귀는 금성이니 금요에 해당하며,
- 왼쪽 귀는 목성이니 목요에 해당하고(여성은 반대),
- 코는 토성이니 토요에 해당한다.
- 남성은 왼쪽이 동쪽이고 여성은 오른쪽이 동쪽이다.

# 십삼부위 十三部位

얼굴의 삼정을 더욱 자세하게 나눈 것이 십삼부위다. 얼굴 정중앙에서 위에서 순서대로 천중(天中), 천정(天庭), 사공(司空), 중정(中正)이라 한다. 인당까지가 상정이고, 산근(山根), 연상(年上), 수장(壽上), 준두(準頭)까지가 중정이며, 인중(人中), 대해(大海), 승장(承漿), 지각(地閣)이 하정이다. 이 십삼부위는 일상생활에서 항상 주의해야 한다. 건강과 운명에 변화가 있으면 이 십삼부위 가운데 어딘가에 징후가 나타난다. 얼굴 양쪽은 속세를 의미하지만 이 정중선에는 가장 중요한 일이 나타나 금방 알 수 있다.

상정에 무엇인가 표가 날 때는 신불이나 손윗사람에 관한 일이 발생한다. 중정에 무엇인가 나타날 때는 본인의 건강이나 가정에 문제가 생길 가능성이 높다. 하정은 자식이나 부하, 직업이나 토지, 가옥에 관한 것이다.

치아도 하정에 속하므로 통증이 있으면 자녀 문제나 일, 주거 문제에 대한

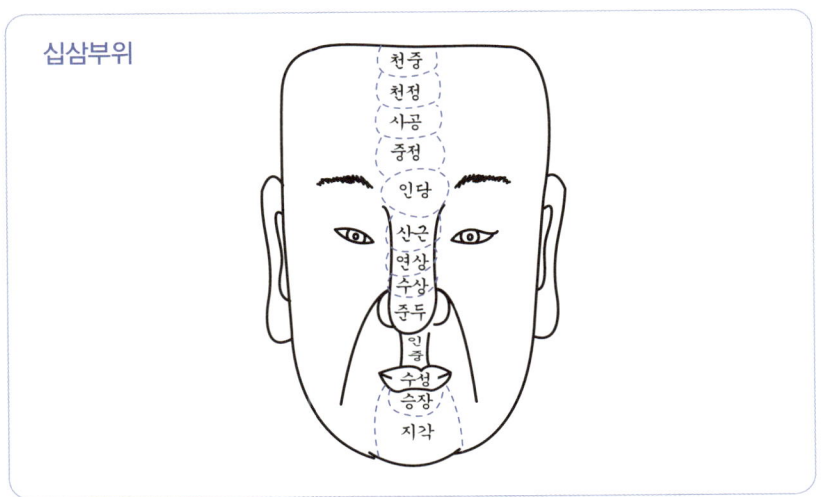

**십삼부위**

적신호일 수 있다. 충치가 많아 치료를 해야 할 정도로 아프면 만년운·자녀운·사업운·부동산운이 좋지 않을 징후다. 치아는 후천적으로 조정하거나 치료할 수 있으므로 가능하면 미리미리 치료하는 것이 좋다.

- 천중(天中) : 얼굴 중앙의 가장 위쪽에 위치하고 존귀(尊貴)의 부위다. 신불·조상·관공서 등을 의미한다.
- 천정(天庭) : 천정은 하늘의 정원으로, 재판(裁判)이나 관청, 윗사람에 관한 일을 의미한다.
- 사공(司空) : 사공 역시 관청 및 윗사람 일에 관한 것을 나타낸다.
- 중정(中正) : 중정 또한 윗사람과의 일을 나타내고, 코는 자신으로 이마는 윗사람에 해당한다.
- 인당(印堂) : 인당은 자기 자신이나 마음 상태, 타인과의 관계에 대한 길흉, 재난 등 일신상의 길흉을 의미한다.
- 산근(山根) : 산근에는 질병이나 재난, 가정의 길흉이 나타난다.
- 연상(年上) : 연상은 가정과 건강의 이상 유무를 나타낸다.
- 수상(壽上) : 건강과 재물에 관한 상황을 나타낸다.
- 준두(準頭) : 준두는 재물에 관한 사항을 나타낸다.
- 인중(人中) : 인중은 자녀에 관한 일과 물에 관한 일을 나타낸다.
- 수성(水星) : 수성은 물과 관련된 것이나 언어, 관련된 일에 대한 성사 여부를 나타낸다.
- 승장 : 승장은 음식물이나 약의 길흉 등을 나타낸다.
- 지각 : 지각은 토지와 건물, 주거에 관한 일을 나타낸다.

※ 이 부위에 상처가 있거나 검은 점이 나 있거나 기색이 좋지 않으면 흉하며, 반대로 윤기가 나거나 기색이 좋으면 전체적으로 길하다.

#  십이학당 十二學堂

얼굴에는 사학당(四學堂)과 팔학당(八學堂)이 있으니 사학당은 눈·이마·치아·귀 앞[命門]이요, 팔학당은 머리·액각(額角)·인당·눈빛·귀·치아·혀·눈썹을 말한다. 이 사학당과 팔학당을 일컬어 십이학당이라고 한다.

먼저 사학당에 대해 살펴보면
- 눈은 관학당(官學堂)이니 길고 맑으면 관록이 있고, 짧고 탁하면 천하다.
- 이마는 녹학당(祿學堂)이니 넓고 길면 관록을 얻고 장수하며, 좁고 짧으면 관운도 없고 단명한다.
- 당문치는 내학당(內學堂)이니 바르고 고르면 충효와 신의가 있고, 사이가 벌어져 있으면 간사하고 신의가 부족하다.

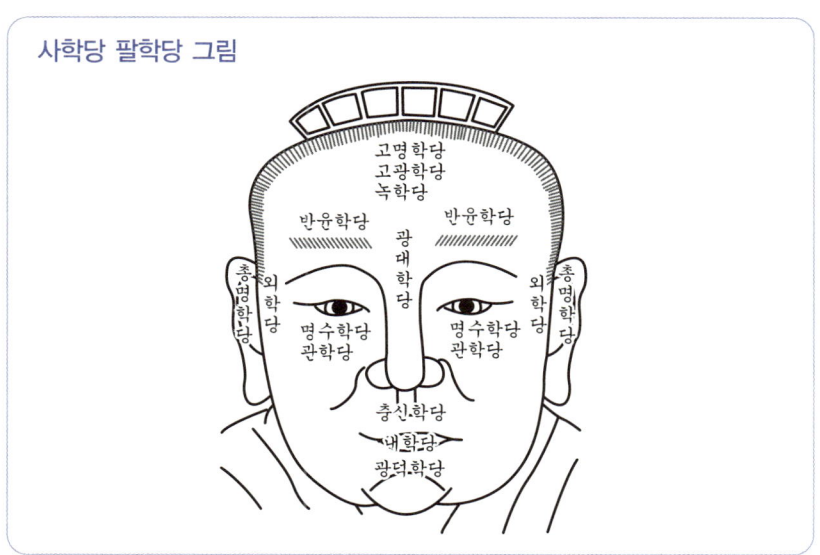

사학당 팔학당 그림

- 귀 앞은 외학당(外學堂)이니 풍만하고 명운하면 외교(外交)에 능하고, 어둡고 함하면 둔하다.

    다음은 팔학당이다.
- 머리는 고명학당(高明學堂)이니 둥글고 뼈가[骨] 솟았으면 귀상이요, 비뚤어지고 죽어 있으면 천상(賤像)이다.
- 액각은 고광학당(高廣學堂)이니 골이 솟고 윤택하면 좋고, 이와 반대면 좋지 않다.
- 인당은 광대학당(廣大學堂)이니 거울처럼 밝고 넓으면 학업을 성취하고, 흠이 있거나 좁으면 학업을 이루기 어렵다.
- 눈빛은 명수학당(明秀學堂)이니 흑광이 나면 귀상이요, 몽롱하면 천상이다.
- 귀는 총명학당(總明學堂)이니 귀의 윤곽이 분명하고 빛이 선명하면 총명하고, 윤곽에 결함이 있거나 색이 어두우면 좋지 않다.
- 치아는 충신학당(忠信學堂)이니 내학당과 같다.
- 혀는 광덕학당(廣德學堂)이니 혀가 길어서 준두에 닿고 붉으면 구덕(口德)이 있다.
- 눈썹은 반윤학당(班闰學堂)이니 초승달과 같으면 길상이요, 산란하면 흉상이다.

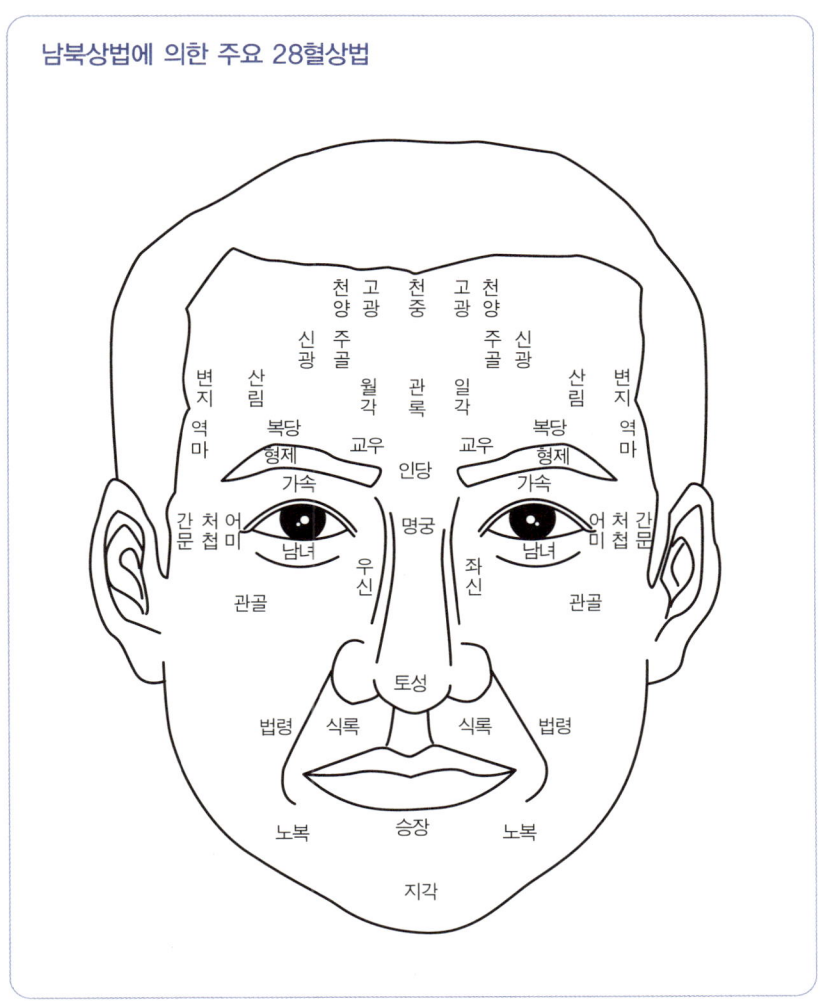

- 천중(天中) : 예상치 못했던 길흉에 대해 살핀다.
- 관록(官祿) : 현재 운세의 길흉을 살핀다.
- 인당(印堂) : 소원 성취 여부를 살핀다.
- 토성(土星) : 자신의 길흉을 살핀다.
- 식록(食祿) : 당시의 가계(家計) 및 가족의 길흉을 살핀다.

- 지각(地閣) : 주거지 내에서 일어나는 일을 살핀다.
- 주골(主骨) : 집의 가장이나 회사 사장 등에 대해 살핀다.
- 일 · 월각(日 · 月角) : 부(일반적으로 일각) 모(일반적으로 월각) 및 손윗사람에 대해 살핀다.
- 변지(边地) : 여행의 길흉이나 장거리 이동에 관한 길흉을 살핀다.
- 복당(福堂) : 금전운을 살핀다.
- 형제(兄弟) : 친족에 관한 사항을 살핀다.
- 처첩(妻妾) : 처를 비롯한 기타 여성에 대해 살핀다.
- 관골(顴骨) : 세간 및 타인에 대해 살핀다.
- 우신 · 좌신(右身 · 左身) : 도난 및 분실물에 관한 것을 살핀다.
- 법령(法令) : 당시의 가업이나 사업의 길흉을 살핀다.
- 노복(奴僕) : 부하 및 아랫사람에 관하여 살핀다.
- 남녀(男女) : 자손 및 아랫사람에 관하여 살핀다.
- 천양(天陽) : 예상치 못한 사건이나 일에 관하여 살핀다.
- 신광(神光) : 신에 대한 신앙심의 유무를 살핀다.
- 산림(山林) : 선조의 가업이나 유업 등의 성쇠에 대해 살핀다.
- 교우(交友) : 친구 및 동료에 대한 인간관계의 길흉을 살핀다.
- 역마(驛馬) : 집을 짓거나 이사 등에 관한 내용을 살핀다.
- 어미(魚尾) : 사생활의 충실도 등을 살핀다.
- 간문(奸門) : 애인 관계 및 길흉의 유무를 살핀다.
- 고광(高廣) : 예기치 않은 사건을 살핀다.
- 승장(承漿) : 식중독이나 약품에 대한 알레르기 등을 살핀다.
- 가속(家續) : 당시의 가정적인 충실도를 살핀다.
- 명궁(命宮) : 질병의 유무나 가정사를 살핀다.

# 제 2 장
# 상법 분론

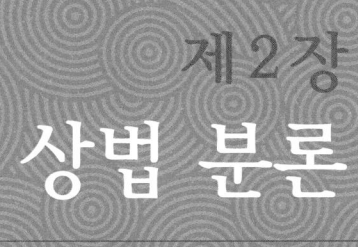

십이궁(十二宮)이란? / 명궁(命宮) / 재백궁(財帛宮) / 관록궁(官祿宮) / 복덕궁(福德宮) / 부모궁(父母宮) / 형제궁(兄弟宮) / 처첩궁(妻妾宮) / 남녀궁(男女宮) / 노복궁(奴僕宮) / 질액궁(疾厄宮) / 천이궁(遷移宮) / 전택궁(田宅宮) / 얼굴 총론 / 유년도

# 01 십이궁 十二宮 이란?

- 관록궁 : 공명(功名), 사업운(事業運)
- 명　궁 : 명운(命運), 정신력(精神力)
- 천이궁 : 여행(旅行), 이사운(移徙運)
- 형제궁 : 사교(社交), 형제운(兄弟運)
- 복덕궁 : 기회(機會), 물질운(物質運)
- 처첩궁 : 배우(配偶), 결혼운(結婚運)
- 전택궁 : 가정(家庭), 애정운(愛情運)
- 남녀궁 : 이성(異性), 자녀운(子女運)
- 질액궁 : 질병(疾病), 건강운(健康運)
- 재백궁 : 재산(財産), 금전운(金錢運)
- 노복궁 : 부하(部下), 주거운(住居運)
- 상모궁 : 일생(一生), 만년운(晩年運)

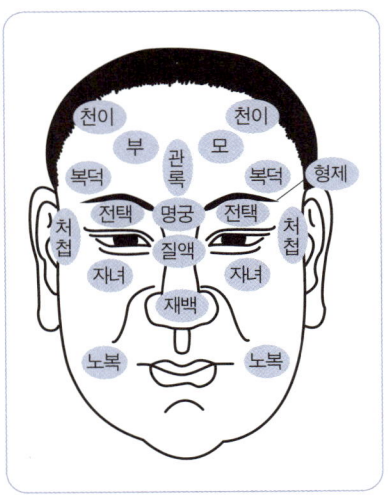

- 인당을 명궁(命宮)이라 하여 천명과 직업을 보고,
- 코를 재백궁(財帛宮)이라 하여 재산의 유무(有無)를 살핀다.
- 이마를 관록궁(官祿宮)이라 하여 관운(官運)의 유무를 살피고,

- 액각과 천창을 복덕궁(福德宮)이라 하여 복록의 유무를 본다.
- 일·월각(日·月角)과 보골을 부모궁(父母宮)이라 하여 부모덕의 유무를 보고,
- 눈썹을 형제궁(兄弟宮)이라 하여 형제자매의 다소(多小)와 덕의 유무를 본다.
- 눈 끝의 어미간문(魚尾奸門)을 처첩궁(妻妾宮)이라 하여 배우자의 길흉을 살피고,
- 눈 아래 와잠(臥蠶)을 남녀궁(男女宮)이라 하여 자녀의 유무와 덕부덕(德不德)을 본다.
- 턱을 노복궁(奴僕宮)이라 하여 부하의 유무를 보고,
- 두 눈 사이에 위치한 산근을 질액궁(疾厄宮)이라 하여 병액의 유무를 본다.
- 변지(邊地)·역마(驛馬)·천창(天倉)을 천이궁(遷移宮)이라 하여 이동운을 살피고,
- 두 눈과 눈 위를 전택궁(田宅宮)이라 하여 부동산과 주택의 양부(良否)를 살핀다.

　이상 십이궁은 관상학에서 가장 중요한 부위이므로 세밀히 관찰해야 한다. 이제 십이궁에 대해 차례대로 자세히 설명할 것이다.

# 02 명궁 命宮

## 1 명궁과 운명

명궁이란 곧 인당(印堂)이다. 양미간을 이르니 중정(中正)의 아래요, 산근의 위를 명궁이라 한다. 이곳은 주로 선천적으로 타고난 학식이나 성격, 직업 등을 판단한다. 명궁이 깨끗한 사람은 선천적으로 좋은 운명을 타고난 사람이요, 명궁이 깨끗하지 못하면 선천적으로 불운한 사람이다. 명궁이 원만하여 밝기가 거울 같고 산근이 끊어지지 않고, 인당까지 연결된 사람은 어떤 학문을 하든 전공하면 성공할 수 있다. 명궁이 쑥 들어가고 주름살이 있거나 흠이 있는 사람은 비관(悲觀)하기 쉽고 불운한 일생을 산다. 즉 명궁은 천연 자연궁으로, 운명의 강약과 후박(厚薄)을 살펴볼 수 있다.

또한 명궁은 기색(氣色)이 모이는 곳으로, 사람의 정신은 이곳에 모여서 표현된다. 명궁은 뇌수의 제일선이라 해도 좋을 만큼 가장 중요한 곳이다. 그러므로 이곳이 깨끗하고 좋으면 뇌수도 좋고, 이곳이 깨끗하지 못하면 뇌수도

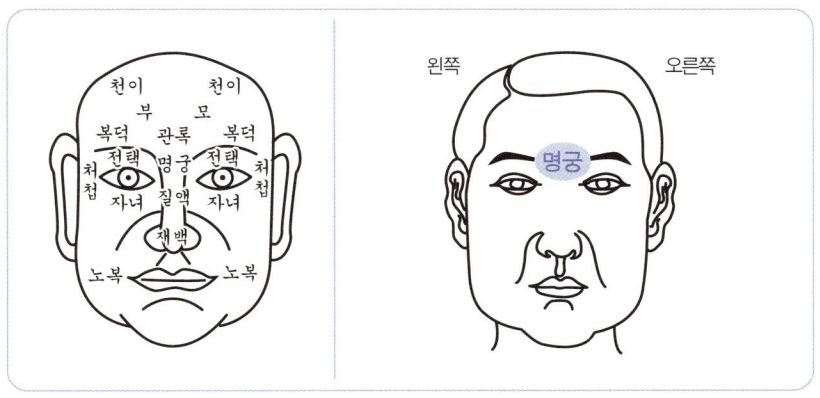

좋지 못하다. 다른 곳이 아무리 좋아도 두뇌가 좋지 못한 사람이 어찌 성공할 수 있겠는가? 이처럼 명궁은 사람의 정신이 모이는 곳이므로 희로애락(喜怒愛樂)과 우수사려(憂愁思慮)가 모두 이 명궁에 표현된다.

　기색을 살필 때는 인당과 준두가 가장 중요하다. 기쁠 때는 명궁이 환해지고, 슬플 때는 명궁이 찌푸려진다. 웃을 때나 슬플 때 모두 명궁에 표현된다. 그러므로 명궁을 잘 살피면 현재 상태를 잘 알 수 있다.

　명궁이 깨끗하고 원만한 사람은 수명(壽命)도 길다. 반면 명궁이 좋지 못한 사람은 그만큼 성격이 비관적인 까닭에 단명(短命)하기 쉽다. 조그만 인형을 얼굴에 갖다 댔을 때 명궁은 가슴에 해당하는데, 명궁이 좋은 사람은 가슴도 넓고 건강하다. 반대로 명궁이 좁은 사람은 가슴이 좁아서 건강하지 못하다. 이처럼 명궁으로 사람의 수명을 판단할 수 있다.

　서양의 학자는 명궁을 폐(肺)의 중추 기관이라 했고, 우리나라에서도 예부터 명궁이 좋은 사람은 소견(所見)이 넓다고 했다. 이해심이 많고 아량이 넓은 사람은 명궁이 확실히 넓다. 반면 이해심이 부족하고 자기 고집만 내세우는 사람은 명궁이 좁다. "소견이 자라 콧구멍만도 못하다."는 속담이 있다. 이것은 어리석다는 말로, 명궁이 좁은 사람을 두고 한 말이다.

　명궁이 넓고 밝고 깨끗하고 윤택한 사람은 신체가 건강하므로 수명이 긴 것은 정한 이치요, 좁고 어둡고 쑥 들어간 사람은 염세적이고 비관적이기 때문에 자살을 하거나 비관적인 삶을 사는 경우가 많다. 또 명궁이 지나치게 넓어서 보기 싫거나 눈썹이 인당 부근까지 나지 않고 뭉툭하게 생긴 사람도 많다. 이런 사람은 성질이 지나치게 허랑 방탕해서 규모가 없는 생활을 하여 부모에게 많은 유산을 상속받았다 해도 탕진하기 쉽다.

　그러므로 명궁은 지나치게 좁아서도 안 되지만 지나치게 넓어도 좋지 않다. 명궁이 원만하고 깨끗한 이는 건강해서 운도 좋고, 큰 사업을 성취하기 쉽고, 무슨 일을 해도 무리의 우두머리가 될 수 있다. 그러나 명궁이 좁은 사람은 건강하지 못하여 큰 사업을 하면 실패하기 쉬우니 자그마한 사업을 할 것을 권한다.

　명궁에 흉터가 있거나 검은 사마귀 또는 점이 있는 사람은 직업을 여러 번 바꾸기 쉽다. 석가는 인당에 흰털이 나 있었다고 하는데, 사실은 검은 사마귀가 있었고, 그 위에 털이 나 있었던 것이다. 이곳에 흑점이 있으면 조업(祖業)을 파할 상이므로 부처는 인도의 왕위도 싫다 하고 부모의 간절한 부탁도 듣지 않고 출가하여 스님[僧]이 된 것이다. 명궁에 흑점이 있는 사람은 일찍이 승려가 되는 것이 상책일 것이다.

　또한 명궁이 깨끗하고 좋은 사람을 관상학상 양자(陽者)라 하고, 좁거나 깊은 사람을 음자(陰者)라 한다. 양자라 하는 것은 표면적으로 나타나서 원기 있게 활동하는 사람이므로 정치가나 군인, 실업가가 될 기질이 있는 반면 음자라 하는 것은 종교가나 교육자, 예술가, 철학자 등이 될 기질이 많다.

　명궁에 검은 점이 있어도 음자에 속한다. 이런 사람은 뜻밖의 큰일을 당하여 어떻게 처리해야 할지를 몰라 당황하는 경우가 많다. 그러나 작은 문제에 대해서는 차근차근 풀어 나가는 성격이기 때문에 교육자나 종교가, 예술가, 철학자로서는 검은 점이 있는 것이 오히려 좋을 수 있다. 석가는 출가했기 때문에 오히려 후세까지 이름을 떨친 것이다. 인당에 흑점이 있는 아들을 낳는다면 정치가나 실업가보다는 교육자나 예술가로 키우는 것이 훨씬 좋을 것이다.

　이와 같이 명궁을 봐서 그 사람의 음양을 결정하는 바, 음양이라는 말은 동양 철학의 옛 술어로, 현대어로 표현한다면 음은 소극적이요, 양은 적극적이다. 그러므로 그 사람의 명궁을 보아 적극적인 사람인지 소극적인 사람인지를 판단한다. 옛 사람들이 인당을 제일 명궁이라 정한 것도 명궁이 관상에서 가장 중요한 부위이기 때문이다. 즉 운명과 신체 상태·성질·수명·직업에 이르기까지 모두 이 인당의 상태로 추측할 수 있다.

## 2 명궁의 색과 질병

인당(印堂)은 해부학상 공동(空洞)이 있는 부위로, 신령의 숙소로 본다. 인당이 지나치게 발달해 있으면 외형적이며 자기 주장대로 판단하여 타협할 줄 모르는 성격인 경우가 많다. 반대로 지나치게 빈약하면 형태 감각과 인식이 둔하고 자의적 판단력이 부족하다.

질병 면에서는 과대자인 경우 고혈압이나 경련성 질환·정신 분열증·두통이 잦고, 빈약자는 어지럼증·저혈압·신경 쇠약·불면·심장 질환에 걸리기 쉬우며 감기도 잦은 편이다.

인당이 흑암색, 즉 불에 그을린 듯한 색을 띠면 운이 막힐 징조이며, 실연이나 실직·손재 등을 당한다. 그러나 인당이 홍자색으로 맑으면 행운이 오고 질병에서도 회복된다. 인당이 갑자기 털을 뽑은 닭의 속살처럼 꺼칠꺼칠해지면 질병에 걸리거나 사업에 실패하거나 부부간에 다투기 쉽다. 반면 인당이 넓고 밝고 윤기가 있으면 명기(名器)다. 이 부위가 지나치게 좁으면 성 기능이 나쁘고, 이 부위의 색깔이 좋지 못해도 성 기능이 나쁘기 때문에 부부 관계에 대한 불만이 생긴다.

# 03 재백궁 財帛宮

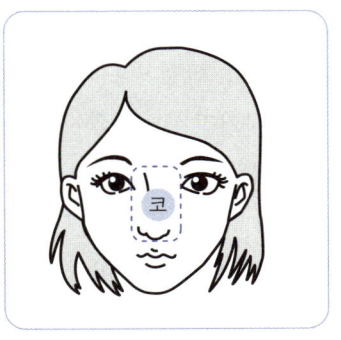

재백궁은 코를 말하는 것으로, 현대어로는 재산궁이라 한다. "귀 잘생긴 거지는 있어도 코 잘생긴 거지는 없다."는 속담처럼 코야말로 얼굴 중앙의 장식이라 할 수 있다.

얼굴이 아무리 잘생겼어도 코가 좋지 못하면 얼굴이 깎이고, 얼굴은 비록 잘생기지 못했어도 코가 훌륭하면 얼굴이 돋보인다. 미인치고 코 납작한 미인이 없고, 코 납작한 사나이를 미남이라고 부르는 경우는 없다. 이처럼 코는 미관상 가장 중요한 곳이다.

귀는 유심히 보기 전에는 상처가 있든 짝짝이든 귀를 잘 알 수 없지만, 코는 얼굴 중앙에 있기 때문에 모양이 조금만 이상해도 바로 드러난다. 콧구멍이 조금만 커도 바로 알 수 있고, 높다 낮다 등으로 그 사람의 특징을 가장 빨리 나타내는 곳이기도 하다. 그래서 찰색(察色)을 살피는 데는 인당과 준두의 두 곳을 보아 길흉을 판단한다.

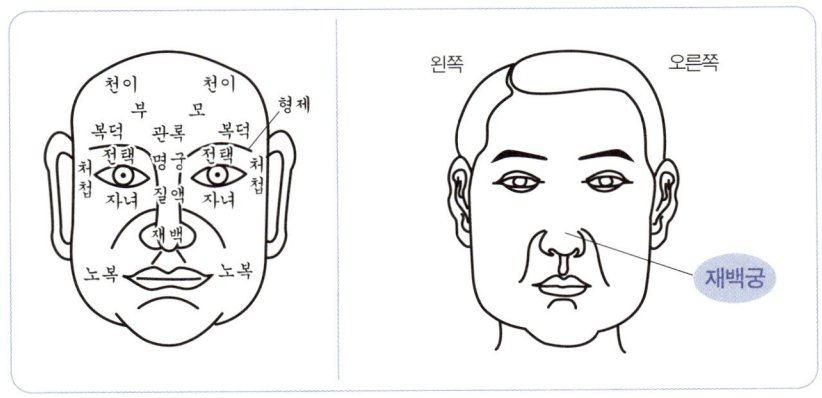

모양이 좋고 살비듬이 좋으며, 콧구멍이 드러나지 않고 보기 좋은 코가 재운이 좋다. 굽었거나 비틀어지고 지나치게 높거나 낮거나 살이 부족해서 뼈가 툭 불거진 상태는 좋지 않다. 또한 콧구멍이 훤히 보이는 사람은 재운이 거의 없다.

코가 얼굴에 비해 지나치게 작아도 좋지 않지만 지나치게 커도 좋지 않다. 얼굴 전체와 조화를 이뤄 마치 쓸개를 달아 놓은 듯 위쪽은 약간 가늘고 아래로 내려올수록 점점 커지는 코가 가장 좋다.

코의 상부인 두 눈 사이를 산근이라 하고, 콧대를 연상(年上)·수상(壽上)이라 하며, 콧마루를 준두(準頭)라 하고, 코끝 좌우를 난대정위(蘭台庭尉)라 한다. 또는 난대를 금궤, 정위를 갑궤라 하기도 하는데, 금고라는 뜻이다.

코는 현담처럼 생기고 살이 뼈를 푹 감싸 주어야 한다. 이렇게 훌륭한 코를 가진 사람은 은행장이 되거나 큰 회사의 사장이 될 수 있다. 은행가치고 코가 못생긴 사람은 없다. 은행장의 코가 지나치게 높거나 낮으면 언젠가 한번은 파산한다.

코가 크고 콧구멍도 큰 사람은 투기성이 있어 일확천금의 꿈을 꾸기 때문에 벌기도 잘하는 반면 손재도 많다. 콧구멍이 큰 사람은 낭비벽이 있어서 수중에 돈이 들어오면 쓸데없는 물건이라도 사는 경향이 있다. 저축에 대한 의지가 거의 없어서 돈이 생기면 상산 조자룡이 칼을 쓰듯 펑펑 쓰고 돈이 떨어지면 쩔쩔맨다. 반면 코가 매우 작은 사람은 큰 재산가가 될 수 없으며, 콧구멍이 작은 사람은 인색하다. 또 콧구멍이 큰 사람은 돈을 잘 빌려주지만 콧구멍이 작은 사람은 돈을 쉽게 빌려주지 않는다. 코가 매우 뾰족하고 작고 짧고 살이 부족해서 뼈가 툭 불거진 사람은 비록 유산을 물려받는다 해도 결국엔 패가하여 가난해진다. 대개 40~50세 사이에 재산이 없어져 그 후로는 고생한다.

코가 잘생긴 부인은 좋은 남편과 행복하게 산다. 그러나 코가 굽었거나 추하게 생긴 여성은 좋은 남편을 만날 수 없다. 생이별을 하거나 사별하는 경우도 많다. 요행히 생리사별은 면한다 해도 남편이 첩을 얻기 때문에 항상 불행할 가능성이 높다. 코에 검은 사마귀가 있거나 주름살, 흠이 있으면 아무리 좋은 코라도 운이 좋지 않다.

난대정위에 검은 점[黑子]이 있으면 금고 속에 쥐가 들어가 돈을 갈아 먹는 것과 같아서 아무리 많은 돈이 생겨도 곧 나가 버린다. 검은 점뿐만 아니라 흠도 마찬가지다. 검은 점이 있으면 타인의 방해로 인해 실패하고, 흠이 있으면 본인의 성질이 지나치게 급해 실패한다.

검은 사마귀는 코에만 적용되는 것이 아니라 안면 전체에 적용된다. 또 후천적으로 상처를 입어 흠이 생기더라도 상처를 입는 순간의 진동으로 인해 뇌신경에 영향을 미치므로 성질이 급하게 바뀐다. 그러므로 안면에 흠이 있으면 좋지 않다. 신체의 흠도 물론 좋지 않지만 안면의 흠은 미관상으로도 영향을 미치므로 더욱 좋지 않다. 주름도 마찬가지다.

콧등에 주름이 잡힌 사람은 재산이 쌓이지 않고, 자녀와의 인연도 적다. 콧등에 세로 금이 있는 사람은 자식이 없어서 양자를 두는 경우가 많다. 자식이 있다 하더라도 자녀로 인해 재산을 손해본다. 코에 자그마한 흠이 있어도 그만큼 재운에 흠이 생긴다. 또 아무리 가난한 사람이라도 아들의 코가 잘생겼으면 말년에 아들로 인해 재산을 쌓을 수 있다. 혹 부잣집 맏며느리를 선택할 때 코에 흠이 있으면 그 여인으로 인해 패가할 수 있으니 사위나 며느리를 들일 때는 코의 선을 잘 살펴야 한다.

그러나 지금까지 말한 것은 일부분에 불과하므로 종합적으로 얼굴 전체를 살펴 판단해야 할 것이다. 코는 전체 운의 10%밖에 되지 않는다.

# 관록궁 官祿宮

관록궁이란 이마 전체를 말하는 것으로, 천정(天庭)·사공(司空)·중정(中正) 등을 주로 본다.

관록궁이 아름답고 뼈가 죽지 않고 간을 엎어 놓은 것처럼 두두룩하게 생긴 사람은 높은 지위를 얻고 귀인의 천거함을 얻어 신분이 점점 향상되어 관록이 높아진다.

이와 반대로 이마가 쑥 들어가고 흠이 있고 더러운 사람은 직장을 자주 옮길 뿐만 아니라 지위로 인해 늘 고민한다.

이마가 울룩불룩한 사람은 마음이 침착하지 못해서 어떤 곳에 가서 일을 하든 얼마 가지 못해 곧 싫증을 내고 그만두게 된다. 이런 사람은 재산이 아무리 많아도 반드시 패하고, 혹 높은 지위에 올랐다 해도 곧 내놓는다.

관록궁은 십이궁 중에서도 가장 중요한 곳으로, '고관이나 우두머리치고 이마가 죽은 사람은 하나도 없다.'고 해도 과언이 아니다. 아무리 훌륭한 학력과 좋은 배경을 가졌다 해도 이마가 죽은 사람은 좋은 지위를 오래 보전할

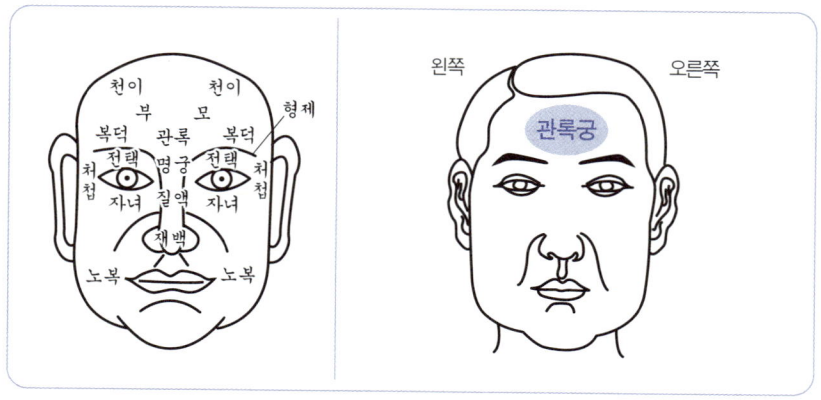

수 없다. 그러므로 관상을 볼 때 채점을 하면 이마가 30점을 차지한다. 눈이 50점이고 코가 10점이며, 귀와 입이 각각 5점으로 100점 만점이 된다. 그러므로 높은 벼슬을 하는 사람은 이마와 눈만 잘생겨도 80점이 되므로 성공할 수 있다.

고관에게는 특히 코보다 이마가 더 중요하다. 반대로 상인은 이마보다 코가 더 중요하다. 우리 속담에 "이마가 넓으면 공짜를 좋아한다."는 말이 있다. 이 말을 관상학적으로 해석해 보면 이마가 좋은 사람은 관록이 많기 때문에 자연스럽게 지위가 향상되어 고관대작이 될 수 있어 공짜로 들어오는 것이 많다는 뜻이다.

이마가 넓고 둥글거나 모지고 두두룩하여 간을 엎어 놓은 것[復肝]처럼 생겼으면 초년부터 관운이 좋아서 일찍 출세할 것이요, 움푹 패이거나 흉터가 많고 울룩불룩하여 좋지 못한 사람은 초년 고생이 많을 뿐만 아니라 평생 관운이 부족하다. 그래서 마의 선생은 《신이부(神異賦)》에서 말하기를 "천정이 높이 솟았으면 소년에 공명을 가히 기약하리라."고 하였다.

필자의 경험에 비추어 보아도 여성은 이마를 통해 남편운을 보는 것이 좋다. 여성의 이마가 높이 솟아 있으면 이른바 되박 이마라 해서 좋지 않다. 그래도 이마는 죽은 데가 없고 넓어야 남편궁이 좋다. 반대로 이마가 죽고 좁으면 재취로 시집갈 상이다. 이마 색이 검으면 남편운이 좋지 않아 큰 재앙이 올 수 있다. 남성의 이마가 검어지면 좌천이나 파직을 당하게 된다.

# 복덕궁 福德宮

　복덕궁이란 이마의 양각과 천창지고(天倉地庫) 등을 보고 십이궁 전체와 안면 전체를 살펴야 하지만 주로 천창을 봐서 결정한다.
　천창이 풍만하고 오악이 조공[五岳朝貢 : 얼굴이 깎이지 않고 좌우 관골이 코를 폭 싸 주고 지각(地閣)이 안으로 이곳에서 이마를 바라봐야 하고 이마도 뒤로 자빠지지 않고 지각과 상응]하면 평생 복록이 많다. 또 천장과 하정이 조공하면 덕행이 많고 오복(五福)이 겸전하다.
　그러나 현대 사회는 조금 다르다. 첫째, 건강하고 오래 살 것이요, 둘째, 재산이 많아서 부를 축적하고, 재산이 없으면 지위가 높아서 부귀해야 할 것이요, 셋째는 부모복이요, 넷째는 처복이요, 다섯째는 자녀복이 있어야 한다. 전자의 오복은 옛 사람의 인생관이고, 후자의 오복은 현대인들의 일반적인 의견이다.
　인생은 첫째, 오래 살고 볼 일이다. 일찍 죽는다면 모든 계획이 수포로 돌아가고 아무리 억만의 재산과 최고의 지위를 갖고 있다 한들 아무 쓸모가 없

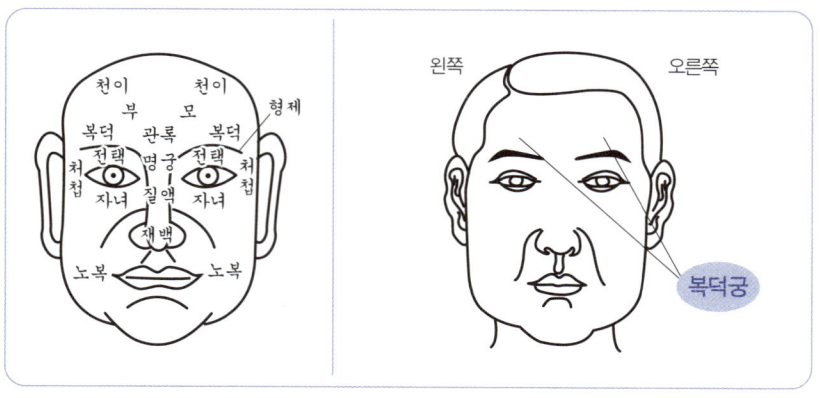

다. 특히 건강하고 오래 살아야지 병약하면 오히려 불행하다. 이것은 옛날 사람이나 현대인이나 일치된 견해일 것이다.

둘째, 오래 살려면 재산이 필요하다. 재산이 없으면 오래 살아도 고생뿐 행복을 느낄 수 없다. 재산이 없으면 지위라도 높아야 한다. 대귀하면 굳이 돈을 모으려 하지 않아도 충분히 생활할 수 있다.

셋째, 부모복을 타고나야 한다. 부모복을 타고나지 못해 조실부모하는 것만큼 큰 불행은 없다. 사람은 동물과 달라서 학문을 닦아야 하는데 부모복을 타고나지 못하면 배울 수가 없다. 그런 면에서 예부터 이마가 넓으면 부모덕이 있다 하고, 이마가 넓으면 관록이 좋다고 한 것은 일리가 있다. 부모덕에 학문을 잘 배웠기 때문에 출세할 수 있는 것이다.

넷째, 배우자 복이 있어야 한다. 어린 자식들을 두고 상처를 당하는 것은 상상도 하기 싫을 것이다. 그래서 "상처는 망처(亡處)"라는 속담도 있다. 여성은 남편복을 타야 한다. 불행이 상부(喪夫)하는 것만큼 큰 불행은 없다. 그래서 과부를 가리켜 미망인(未亡人), 즉 죽지 못해 사는 사람이라 부른다.

다섯째, 자녀복을 타야 한다. 말년에 자녀가 없는 집은 유난히 쓸쓸하다. 혹 자녀가 있다 해도 부모에게 불효하거나 늘 병약하거나 또는 방탕해서 부모의 재산이나 탕진하는 자식은 오히려 없는 것만 못하니 자녀복이 없다고 할 수 있다. 단 하나라도 훌륭한 자녀를 두는 것이 자식복[子福]이라 할 것이다.

복(福)은 원래 눈에 보이지 않는 관념상의 술어이긴 하지만 이것은 유형의 인상(人相)으로서 알 수 있다. 복덕궁은 앞에서 말한 바의 천창·지고·액각만 볼 것이 아니라 안면 전체를 봐야 한다. 부모복은 액각[日月角]을 통해 알 수 있으며, 형제덕은 두 눈썹으로 판단한다. 남편복과 처복은 간문(奸門)을 통해 알고, 자녀복은 와잠(臥蠶), 즉 아래 눈 뚜껑을 볼 것이요, 재복은 코를 보고 관록은 이마를 봐서 판단해야 한다. 그러나 언제든지 국소적인 판단을 피하고 종합적인 판단을 해야 한다는 것을 잊어서는 안 된다.

예를 들어 코가 아무리 현담처럼 잘생겼어도 좌우 관골이 싸 주지 못하면 재복이 있다고 단정하지 말 것이요, 이마가 아무리 넓더라도 요함(凹陷)하면 대귀할 수 없다. 간문이 아무리 좋다 하더라도 눈에 살기가 있으면 반드시 상처(喪妻)나 상부(喪夫)할 것이요, 와잠이 아무리 좋아도 지각이 후퇴했으면 자녀복이 없다. 또한 인중이 아무리 대쪽처럼 깊고 길다 해도 눈에 정기가 없고 침골이 죽었으면 절대로 오래 살 수 없다. 그래서 속담 중에 "인중 긴 황새도 죽는다."는 말이 있다.

이마가 좁고 턱이 풍후하면 초년에는 곤란해도 만년에는 행복하고, 이마는 높고 넓은데 턱이 뾰족하면 초년에는 부모덕에 잘 지내나 만년에는 자녀복이 없어 고생하게 될 것이다.

눈썹이 높고 눈이 툭 솟은 사람은 평범하다. 눈과 눈썹의 거리가 지나치게 가깝고 귀가 쫑긋한 사람은 복이 없다. 여기서 복덕궁이라 하는 것은 주로 재복을 말한다. 천창이 풍만하면 복이 많다.

# 부모궁 父母宮

부모궁은 두 눈에서 각 1촌 가량 위에 있는 일각(日角)과 월각(月角) 좌우의 보골(補骨)을 이른다. 즉 사공에서 좌우로 각 1촌을 본다. 이곳이 높고 원만하며 빛이 명운하면 부모가 장수하고 부모복이 많다. 이와 반대로 이곳이 함몰되어[低陷] 있고 빛이 침침하고 어두우면 조실부모하거나 부모가 생존해 있더라도 늘 병약해서 근심이 많다.

일·월각이 요함(凹陷)한 사람은 양친을 일찍 잃거나 한쪽 부모를 잃는다. 만약 이곳이 어두워서 빛이 검으면 부모가 늘 신병이 있어서 자리에 누워 있게 된다. (왼쪽 액각을 일각이라 하여 아버지의 운을 보고, 오른쪽 액각을 월각이라 하여 어머니 운을 본다. 여성은 반대로 본다.)

일각이 월각보다 낮으면 아버지가 먼저 죽고, 월각이 일각보다 낮으면 어머니가 먼저 죽는다. 누구나 부모가 한날한시에 죽는 법은 없으므로 부모의 죽는 선후는 이렇게 판단한다. 그러므로 만일 자녀를 기를 때 그중 일·월각이 매우 깊이 죽은 자가 있으면 이는 선천적으로 부모복을 타고나지 못한 것

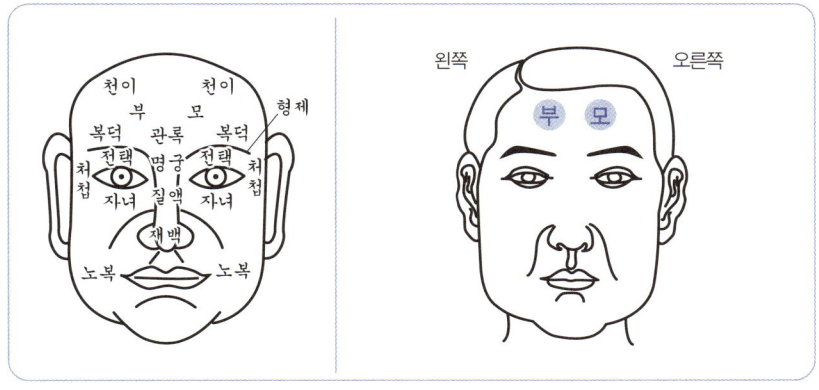

이니 일찍 출가하거나 양자로 들어가는 것이 전화위복이 될 것이다.

또한 눈썹이 이중으로 생긴 사람은 두 부모를 모신다[註 : 눈썹은 형제궁으로 이중 눈썹은 이복 형제가 있을 수니 이런 사람은 아버지가 첩을 얻어서 생남생녀(生男生女) 하거나 어머니가 먼저 죽고 계모나 서모를 얻어 자녀를 생산한다. 만일 그렇지 않으면 아버지가 어머니와 자신도 모르게 외방(外房)에 자식을 두거나 어머니가 다른 남자와 간통하여 씨가 다른 자식을 낳는다].

머리가 비틀어지고 이마가 매우 좁은 사람 중에는 서자가 많다. 자신의 아버지가 누구인지 잘 모르는 사생아일 가능성도 높다. 고아원에 가 보면 이를 확인할 수 있는데, 고아치고 일·월각이 원만한 아이는 없다. 대개 이중 눈썹 아니면 일·월각이 요함(凹陷)하다.

또한 왼쪽 눈썹이 높고 오른쪽 눈썹이 낮으면 아버지는 생존하고 어머니가 일찍 죽는다. 만일 왼쪽 눈썹이 위에 있고 오른쪽 눈썹이 아래에 있으면 아버지가 죽은 뒤 어머니가 반드시 개가(改嫁)할 상이다.

이마가 깎이고 두 눈썹이 서로 붙었으면 부모를 일찍 버리는 상이다. 이것을 관상학적 술어로 '격각살(隔角殺)'이라 하여 부자간에 의견 충돌이 심해서 원수처럼 미워하며 지낸다. 일·월각이 높이 솟고 원만하고 빛깔이 깨끗해야 부모가 온전하고 장수한다. 일·월각이 깊거나 죽고 깎이고 빛깔이 침침해서 어두운 사람은 부모와의 인연이 매우 박하다. 필자의 경험에 비추어 보아도 귀가 바가지처럼 오고해도 대개 14세 전에 조실부모하거나 이혼하는 경우가 많았다.

또 천중(天中) 다음 일·월각이 푸른색을 띠면 부모에게 걱정이 있고, 흰색을 띠면 부모의 복을 입거나 부모에게 관재(官災)가 있고, 검은색을 띠면 부모가 사망하거나 도난(盜難)을 당한다. 그리고 진한 붉은색을 띠면 부모가 구설을 듣거나 화재를 당한다. 연한 붉은색이나 황색, 보라색이면 좋다.

# 형제궁 兄弟宮

형제궁이란 눈썹을 말한다. 귀·눈·입·코·눈썹 등에 대해서는 뒤에서 자세히 설명할 것이고, 여기에는 십이궁의 해설상 요점만 밝힐 것이다. 자세한 것은 뒤에 나오는 〈눈썹〉 편을 참고하기 바란다.

형제란 좁은 의미에서 형제자매를 가리키지만 넓은 의미에서는 친구까지 속하고, 더 범위를 넓히면 사해동포 모두 형제에 속한다.

형제궁은 눈썹으로 판단하는 바 눈썹으로 형제의 유무를 결정한다고 해도 틀리지 않다. 대개 형제가 많은 사람은 눈썹이 많고, 형제가 적은 사람은 눈썹이 부족하기 때문이다. 눈썹이 초승달처럼 아름답고 눈을 잘 덮고 있으면 형제가 3~4명이 넘을 뿐만 아니라 모두 훌륭하게 성장해 화목하게 산다.

마의 선생이 이르기를 "눈썹이 길어 눈을 지나면 삼사형제가 된다."고 했다. 이런 사람은 우애가 좋을 뿐만 아니라 친구 간에도 화목하고 서로 사랑하고 친해서 교제도 잘하며, 협동심도 많아 세상을 즐겁게 산다. 비단 친구 사이뿐만 아니라 가정에서도 화목하고 이웃간에도 분쟁을 일으키지 않으며, 모든

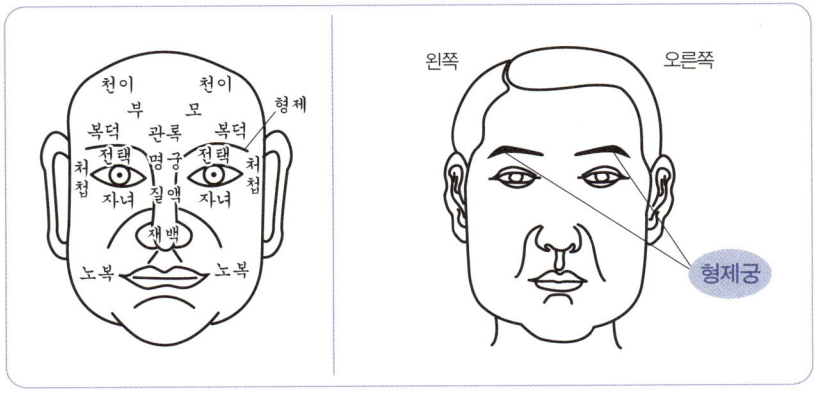

것을 타협할 줄 알기 때문에 자연스럽게 인덕도 쌓인다.

　이와 반대로 눈썹이 산란하거나 극히 드물고 지저분해서 보기 흉한 사람은 형제간의 인연이 박하고 참을성이 없으며 융통성이 적어 자기 주장만 내세우는 경우가 많다. 자연스럽게 인덕도 박하고, 형제자매 없이 독신으로 살거나 형제가 있다 해도 형제간에 불목하다. 또한 사교성이 부족해서 항상 고독을 느낀다. 필자의 경험에 비추어 보아도 인덕이 없다고 한탄하는 사람치고 좋은 눈썹을 가진 사람이 없었다.

　또 눈썹의 첫머리가 닭이 싸울 때 털이 선 것처럼 역립(逆立)된 자는 자신의 일신만 생각하기 때문에 형제간의 우애가 전혀 없다. 언제나 내가 제일이라는 생각으로 살기 때문에 처세하는 데도 많은 적을 두게 되고, 부하 중에도 심복을 두지 못해 항상 성공이 무덕이다.

　눈썹은 그 사람의 마음을 표현한다. 그래서 눈썹이 아름다운 사람은 마음도 아름답고, 눈썹이 거친 사람은 마음 또한 거칠다. 눈썹이 높이 난 사람은 그 마음도 고상하고, 눈썹이 낮게 난 이는 그 마음도 야비하다.

　서양에서는 눈썹을 보고 그 사람의 인물과 학식을 판정한다. 눈썹이 깨끗하고 초승달처럼 아름다운 사람은 학식이 뛰어나고 인품이 훌륭하다고 해도 틀림이 없다. 반면 눈썹이 잘록하고 산란한 사람은 학식이 부족하다. 혹 부모덕으로 학문을 닦는다 해도 비속(卑俗)에 흘러서 크게 성공할 수 없다. 여성은 눈썹이 깨끗하고 아름다워야 그만큼 좋은 남편을 만날 수 있으며, 더럽고 거칠면 그만큼 풍파가 많다.

　눈썹은 마치 주택의 지붕과 같아서 눈썹이 부족하면 지붕이 집을 잘 덮어주지 못해 비바람이 방으로 들이치듯 풍파가 많다. 그래서 옛 사람들은 눈썹을 화개(華蓋)라 하고, 눈을 전택(田宅)이라 했다. 또 부인의 눈썹이 극히 희박하면 남편복도 없고 자식복도 없으며, 재운도 부족하고 의식주도 부족하여 평생 고독하다. 이런 사람은 눈썹을 보기 좋게 그리고 마음을 수양하면 어느 정도 고독을 면하게 될 것이다.

## 형제연과 성격

눈썹을 형제궁이라고 하여 형제운을 판단한다. 친구나 친척과의 관계, 자신의 성격 등을 살피는 곳이기도 하다. 미간은 화재, 중앙은 공갈 협박이나 강도, 눈썹 꼬리는 수난을 의미한다.

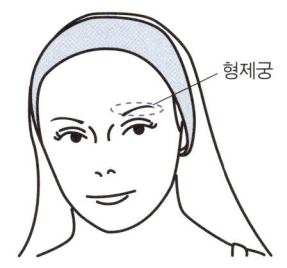
형제궁

눈썹은 미간에서 눈썹 꼬리를 향해 규칙적으로 나 있는 것이 좋다. 눈썹이 역방향으로 나거나 눈썹이 교차하여 고르지 못한 경우는 정서가 불안정하고 성격이 난폭하다. 굵은 눈썹을 가진 남성은 매우 정력적이고, 눈썹이 굵고 지나치게 진하면 남녀 모두 색난의 상이니 조심해야 한다.

눈썹 꼬리와 눈초리가 아래로 처진 것을 4수(四垂)라고 하여 가장 나쁘게 본다. 특히 여성의 경우 앞뒤 분별 없이 이성을 요구하는 경향이 있으므로 주의해야 한다. 문란한 사람도 상관없다고 생각하는 경우에는 한번 시험해 보기 바란다.

눈썹이 지나치게 가는 여성은 우유부단해서 싫은 남성에게 구애를 받아도 거절하지 못하고, 삼각 관계나 사각 관계를 반복하는 박행(薄幸)의 대표상이라 할 수 있다. 미간이 좁은 사람은 마음도 좁으며, 일자(一字) 눈썹을 가진 남성의 경우 매우 정력적이다. 삼각 눈썹의 소유자는 남녀 모두 창의력이 풍부하여 예술성이나 창조성이 뛰어나다.

## 08 처첩궁 妻妾宮

처첩궁이란 부부궁을 말하는 것으로, 과거 일부다처주의(一夫多妻主義) 시대에는 으레 처첩을 두었지만 현대에는 그럴 수 없다.

부부궁은 눈 끝으로 보는데, 이 부분을 관상학상 술어로 간문(奸門)이라 한다. 또는 어미(魚尾)라고도 하는데, 어미라는 명칭은 사람의 눈을 유심히 보면 눈 꼬리에 두세 개의 금이 있어 마치 고기 꼬리와 비슷하다 하여 붙여진 이름이다.

어미는 소양·소음의 바로 다음이요, 간문은 어미의 바로 다음으로, 눈꼬리에서 살적 부근까지를 부른다. 이곳은 주로 혼담(婚談)의 성불성(成不成)이나 부부(夫婦)의 화불화(和不和), 연애의 성과 등을 판단하는 곳이다. 신경은 후두부와 소뇌와 연관되어 있다.

간문과 어미는 와잠과 함께 가정운을 보는 데 가장 중요한 부위다. 간문이 깨끗하고 풍후(豊厚)한 사람은 부부간에 화목하다. 여성은 좋은 남편을 만날 수 있고, 남성은 좋은 아내를 만나게 된다. 보는 법은 남성은 왼쪽을 처(妻)로 보고 오른쪽으로 자신을 본다. 여성은 왼쪽을 자신으로 보고 오른쪽으로 남편을 본다.

만일 간문에 주름살이 많거나 열십자문(十字紋) 또는 정자문(井字紋)이 있으면 부부의 인연이 박하다. 부부간에 이상이 맞지 않아 늘 의견이 충돌하고 남편이 아내를 구타하거나 아내가 남편을 배신하는 일이 많으며, 혹 인내하고 산다 해도 늘 불만이 많다. 또 검은 점이 있거나 흠이 있으면 악처나 악한 남편을 만나게 되어 가정에 즐거움이 없고 늘 우울하게 지낸다.

남성의 오른쪽에 검은 점이나 흠이 있으면 남성 쪽에서 먼저 불평을 하고, 왼쪽이 그러하면 아내 편에서 불평불만이 생긴다. 여성은 왼쪽에 있으면 여

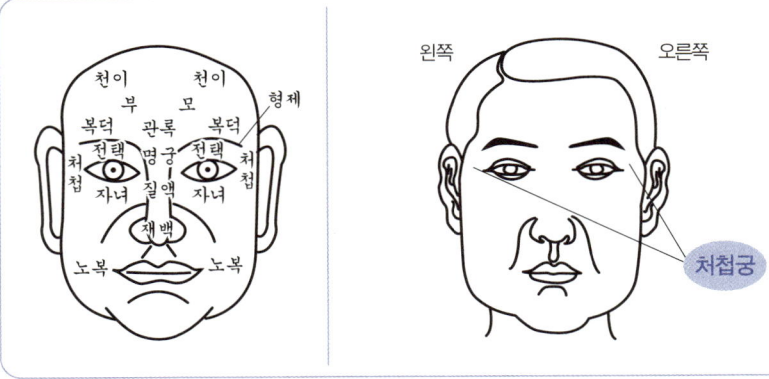

성 쪽에서 먼저 불만을 품게 되고, 오른쪽에 있으면 남성이 먼저 불평을 일으킨다. 동기가 어쨌든 간에 부부간에 불화가 심해서 이별하기 쉽고, 이별하지 않더라도 일생을 고통스럽게 지내게 된다. 혹 부부간에 추구하는 바가 맞아 행복하게 산다 해도 남편의 몸이 약하거나 아내가 약해서 사별하게 되거나 뜻밖의 재난으로 인해 생리사별(生離死別)하는 경우가 많다.

　필자의 경험에 비추어 볼 때 50세 이상 부인들은 간문이 나쁘더라도 해로한 이가 많은데, 30세 전후의 여성들은 간문에 조금의 흠만 있어도 이별한 사람이 많았다. 시대의 조류로 불가피한 현상일지도 모르나 아마도 이전 부인들은 도덕에 얽매여 행여 남편에게 불만이 있더라도 무조건 복종하는 것을 부덕(婦德)으로 알고 참아 왔기 때문이라고 생각된다.

　원래 부부란 이성끼리 만나서 한 가정을 이루어 살게 되는, 그래서 요행히 이상이 맞으면 다행이지만 그것이 꼭 맞을 수만은 없을 것이다. 그렇기 때문에 서로 이해하고 동정해야만 그 속에서 자연스럽게 정이 싹튼다. 그러나 간문이 나쁘다고 해서, 또 부부간에 이상이 맞지 않는다고 해서 경솔한 행동을 하는 것은 삼가야 한다. 누구나 처음에는 좋은 얼굴을 가지고 있더라도 행동이 좋지 못하면 얼굴이 점점 악하게 변하고, 행동이 선량하면 비록 검은 점이나 흠이 있어도 점점 윤택해져서 운명도 좋게 바뀐다.

원래 검은 점이나 흠은 불길한 징조이나 윤택하면 좋다. 남녀를 막론하고 결혼 전에 한창 혼담이 성숙해지면 간문의 빛이 벚꽃처럼 좋아진다. 색이 좋아지면 좋은 배우자를 만나게 되고, 반대로 색이 검어지면 좋지 못한 배우자를 만나게 된다.

관상학상 남녀의 궁합은 남성의 얼굴이 둥글면 여성은 길거나 모진 얼굴이 좋고, 남성이 모질거나 긴 얼굴이면 여성은 둥근 얼굴이 좋다. 부부가 화목하면 간문이 윤택하고 불화하면 간문이 검어진다. 만약 남편이 바람을 자주 피면 아내의 간문에 푸른 기운이 돌고, 아내가 부정해서 다른 남자와 간통하면 그 남편의 간문이 청흑색이 된다.

간문의 주름이나 검은 점[黑子], 흠 등은 배우자궁이 불길함을 의미하고, 빛이 깨끗하면 가정이 원만하다. 남녀 간에 눈에 살기가 있으면 반드시 상부(喪夫)나 상처(喪妻)하게 된다. 이런 사람은 대개 간문이 움푹 들어가 있다. 간문이 나빠도 빛이 윤택하면 액을 면한다.

## ∞ 처첩궁에 나타난 바람기 살피는 법

처첩궁은 사랑의 성취나 결혼 후를 암시하고, 연애 관계의 좋고 나쁨을 살피는 부위다. 남성은 왼쪽이 아내, 오른쪽이 첩을 나타낸다. 지금은 원칙상 첩에 해당하는 둘째 부인을 둘 수 없으므로 불륜 상대라고 생각하면 된다.

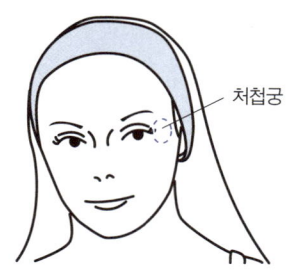
처첩궁

- 남성의 왼쪽 처첩궁에 붉은 점이나 사마귀가 나타나면 남성이 중증의 바람기가 있음을 의미한다.
- 남성의 오른쪽의 처첩궁에 붉은 점이나 사마귀가 나타나면 불륜으로 아이

까지 둘 수 있는 상이다.
- 남성의 왼쪽 처첩궁에 약간 검은 사마귀나 점이 나타나면 남성이 자신의 바람기로 고민하게 된다.
- 남성의 오른쪽 처첩궁에 검은 사마귀나 점이 나타나면 왼쪽에 있는 것보다는 바람기가 약하다.
- 여성의 왼쪽 처첩궁은 자신의 마음을 반영함과 함께 남성에 대한 성욕의 강약도 나타난다. 오른쪽 처첩궁에는 남성의 마음이 반영된다.
- 여성의 처첩궁에 붉은색이 나타나면 바람을 피우고 싶은 욕망이 있다.
- 여성의 처첩궁에 사마귀나 검은 점 등이 나타난다는 것은 잠재적인 불륜 욕구의 표현이다. 검은색이 진한 정도에 따라 강한 욕망을 나타낸다고 본다.
- 처첩궁의 위쪽은 천이궁이라 하여 이사나 개축, 여행 등의 변화나 개혁을 살핀다.

---

### [사랑 · 배우자 · 건강]

사랑이나 배우자에 해당하는 부분은 평평한 것이 좋다. 지나치게 부풀어 있거나 패여 있으면 가정운은 좋지 않아도 일이나 업무 등에서 축복을 받기도 한다.

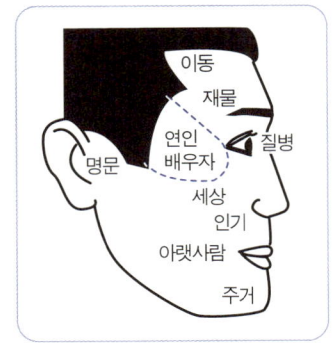

- 눈과 눈 사이를 산근 또는 질액궁이라 한다. 병의 유무를 확인하는 곳이다.
- 귀 앞에 있는 명문은 생명의 문이라고 할 정도로 건강과 관련이 있다.

미간은 명궁이다. 혼동하기 쉬운데, 문이라고 하는 것은 출입구이고, 궁이라고 하는 것은 머무는 장소를 말한다. 귀 앞에 있는 명문이라고 하는 것은 중요한 신경이 속해 있는 곳으로, 건강과 관련이 깊다.

## 남녀궁 男女宮

　　남녀궁이란 두 눈의 아래로, 와잠이라고 한다. 아래 눈꺼풀이니 눌러 봐서 뼈가 없는 곳을 이른다. 현대어로는 자녀궁이라고 하며, 자녀의 유무와 덕부덕(德不德)을 살피는 곳이다.

　　남녀 간에 성병이 있는 사람은 와잠이 검다. 화류계 여성이나 바람둥이는 대개 와잠이 검고 푸른 경우가 많다. 어떤 사람을 막론하고 이곳의 빛이 윤택하고 불그레하여 빛이 좋은 사람은 반드시 아들을 둔다. 이와 반대로 이곳이 움푹 패이거나 마르고 검은 빛이 도는 사람은 자식을 두지 못한다. 검은 사마귀가 있어도 자식운이 좋지 않다. 비록 많이 낳는다 해도 죽거나 멀리 나가 버려 자식이 없는 것과 같다.

　　와잠에 바늘처럼 긴 금이 있거나 우물 정(井)자 문이 있거나 불룩한 살이 있으면 자녀가 없거나 자녀를 생산한다고 해도 여러 번 땅속에 매장하는 불행한 일이 생긴다.

　　와잠이 명윤하고 깨끗한 사람은 음덕을 많이 베푸는 자로 마음이 바르고 타인을 잘 돌보며, 와잠이 검푸르거나 지저분한 사람은 음덕(陰德)의 반대인 음악(陰惡)의 징조다. 입으로는 정의를 말하나 속마음은 그렇지 않다. 이는 부모의 심신이 고르지 못한 결과로 임신(姙娠)하여 생긴 사람이다.

　　와잠은 동안 신경과 연결된, 소뇌의 직접적인 표현이다. 즉 유전 기관인 남녀의 성이 표현되는 곳이다. 그래서 성병에 걸리면 반드시 와잠이 검푸른 색을 띤다. 성병이 없는 사람이라도 난색(亂色)하는 사람은 와잠이 검푸르다. 건강한 사람도 남녀 간에 성교를 하고 나면 와잠이 약간 암색(暗色)을 띠는데, 이는 일시적인 현상이므로 시간이 지나면 곧 없어진다. 그러나 탕남(蕩男)과 탕녀(蕩女)는 근본적인 색상을 가지고 있기 때문에 생식기에 질병이 생겨서

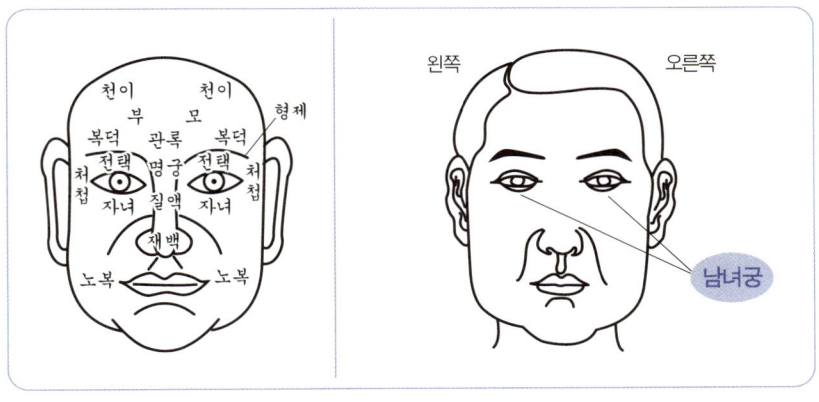

빛이 맑아지지 않는다. 그래서 임신을 해도 유산을 하기 쉽고 자식을 두지 못하는 경우가 많다. 또 자궁에 암이 생기거나 냉적(冷積)이 있을 때는 와잠의 색이 몹시 검은 빛을 띤다. 부부간에 화합하고 오입하지 않고 난색하지 않고 자녀가 많고 건강한 사람치고 와잠이 검거나 푸른 사람은 없다. 모두 명윤하고 빛깔이 윤택하다.

와잠의 빛깔은 좋은데 주름살이 있거나 우물 정(井)자 문이 있는 사람은 자식을 두지 못한다. 이런 사람은 마음씨는 좋아도 자식복을 타고나지 못했다. 소뇌를 난동(亂動)하면 나쁜 결과가 생긴다. 병약(病弱) 불구의 자녀를 낳게 된다.

만물의 영장인 인간에게 있어 가장 보배는 재산이나 명예, 지위보다도 건실한 자녀를 많이 두는 데 있을 것이다. 건강한 자녀를 생산하려면 부부 생활이 건전해야 한다. 그런데 많은 사람들이 이 기본 원칙을 모르기 때문에 준비 없이 임신을 해서 삼백안·사백안(三白眼·四白眼 : 사백안이란 눈이 길지 않고 둥그렇고 커서 눈의 흰자위가 상하 좌우로 보이는 것을 말한다. 즉 눈의 흰자위는 좌우로만 보여야 하는데 상하로 보는 것을 사백안이라 하여 좋지 못한 것으로 본다)의 자녀를 낳게 되니 참으로 안타깝다. 이것은 임신이라는 중대한 일에 큰 고민을 하지 않기 때문이다. 이처럼 사백안을 가진 아이는 성을 잘 내고 잘 놀다가도 갑자기 돌을 던지거나 때리고 성질이 좋지 못하여 몸이 잘못되거나 횡액(橫厄)으로 악사(惡死)하는 경우가 많다. 장성하더라도 부부간에 화목하지 못하고 생이별이나 사별하는 경우가 많다. 그래서 마의선생은 "눈에 흰자위가 많으면 흉악하게 죽는다."고 했다.

눈 주위가 검은 사람은 의학적으로 자궁 질환이 있거나 신장이 나쁘다. 앞에서도 말했듯이 와잠이 검은 것은 음악의 표현이다. 매춘부들의 경우 눈이 탁하고 눈 주위가 더럽기 때문에 좋은 자녀가 탄생할 수 없다. 그러나 매춘부라 할지라도 계속해서 음덕을 쌓고 성 관계를 적당히 조절하면 훌륭한 자녀를 둘 수 있다. 또 눈 주위가 검다 해도 개선하기 위해 노력하면 얼마 안 가서 소뇌가 깨끗해지고 대뇌가 활발하게 활동하여 눈 주위가 깨끗해질 수 있다. 그러니 눈 주위가 검거나 사마귀가 있다고 해서 비관하지 말 것이다.

검은 점도 윤택하면 좋다. 상이란 변하기 때문이다. 선천적으로 타고난 운명을 고칠 수 없다고 생각하는 사람도 있으나 상은 계속해서 변한다. 앞의 심상 편에서도 말했듯이 유형의 상은 무형한 마음의 표현이므로 나쁜 점을 개선해 나가면 상도 좋아지고 불행이 행복으로 바뀌기도 한다.

## 남녀궁에 나타난 검은 점이나 사마귀의 의미

와잠과 누당을 모두 남녀궁이라 하고, 와잠과 우당을 산대(産袋)라고도 한다. 두툼하면서 포동포동하고 윤기가 있으며 색이 예쁜 것을 길로 친다. 주로 남녀 관계나 정력의 강약, 아이나 손자 관계 등을 살핀다. 이혼의 원인으로 성격의 불일치라고 하는 것은 표면적으로 성(性)의 불일치도 많다.

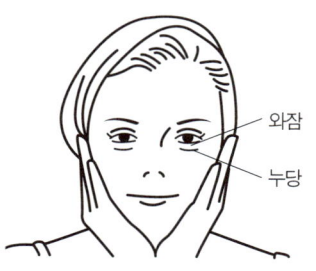

와잠
누당

- 와잠에 검은 사마귀나 점이 있으면 그것이 큰 만큼 불륜 욕구도 강하다.
- 누당에 검은 사마귀나 점이 있으면 배우자나 자녀운이 없다.
- 누당에 상처가 있으면 자녀운을 타고나지 않는다.
- 누당에 종기가 있으면 아이가 중병에 걸릴 징조다.
- 와잠과 누당이 함몰되어 있으면 자율신경 실조증이나 노이로제에 걸리거나 잠이 많다.
- 누당에 생기를 잃은 검은 점이 있으면 잔걱정이 많고 다음(多淫)하다. 소음 신경(腎經)을 개선해야 한다.
- 와잠과 누당에 진갈색 얼룩이 있으면 스트레스가 많고 과음하게 된다. 간경(肝經)을 개선해야 한다.

## 좋은 자식을 둘 수 있는 인상

- 남녀 모두 인중의 선이 뚜렷하고 밑으로 내려올수록 넓어지는 사람
- 여성의 경우 유방에 약간의 탄력이 있고 젖꼭지가 위로 향해 있다.
- 콧망울에 살이 있되 탄력이 있고 턱에 살이 있다.
- 눈동자가 서글서글하고 귀여운 여성.
- 유두의 원이 넓은 여성(처녀는 젖꼭지가 빨갛고 기혼녀는 젖꼭지가 보라색을 띠어야 함)
- 새끼손가락이 굵고 길며 똑바른 사람
- 모든 곳이 부드러운 느낌을 주는 사람
- 엉덩이가 크고 처지지 않은 사람
- 허리가 틀어지지 않고 허리뼈가 큰 사람

### 자식운이 없는 인상

- 눈 밑 와잠이 검푸르고 부풀어 있는 사람
- 콧망울이 없는 사람
- 코가 지나치게 높은 사람
- 유두가 지나치게 작은 사람
- 인중이 평평해서 선이 없는 사람
- 입술이 푸르거나 검은 사람
- 윗입술이 위로 말려 인중이 매우 짧은 사람
- 두 눈동자가 흐린 사람
- 어깨 폭에 비해 허리 부분이 약하고 작은 사람

# 노복궁 奴僕宮

노복궁은 턱을 말하는 것으로, 현대어로 부하궁이라고 하면 될 것이다.

턱이 모지고 두꺼운 사람은 부하가 많고, 턱이 좁고 뾰족한 사람은 부하와의 인연이 적다. 이중턱인 사람은 많은 부하를 통솔할 수 있으며, 턱이 두텁고 넓은 사람은 여러 사람의 수령이 될 수 있다. 반면 턱에 검은 점이 있는 사람은 부하로 인해 손해 보기 쉽다. 턱에 흠이 있는 사람 또한 부하로 인해 실패하기 쉽다. 심성질로서 턱이 마치 백사처럼 뾰족한 송곳턱을 가진 사람은 부하를 두기 어려우므로 학문을 연구하는 학자나 철학자의 길을 가는 것이 좋다.

턱이 풍후(豊厚)하고 넓은 사람은 처와 첩을 두고 많은 하녀를 거느리는 경우가 많다. 턱이 매우 작고 뾰족해도 많은 부하를 부릴 수 있긴 하지만 오래 지속하기는 힘들다. 재산을 잃어 아랫사람들이 모두 흩어지거나 배반하는 자가 생겨 재산상의 손해를 본다. 그러므로 부하를 부릴 수 있는 사람은 턱이 풍후해야 하고, 턱이 뾰족한 사람은 부하를 부리기보다 오히려 타인의 부하로 있는 것이 낫다.

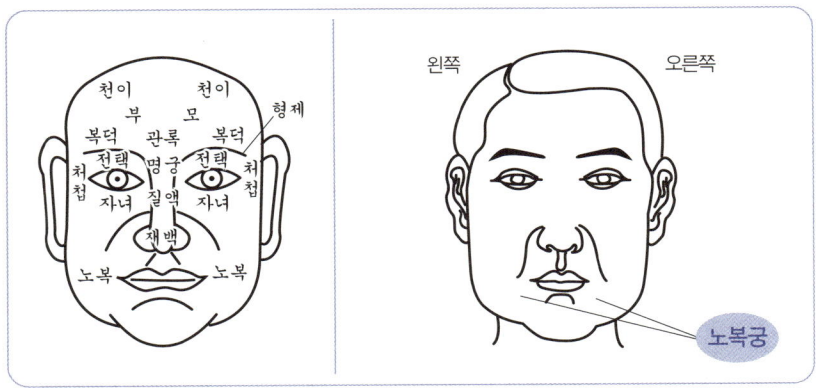

필자의 경험에 비추어 볼 때 턱을 통해서는 부하궁뿐만 아니라 자식덕의 유무도 살필 수 있을 듯하다. 와잠이 좋아도 턱이 부족한 사람은 아들이 부족하고, 와잠이 약간 부족해도 턱이 좋은 사람은 늦게라도 손자 같은 아들을 두는 경우가 많다. 턱은 모지고 두터우며 안으로 오곳해야 좋다. 턱이 좋으면 만년에도 활동력이 왕성해서 재운이 좋고, 턱이 부족한 사람은 50세 이후에 활동력이 약해져 재운도 없어지고 병약해진다.

## 얼굴 부위와 인간관계

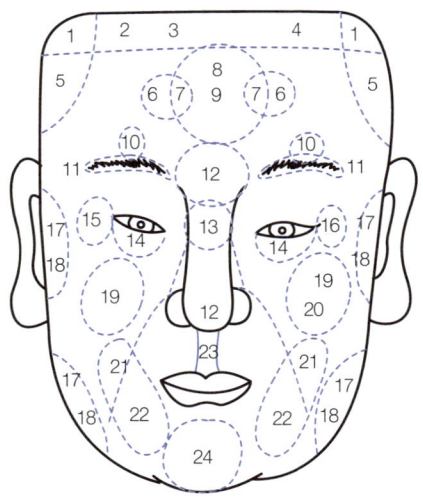

1. 이동
2. 신(神)
3. 불(佛)
4. 선조
5. 고향 사람
6. 조부모
7. 부모
8. 관리자
9. 윗사람
10. 친구
11. 친족
12. 자신
13. 가족
14. 자녀
15. 연인
16. 배우자
17. 타향
18. 고향
19. 사회 친구
20. 경쟁 상대
21. 종업원
22. 아랫사람
23. 후손
24. 동거인

- 자기 자신을 표현하는 것은 명궁과 코 전체이고, 코는 자기 자신을 가리킨다.
- 조상이나 신은 얼굴 가장 위쪽에 해당한다.
- 조부모와 부모는 선조의 바로 아래에 해당한다.
- 눈썹은 형제와 친족을 의미하며, 자신(명궁)과 어깨를 나란히 한다.
- 친구는 눈썹 위쪽에 있다. 형제나 친족보다 위쪽에 위치하고 있기 때문에 형제 이상으로 신의를 가지고 대하는 것이 중요하다.
- 가족은 코에 해당하고, 자신과 일심동체임을 의미한다.
- 배우자 또한 자신과 나란히 위치한다.
- 자녀는 배우자와 자기 사이에 있으므로 배우자보다 아래에 위치한다.
- 타인과의 만남이나 사교를 나타내는 광대뼈는 자신을 나타내는 코와 같은 위치에 있다.
- 아랫사람은 자신보다 아래인 법령선의 끝에 위치한다.

# 11 질액궁 疾厄宮

## 1 산근의 의미와 운명

질액궁은 산근을 말하는 것으로 산근은 인당의 아래요, 두 눈 사이 코뿌리를 말한다. 옛말에 "하늘에는 측량할 수 없는 비와 바람이 있고, 사람에게는 아침저녁의 복과 재앙이 있다[天有不測之風雨 人有朝夕之禍福]."고 했다.

모든 동물·생물·식물, 심지어 무생물도 우주의 성주괴공(成住瓌空)과 인생의 생로병사를 피할 수 없지만 뜻밖의 병난이나 재난을 살피면 어느 정도 예측할 수 있다. 기상 관측을 통해 바람이 불고 비가 내리는 것을 예측할 수 있듯이 사람의 화복도 질액궁을 살피고 기색을 살피면 미리 알 수 있다는 것이다.

산근이 깨끗하고 끊어지지 않으면 질병에 잘 걸리지 않고 무사 편안히 일생을 살 수 있다. 하지만 산근이 깊거나 끊어진 사람은 병에 걸리기 쉽다. 또 산근에 검은 점이 있거나 흠이 있는 사람은 일생 동안 신병을 면하기 어렵다.

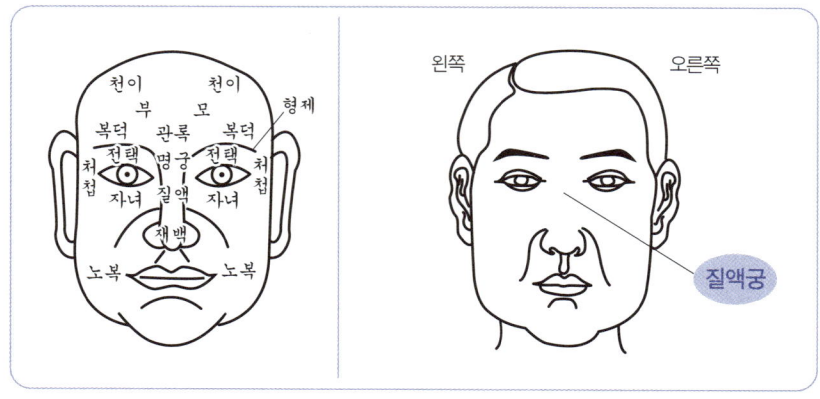

목적한 것이 깨지고 처자와 이별하거나(부인은 남편과 이별한다) 거주지를 자주 옮기며, 재산을 탕진하고 고생을 많이 한다. 특히 산근이 약한 사람은 부모의 유산이 없다. 있다 해도 41~22세 사이에 날아가 버린다.

산근에 흠이 있는 사람은 학문을 많이 닦았다 해도 산근이 좋은 사람에게 밀린다. 한창 경쟁 중에 병액에 걸려 발전이 멈추는 수가 많기 때문이다. 이처럼 산근이 약한 사람은 항상 병을 조심하고 수양을 쌓아야 한다.

산근이 죽었다고 비관할 것은 없다. 각별히 건강에 유의하면 약한 산근이라도 윤택해져서 병액이 침입하지 못한다. 특히 위장병이 있으면 산근과 연수가 검고 푸르다는 것을 유념해야 한다.

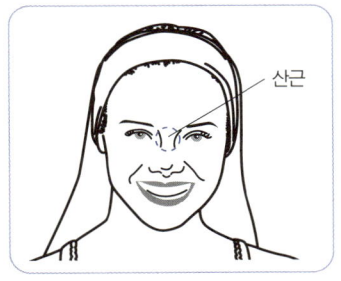

- 산근이 높으면 책임감이 강하고, 아랫사람을 돌보기를 좋아한다.
- 산근이 낮으면 책임감이 약하고 의지가 박약하며, 타인에게 책임을 전가하기 때문에 만년에 고독한 생활고를 겪는다. 눈시울을 조금 강하게 마사지하면 산근이 크게 개선된다.
- 산근이 너무 높으면 사람이 좋다는 소리를 듣지만 보증으로 패가망신한다.
- 산근에 검은 점이나 사마귀는 다음(多淫)의 상으로 이성으로 인해 망신을 당하거나 건강을 해친다.
- 산근에 1개의 주름이 있으면 주위의 사람에게 추천되어 출세하거나 단체의 리더가 된다.
- 산근에 여러 개의 주름은 고독한 관상으로 늦게 결혼한다.

## 2 산근과 건강

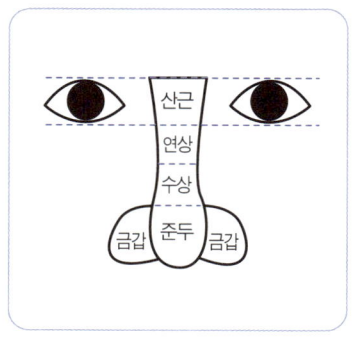

산근으로 위(胃)의 건강 상태를 판단할 수 있다. 산근이 낮은 사람은 위의 발육이 약한 경우가 많다. 이것은 아이들의 산근을 보면 쉽게 알 수 있다. 갓난아이들의 산근이 낮은 것은 아직 위가 제대로 발육되어 있지 않기 때문이다. 성인 가운데 이 부분이 낮은 사람들은 딱딱한 음식보다 부드러운 음식을 좋아하고, 음식을 여러 번 씹지 않고 삼키는 사람들이 많다. 위가 제대로 발육하지 않은 채 성인이 되었기 때문이다. 식후에 곧바로 졸음을 호소하는 사람들이 있는데, 산근이 낮은 것이 원인인 듯하다.

- 산근이 흰 사람은 위가 냉한 상태다. 이는 위한증으로, 가능하면 찬 음료는 삼가는 것이 좋다.
- 산근이 붉은 사람은 위에 열이 있는 상태다. 이는 위열증으로, 술을 삼가고 고기를 과식하지 말아야 한다.
- 산근이 거뭇한 사람은 위가 약해지고 있다는 증거다. 이는 위허증으로, 간식을 피하고 음식을 꼭꼭 잘 씹어 먹어야 한다.
- 산근이 황색을 띠는 사람은 위의 수분 대사가 좋지 않다는 증거다. 이는 위내정수(胃內停水), 수분을 지나치게 많이 섭취하지 않아야 한다.
- 산근이 건조하여 거슬거슬한 느낌이 있는 사람은 위산 과다의 가능성이 있다.

[산근의 주름]

- ① : 산근 상부에 주름이나 거무스름한 선이 있으면 체했거나 식욕 부진, 거식 증 가능성을 나타낸다.
- ② : 산근 오른쪽에서 가운데 쪽으로 걸친 주름이나 거무스름한 선이 있으면 위와 간장이 약해지고 있음을 나타낸다.

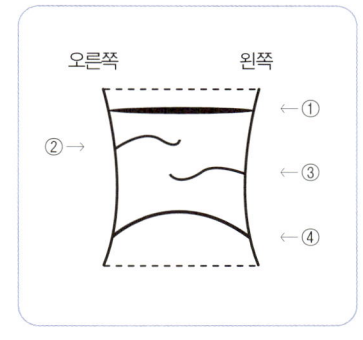

- ③ : 산근 왼쪽에서 가운데 쪽으로 걸친 주름이나 거무스름한 선이 있으면 위와 췌장이 약해지고 있음을 나타낸다.
- ④ : 산근 오른쪽에서 왼쪽까지 걸쳐 있는 주름이나 거무스름한 선이 있으면 당뇨병이 있을 가능성을 나타낸다.
- 산근과 코끝에 희면서도 검은색이 나타나면 변비가 생긴다. 변비는 대장 기능이 나쁘고 긴장했을 때 많이 발생한다.
- 코끝에 적색이 나타나면 점액변이 나온다. 점액변은 변을 보고도 뭔가 불쾌한 느낌이 들고 무른 변을 보는 것을 말한다.

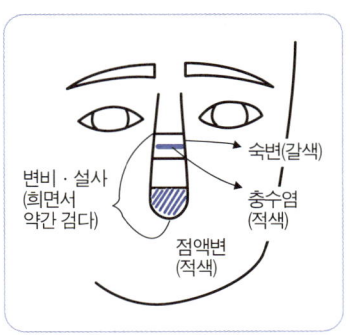

무른 변은 대장, 그중에서도 특히 소장이나 하행 결장에 열이 있을 때 많이 발생하며, 육류를 많이 먹거나 기가 상기된 사람에게 많이 나타난다.

# ⑫ 천이궁 遷移宮

천이궁이란 좌우 눈썹 끝에서부터 비껴서 천창·역마 부위를 말한다. 천이는 글자 그대로 옮기고 이사하는 것을 말하니 현대어로는 이동궁(移動宮)이라고 하면 될 것이다.

천이궁이 깨끗하고 흠이 없고 뼈가 들어가지 않고 살이 풍만하면 출생지에서 이생을 안락하게 살 수 있다. 이와 반대로 이곳이 움푹 들어가 있으면 이사를 자주 한다. 그래서 예부터 천이궁을 통해 여행이나 이사·이동 등 각인의 동정을 살폈다. 집을 자주 옮기는 사람들은 이곳이 움푹 들어간 경우가 많다. 천이궁에 검은 점이나 흠이 있는 사람은 여행이나 이동을 하면 실패하기 쉽고, 이곳이 풍만한 사람은 이동을 하면 대길하다.

천이궁으로는 이동 관계만 보는 것이 아니라 미래의 흥망성쇠도 살핀다. 이곳이 풍만하고 깨끗한 사람은 더욱 향상하고 발전할 것이요, 이곳이 요함하고 잡색이 있는 사람은 이사를 하면 패할 가능성이 높다. 행여 요함하더라도 기색만 깨끗하면 이사해도 손해가 없다. 또한 천이궁이 풍만하여 아름다

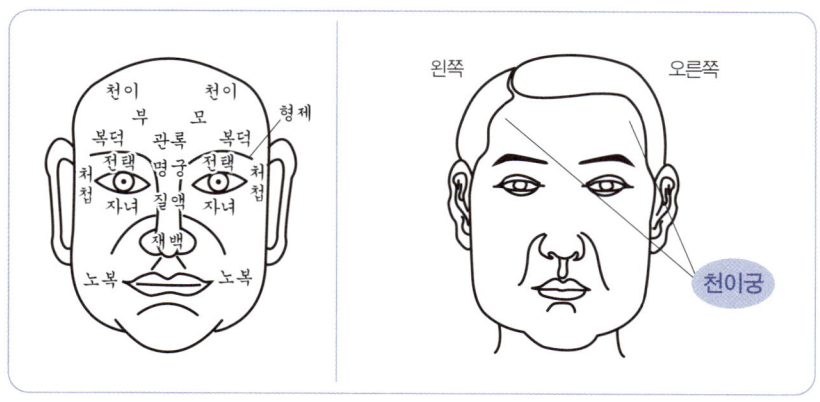

운 사람은 늙을수록 복이 많고 금생에서뿐만 아니라 내생으로 가는 데도 영전한다고 한다. 또한 천이궁은 천창에 해당하므로 이곳이 풍만하면 선대의 유산도 많다. 일행선사(一行禪師)의 소인형법(小人形法)에 의하면 이마는 머리가 되고, 인당은 목구멍이 되며, 눈썹은 손이 되고 코는 내장이 되며, 법령은 발이 된다 했다.

그러므로 법령에 검은 점이 있으면 발에 문제가 생기고, 인당에 검은 점이 있으면 인후에 문제가 생기며, 코에 검은 점이 있으면 위장병이 생긴다. 천이궁은 손이 되므로 항상 움직이게 된다.

**[안면소인형법]**

안면소인형법이란 얼굴에 인체를 정면으로 향하게 하여 큰 대(大)자에 배당한 것이다. 해당하는 부위의 색의 길흉으로 질병이나 상처 등이 있는지 여부를 진단하는 데 이용한다.

- 관록궁(官祿宮)은 머리와 얼굴에 해당한다.
- 명궁(命宮)은 가슴에 해당하고, 마음이나 식도, 심장, 폐의 상태를 살핀다.
- 질액궁(疾厄宮)은 가슴 아랫부분으로 위장, 십이지장, 간장, 옆구리 등을 살핀다.

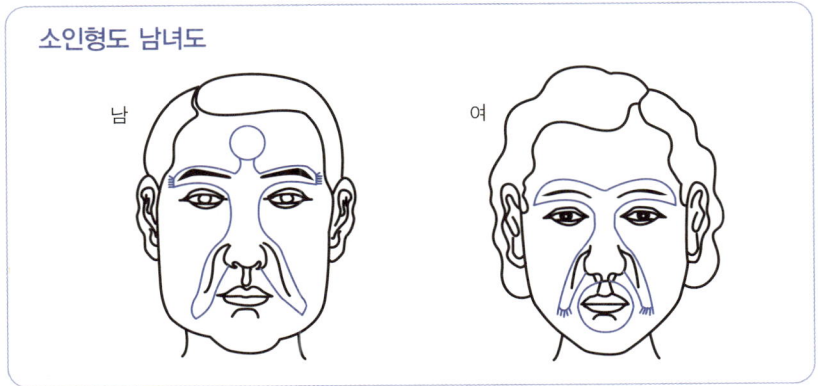

소인형도 남녀도

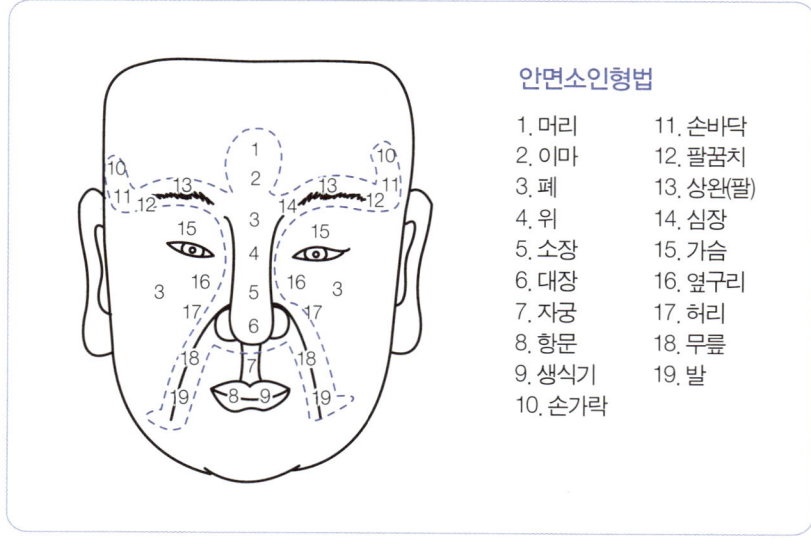

- 연수(年壽)는 하복부에 해당하며, 소장의 상태를 살핀다.
- 준두(準頭)는 대장과 직장, 항문 부위를 살핀다.
- 금갑(金甲)은 허리와 고관절, 고환(睾丸), 생식기를 살핀다.
- 인중(人中)은 자궁과 생식기 등을 살핀다.
- 법령선(法令線)은 고관절과 무릎, 발을 살핀다.
- 눈썹은 팔과 팔꿈치 등을 살핀다.
- 이동궁은 손에 해당한다.
- 코 전체는 상반신과 생식기에 해당한다.
- 광대뼈를 통해 폐의 건강 상태를 알 수 있다.

 이 밖에도 인형의 위치를 살펴 다른 부위를 추측할 수도 있다. 또한 이 부위에 나타난 색으로 질병을 판단할 수 있는데, 명궁의 적몽색(赤夢色)은 폐에 질병이 있고 잔기침이 난다는 것을 의미한다. 왼쪽을 통해서는 심장 질환을 살필 수 있다. 질액궁이 암색(暗色)을 띠면 위장병, 붉은 점이 있으면 위장 질환으로 인한 심한 통증을 의미한다. 연수 부위가 청암색(靑暗色)을 띠면 변비나 숙변이 있다는 것이다. 금갑이 몽색(夢色)을 띠면 허리에 통증이 있고, 법령선이 약하면 다리와 관절이 약하다는 것을 의미한다.

## 여행에 동반하는 사람의 인상

여행을 할 때 여행에서 오는 운과 불운을 살펴보자. 여행의 길흉은 기색선이 어디까지 연결되어 있는지와 그 거리를 통해서 알 수 있다(아래 그림 참조). 그리고 그것이 즐거운 여행이 될 것인지 아닌지는 기색선이 이르는 곳의 색을 통해 살핀다. 일반적인 색을 띠고 있으면 길흉 관계가 없는 여행이라고 생각하면 된다.

눈썹이 꺾어진 부근은 금전을 나타내므로 아래 그림에 나타난 것은 '자비 여행'이라 볼 수 있다. 회사에서 비용을 부담해 주는 등 자신이 여비를 지불하지 않을 때는 기색선(氣色線)이 눈썹 꼬리에 붙지 않는다. 선물을 사는 등 지출이 있을 때는 기색선이 눈썹에 붙는다.

먼 곳을 여행할 때는 이마의 양끝을 살핀다. 장거리 거래나 여행을 할 때는 피부의 윤기와 상태가 좋은 쪽을 이용하는 것이 좋다. 집을 찾거나 이사를 할 때도 이마 좌우의 색을 비교하여 깨끗한 방위를 선택하는 것이 좋다.

- 여성의 경우 오른쪽 이마가 동쪽을, 왼쪽이 서쪽을 나타낸다.
- 남성은 오른쪽 이마가 서쪽을, 왼쪽이 동쪽을 나타낸다.

예정에 없던 여행을 하게 될 때는 이마의 양끝을 살핀다. 만약 여행을 가게 될 경우 그 장소에 몽색이 나타난다.

이 그림은 필자가 감정한 사람으로, 오스트레일리아로 여행을 떠난 사람의 얼굴이다. 얼굴에 여행선이 있고, 선 주변에 미립대의 화상이 많다.

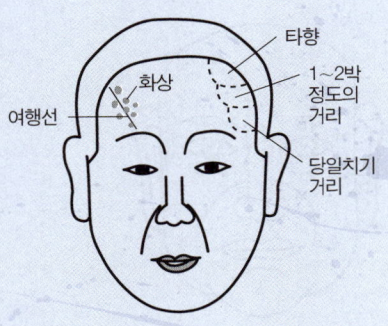

## ⑬ 전택궁 田宅宮

전택궁이란 두 눈, 그중에서도 특히 두 눈의 위 눈꺼풀을 말한다. 현대어로 표현하면 주택이라고 보면 될 것이다. 이곳이 아름다운 사람은 좋은 주택을 가질 수 있다. 이와 반대로 전택궁이 좋지 못한 사람은 좋은 주택을 가질 수 없다. 또 전택궁에 흠이 있거나 검은 점이 있으면 주택을 여러 번 변경한다.

  좋은 주택을 가질 수 있는 것은 부모의 인연이므로 전택은 두 눈과 함께 부모를 본다. 그러므로 이곳이 아름다우면 부모궁도 좋고 선조운도 좋다. 반대로 전택궁이 나쁜 사람은 부모와 선조의 운이 좋지 못하다. 전택궁에 흠이 있으면 부모와 일찍 이별한다. 전택궁이 넓고 깨끗한 사람은 마음이 정직하고 신앙이 깊다. 대개 종교를 믿는 사람은 전택궁이 넓은 반면 물질만 주장하는 사람은 전택궁이 좁다. 그러나 종교가들 중에도 전택궁이 좁은 사람이 있는 만큼 종교가라서 해서 전택궁이 전부 넓은 것은 아니다. 신앙심이 두터운 사람은 대체로 전택궁이 넓고, 신앙심이 적은 사람은 전택궁이 좁다. 전택궁이 좁은 종교가는 선천적으로 자신의 부모가 믿는 종교를 습관상 믿고 있을 뿐

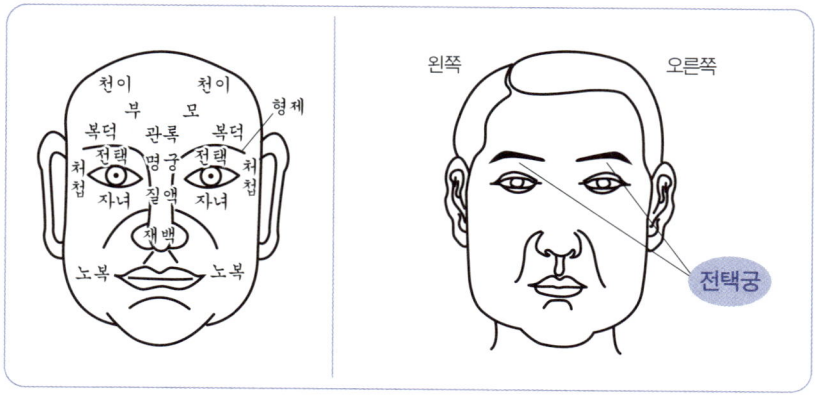

모두가 신앙심이 두터워서 믿는 것은 아닐 것이기 때문이다. 만일 자기부터 종교를 믿기 시작한 사람이라면 일시적 호기심에 종교를 떠나게 될 우려가 있다. 어쨌거나 눈이 보배라는 말처럼 눈이 좋아야 큰 성공을 이룰 수 있고, 큰 성공을 해야 좋은 주택을 가질 수 있다. 눈은 얼굴의 50%의 운을 지배한다.

### 얼굴 부위와 집

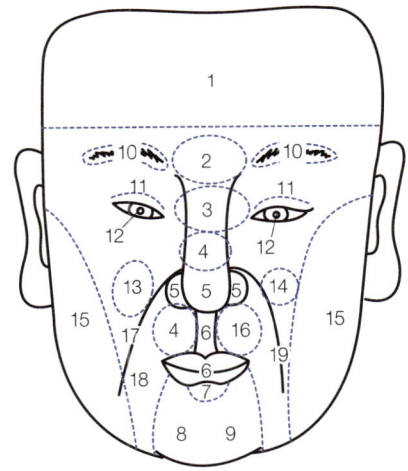

1. 통로
2. 현관
3. 침실
4. 손님방(거실)
5. 금고
6. 배수
7. 화장실
8. 부지
9. 건물
10. 지붕
11. 처마
12. 창
13. 주변(가까운 곳)
14. 별택
15. 환경
16. 부엌
17. 담
18. 담장 밑
19. 경계선

- 이마가 나타내는 것은 큰 통로이다.
- 얼굴의 측면은 집 주위의 도로, 환경을 의미한다.
- 지각(地閣)은 부지와 건물 및 정원을 의미하며, 넓게는 주거 전반을 나타낸다.

- 법령선은 담장, 부지의 경계선을 나타내고, 법령선 안쪽은 거주지를, 선의 바깥쪽은 집 주변을 나타낸다.
- 입은 수도나 우물, 배수 등 물의 흐름 그리고 큰 집을 의미한다.
- 인중도 물의 흐름을 의미한다.
- 승장은 화장실과 물의 흐름을 의미한다.
- 식록은 부엌과 손님방 또는 거실을 의미한다.
- 준두와 금갑은 금고를 의미한다.
- 코는 집의 대들보를 의미한다.
- 연수는 거실 및 손님방을 의미한다.
- 질액궁(산근)은 침실을 의미한다.
- 눈은 창을 의미한다.
- 전택궁은 처마나 회랑을 의미한다.
- 눈썹은 처마나 지붕을 의미한다.
- 명궁은 외부의 현관을 의미한다.

※ 법령선이 길고 넓으면 큰 집에 살고, 이마가 넓은 사람은 큰 도로가 나 있는 집이나 도시에 거주한다. 명궁이 넓으면 집의 입구가 넓다. 턱 부위에 습기가 있으면 부지와 집에 습기가 있다. 지각이 나누어져 있으면 토지와 집이 나누어져 있다 등을 판단할 수 있다.

## 전택궁과 상속운

과거에는 상속운의 좋고 나쁨을 살피는 것을 매우 중요하게 생각했다. 교우(交友)·복당(福堂)·천창(天倉) 등을 전택 또는 전택궁이라 하여 주로 상속운을 살폈다.

복당은 금전적인 행운과 중년의 금전운을 살피는 곳이다. 신데렐라를 꿈꾸는 여성은

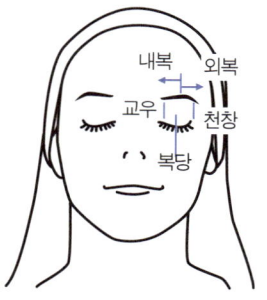

좌우가 차이가 없듯 결혼 후의 상속운을 살펴서 판단한다.

내복(內福)이 풍후(豊厚)하다는 표현처럼 내복이 좋은 사람은 주된 수입 외에 주차장이나 아파트 임대업 등을 통해 현금 수입을 얻게 된다.

외복(外福)은 생각지도 못한 곳에서 수입이 들어오는 관상이다. 그러나 사마귀나 검은 점이 있으면 아무리 노력해도 금전운이 좋지 못하고 중년에는 결국 몰락하게 된다.

가끔 필자에게 "눈썹 아래의 복당과 눈썹 위쪽의 내복과 외복의 관계를 어떻게 생각하면 좋습니까?"라는 질문을 해 오는 학생들이 있다. 내복과 외복은 눈썹 위에 있으므로 하늘의 계시나 조상 덕에 의한 금전운이라고 생각하고 복당을 현세의 금전운이라고 생각할 수도 있다. 내복이나 외복의 상이 좋으면 여러 가지로 좋은 혜택을 받지만 복당에 검은 점이나 사마귀가 있으면 노력을 하여도 좀처럼 운이 열리지 않는다.

천창은 조상으로부터 상속받은 재산과 영업력, 경리 능력, 관리 능력 등을 판단한다. 그리고 만년의 금전운을 판단하기도 한다.

교우는 친한 친구나 사회적 신용을 판단한다. 검은 점이나 사마귀가 있으면 어느 누구에게도 신뢰를 얻지 못하고, 친구들에게도 따돌림을 당해 항상 외롭다. 이곳은 초년의 금전운을 판단하기도 한다.

## ⑭ 얼굴 총론 面相總論

얼굴은 인간의 처세상 가장 중요한 부분이다. 한 몸의 길흉화복과 성패득실을 정할 뿐만 아니라 첫인상을 좌우하기 때문이다. 그래서 얼굴이 잘생긴 사람은 비록 신분과 지위가 낮더라도 자연스레 상대방의 존경을 받을 것이요, 얼굴이 추졸(醜拙)하게 생긴 사람은 신분과 지위가 높더라도 멸시를 당하는 것이 정한 이치다. 이러한 이유로 '어떻게 하면 상대방에게 잘 보일 수 있는가?' 하는 것이 오랫동안 연구되어 왔다. 수많은 화장품 회사들이 수지를 맞추고 있는 것도 이 때문이다. 이발소와 미용실, 나아가 성형외과 등은 모두 얼굴 미화 연구의 소산일 것이다. 그렇다면 얼굴 미화와 운명은 어떠한 연관 관계가 있을까?

첫째, 눈썹은 지붕과 같으므로 눈보다 길어서 눈을 덮어 주어야 한다. 눈썹이 눈을 덮지 못하면 고독하다. 그래서 눈썹을 그리게 되었다.

둘째, 얼굴은 희고 깨끗한 것이 좋고, 검거나 푸르면 좋지 않다. 그래서 파운데이션을 발라 희게 한다.

셋째, 피부가 윤택하면 좋고 거칠면 좋지 않다. 그래서 스킨로션을 발라 윤택하게 한다.

넷째, 입술은 붉어야 좋고 희거나 검으면 좋지 않다. 그래서 립스틱을 발라 붉어 보이게 한다.

이렇게 예를 들자면 한이 없을 것이다. 어쨌든 얼굴 메이크업과 운명은 떼려야 뗄 수 없는 관계다. 그리고 여성이 화장을 하는 것은 선천적 불운을 후천적으로 개척하는 데 불과하다.

관상학은 일종의 통계 과학이다. 미학(美學)이라고 해도 과언이 아닐 것이다. "보기 좋은 떡이 먹기도 좋다."는 속담처럼 얼굴은 대외적으로 나를 드러내는 간판이므로 잘생긴 사람은 좋은 대우를 받고, 못생긴 사람은 좋지 못한 대우를 받는다. 그런 의미에서 "제 얼굴 뜯어먹고 산다."는 말은 옳다.

옛날 중국의 삼국 시절에 제갈공명은 얼굴이 선풍도골이므로 한 나라의 정승을 하고 백성들에게는 선망의 대상이 되었으나, 방통은 재주가 제갈공명에 뒤지지 않았음에도 불구하고 얼굴이 추악하게 생겨 많은 고생을 하다 겨우 유비가 알아줄 만하니 전사하고 말았다.

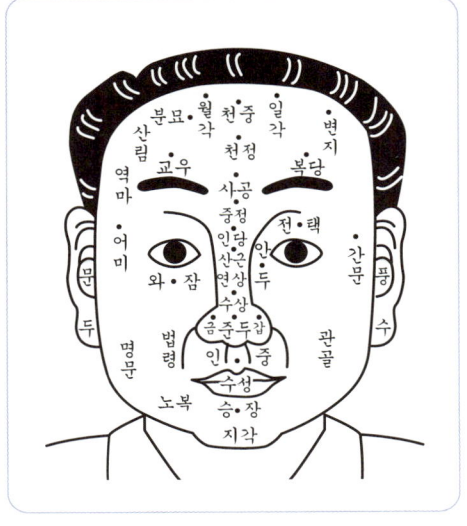

이처럼 제아무리 신출귀몰하고 날고뛰는 재주가 있어도 얼굴이 잘나지 못하면 부귀하지 못한다. 혹 누가 재주를 알아주어 등용한다 하더라도 결코 그 지위를 오래 보전할 수 없다. 빈천할 상이 뜻밖에 횡재를 해서 부자가 되거나 벼락감투를 써서 크게 출세한다 해도 반드시 재앙을 당하거나 요사하고 만다. 그러므로 빈천할 상은 자신의 분수를 미리 살펴 허욕을 부리지 말고 근면해야만 자신의 천명대로 살 수 있다.

옛말에 "큰 부는 하늘에 있고, 작은 부는 부지런함에 있다."고 했다. 누구나 큰 부자가 되고 싶어하지만 억지로 될 수 없고, 아무리 가난할 상이라도 근면하면 재산을 모을 수 있다는 뜻이다.

중국 삼국 시대에 유명한 관상가였던 관은 자신의 얼굴이 천상이고 귀상이 아님을 미리 알고 당시의 승상 조조의 상을 봐 주었다. 조조가 그의 재주가 비상함을 알고 태사로 삼으려 했으나 굳이 사양하고 벼슬을 하지 않았다. "지장(智長)이 불여복장(不如福長)"이라는 말처럼 제아무리 꾀가 많아도 복 많은 자에게는 당할 수 없는 것이 천지의 이치인 듯하다.

복은 눈에는 보이지 않지만 분명히 있다. 어떻게 생긴 사람이 부귀하고, 어떻게 생긴 사람이 빈천한지를 이제부터 살펴보자.

## 1 부귀할 관상

첫째, 인물이 준수하고 궁상이 없고 활달하며 위풍이 있어야 한다.

둘째, 이마는 넓고 함(陷)하지 않고 높고 둥글며, 마치 간을 엎어 놓은 것 같고 빛깔은 명윤해야 한다.

셋째, 눈썹은 가늘고 윤택해서 눈과의 거리가 멀고 눈보다 길어서 눈을 잘 덮어 주어야 한다.

넷째, 눈은 가늘고 길며 흑백이 분명하고 광채가 사람을 쏘는 듯하고, 너무 깊거나 툭 불거지지 않아야 한다.

다섯째, 코는 산근이 함(陷)하지 않고 콧대가 두툼[豊厚]하고, 난대정위(蘭台庭慰)가 반달형으로 준두의 좌우를 꽉 감아 주어야 하며, 모양은 쓸개를 달아 놓은 것처럼 위는 약간 가늘고 아래로 점점 커져서 모양이 좋고, 콧구멍이 보이지 않고 빛깔이 분명해야 한다.

여섯째, 입은 크고 꽉 다물고 있어 힘차 보이고, 입술은 붉고 이는 희며 개수는 적어도 상하 합해서 30개 이상 되어야 한다.

일곱째, 인중은 마치 대나무를 쪼개 놓은 것처럼 골이 분명하고, 위는 약간 좁고 아래는 약간 넓으며 남자는 수염이 나야 한다.

여덟째, 턱은 모지고 두터우며 약간 앞으로 기우는 듯하고 남자는 수염이 나야 한다.

아홉째, 귀는 크고 높이 솟았으며 견실하고 윤곽이 분명하고 빛깔이 선명하고, 약간 뒤로 자빠지는 듯해야 한다.

열 번째, 좌우 관골이 솟고 하관이 쪽 빨지 않고 체격도 건강하고, 뼈와 살이 상반하고 체중은 적어도 70~80kg 이상 되고 풍채가 당한 사람은 평생 부귀할 상이다.

부상(富相)은 대개 체격이 풍후한 사람이 많고, 귀상(貴相)은 얼굴이 청수한 사람이 많다. 위에 열거한 10가지가 모두 구비된 사람은 평생 부귀를 겸전하고 이름이 천하에 진동할 것이다.

## 2 빈천할 관상

첫째, 얼굴에 궁상이 흐른다. 귀·눈썹·코·입·귀 등을 하나하나 따져 보면 그럴 듯한데 종합해 보면 어딘지 모르게 궁상스럽고 어색하며 화려한 의복을 입어도 어울리지 않고 허술한 노동복을 입어야 어울린다.

둘째, 이마가 넓은 듯하나 죽은 데가 많고, 좁거나 잔주름이 많으며 빛깔이 침침해서 어둡다.

셋째, 눈썹이 지나치게 농탁하거나 희박하고, 산란하거나 추잡해서 눈 위에 바짝 붙고 눈을 덮지 못하거나 너무 압도하는 것은 마치 집은 작은데 처마가 긴 것과 같다.

넷째, 눈은 둥글고 짧으며 몽롱해서 붉은 핏줄이 얽혀 있고 광채가 없다.

다섯째, 코가 비틀어져 있거나 굽었고 뼈가 불거져 나오고 움푹움푹 죽었으며, 난대와 정위가 힘이 없고 콧구멍이 훤히 드러나 보인다.

여섯째, 입이 지나치게 작거나 크고 힘이 없으며, 입술은 검거나 희고, 이는 누렇고 개수가 28개 이내다.

일곱째, 인중은 골이 희미해서 분명치 않고 윗입술이 짧아서 이빨이 드러나 있으며, 주름이 많고 남자인데도 수염이 없다.

여덟째, 턱이 쪽 빨려서 송곳턱이거나 뒤로 자지러졌다.

아홉째, 귀가 백지처럼 얇거나 안으로 많이 오그라졌고, 커도 빛깔이 선명치 못하고 갓이 분명하지 않다.

　열 번째, 관골이 좌우가 고르지 못하고 하관이 거의 없거나 또는 너무 높아서 뼈가 불거지거나 체격이 작고 약하거나 비록 건장하더라도 뼈가 드러나거나 지나치게 살이 많아 전체에 어울리지 않고 사람을 대할 때 필요 이상 굽실거려 비굴해 보인다.

## 3 색택으로 귀천(貴賤) 살피는 법

부귀할 상은 태도가 약간 거만한 반면 빈천할 상은 지나치게 굽실거린다. 지금부터는 색택으로 살펴보는 방법인데, 부귀할 상은 다음과 같다.

- 푸르기가 가지와 같고,
- 누르기는 좁쌀과 같으며,
- 붉기는 자두 같고,
- 희기는 크림 같으며,
- 검기는 흑칠 같다.
　이상은 청·황·적·백·흑색에 윤기가 있으므로 모두 부귀하다.

　다음은 빈천할 상의 색으로 다음과 같다.

- 푸르기가 녹슨 주석과 같고,
- 누르기는 햇빛에 바랜 종이와 같으며,
- 붉기는 불과 같고,
- 희기는 마른 뼈와 같으며,
- 검기가 재와 같다.
　이상은 윤기가 없으므로 전부 빈천할 상의 색깔이다.

- 얼굴빛이 검거나 흰 것을 막론하고 윤기가 있으면 좋고 윤기가 없으면 좋지 않다.
- 얼굴이 불처럼 붉은 사람은 단명하거나 급사한다.
- 얼굴의 털색이 혼탁해서 먼지와 같은 자는 가난하지 않으면 일찍 요사(夭死)한다.
- 성을 낼 때 얼굴빛이 푸르게 변하는 사람은 마음이 독해서 사람을 해친다.
- 얼굴이 긴 남성은 부모복과 자녀복이 없고, 여성은 남편복과 자녀복이 없어서 빈천하게 산다.
- 얼굴이 둥근 달과 같고 청수하며 눈의 광채가 좋은 사람은 남성은 재상이 되고, 여성은 왕비가 되거나 재상의 부인이 된다.
- 얼굴 피부가 두터운 사람은 성질이 순하고 부모에게 효도한다.
- 얼굴 피부가 얇은 사람은 성질은 민첩하지만 가난하다.
- 몸은 살지고 얼굴이 야윈 사람은 수명이 길고 성질이 느긋하다.
- 몸은 야위고 얼굴만 살진 사람은 성질이 급하고 단명한다[面相不如體相].
- 얼굴은 검으나 몸이 흰 사람은 성격을 측량키 어려우나 부귀(富貴)한다.
- 얼굴은 희나 몸이 검은 사람은 성격은 솔직하나 빈천하다.
- 귀가 얼굴보다 흰 사람은 늦게 조정에 이름을 떨친다.
- 목이 얼굴보다 흰 사람은 대귀(大貴)할 상이다.
- 얼굴이 호박 같은 사람은 부귀하다.
- 얼굴에 가려서 귀가 보이지 않는 사람은 대귀하고, 얼굴을 대해서 시골(腮骨)이 보이지 않는 사람은 복이 없다.
- 얼굴은 거칠지만 몸이 윤택한 자는 길상이다.
- 얼굴은 윤택해도 몸이 거친 사람은 비천할 흉상이다.
- 얼굴은 좋고 곱지만 가난한 것은 몸이 곱지 못한 까닭이요(얼굴보다 몸이 중요하다).
- 얼굴은 못생겼어도 잘사는 사람은 몸이 곱기 때문이다[外貧內富].

## ⑮ 유년도 流年圖

- 유년의 운기를 알려면 각 부분을 나누어 남성은 왼쪽, 여성은 오른쪽을 보면 된다.
- 1~2세는 천륜으로 초년운이며, 3~4세는 두루 흘러 천성에 이른다. 5~7세는 천곽에 드리운 아름다운 주렴이고, 8~9세는 천륜 위에 있다.
- 10~11세는 인륜으로 윤곽이 높아져 모양을 이루며, 12~14세는 지륜으로 수명과 건강, 평안함을 살핀다.
- 15세는 화성으로 정액이고, 16세는 천중으로 뼈를 이룬다.
- 17~18세는 일월각이며, 19세가 되면 운이 천정에 응한다.
- 20~21세는 보각, 22세는 사공에 이른다.
- 23~24세는 변성의 땅이고, 25세는 중정과 만난다.
- 26세는 구릉이 주관하고, 27세는 총묘를 본다.
- 28세는 인당에서 만나고, 29~30세는 산림의 부위다.
- 31세는 능운의 길이며, 32세는 자기가 일어난다.
- 33세는 번하의 위를 가며, 34세는 채하의 밝음에 나타난다.
- 35세는 태양에 있고, 36세는 태음에서 모인다.
- 37세는 중앙의 정위이고, 38세는 중음으로 형을 주관한다.
- 39세는 소양의 해이며, 40세는 소음으로 마땅히 참을 본다.
- 41세는 산근의 길이 멀고, 42세는 정사의 궁을 이룬다.
- 43세는 광전에 오르고, 44세는 연상에 더한다.
- 45세는 수상을 만나고, 46~47세는 두 관골의 궁이다.
- 48세에 준두가 기쁘게 있으며, 49세에는 난대로 들어간다.
- 50세는 정위와 서로 만나고, 51세에는 인중이 사람을 두렵게 한다.

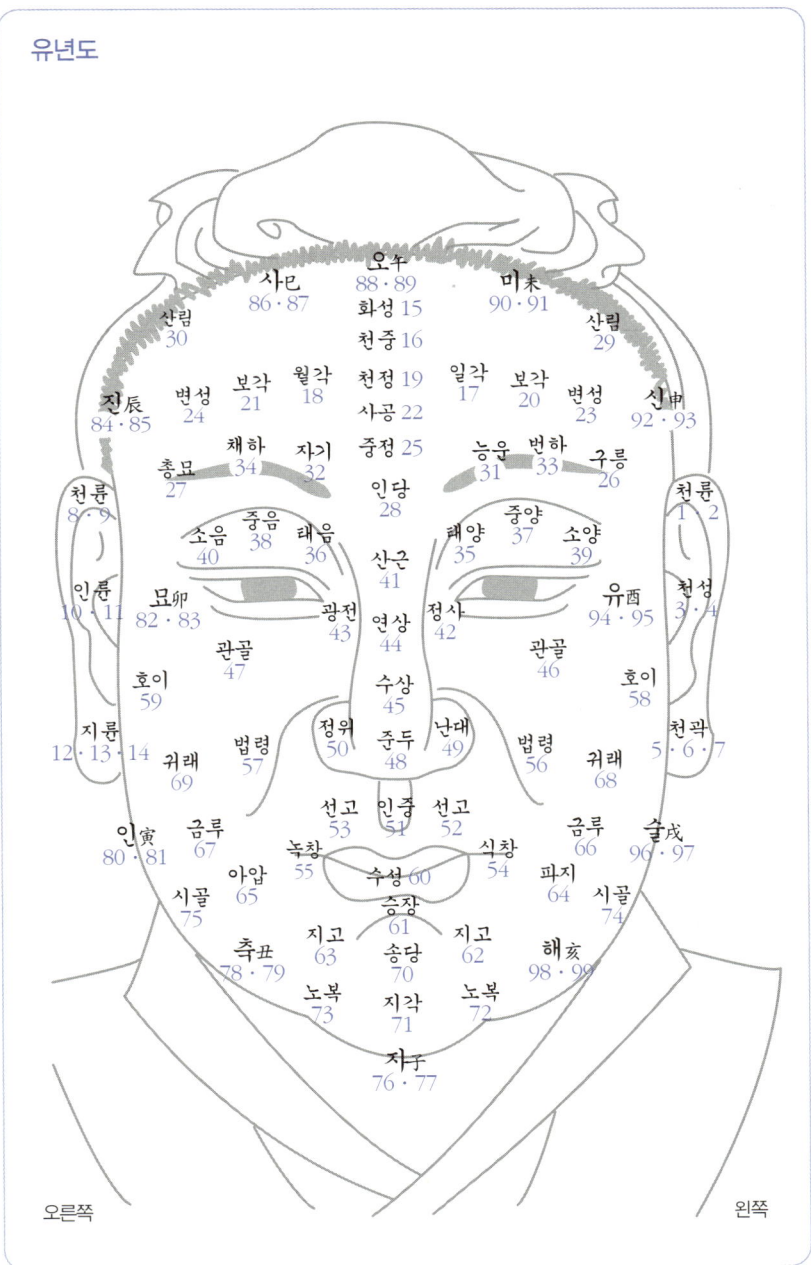

## 유년부위(流年部位)

| 1 2 | 3 4 | 5 6 7 | 8 9 | 10 11 | 12 13 14 | 15 | 16 | 17 | 18 | 19 | 20 21 | 22 | 23 24 |
|---|---|---|---|---|---|---|---|---|---|---|---|---|---|
| 천륜<br>天輪 | 천성<br>天城 | 천곽<br>天廓 | 천륜<br>天輪 | 인륜<br>人輪 | 지륜<br>地輪 | 화성<br>火星 | 천중<br>天中 | 일각<br>日角 | 월각<br>月角 | 천정<br>天庭 | 보각<br>輔角 | 사공<br>司空 | 변성<br>邊城 |
| 25 | 26 | 27 | 28 | 29 30 | 31 | 32 | 33 | 34 | 35 | 36 | 37 | 38 | 39 |
| 중정<br>中正 | 구릉<br>丘陵 | 총묘<br>塚墓 | 인당<br>印堂 | 산림<br>山林 | 능운<br>凌雲 | 자기<br>紫氣 | 번하<br>繁霞 | 채하<br>彩霞 | 태양<br>太陽 | 태음<br>太陰 | 중양<br>中陽 | 중음<br>中陰 | 소양<br>少陽 |
| 40 | 41 | 42 | 43 | 44 | 45 | 46 47 | 48 | 49 | 50 | 51 | 52 53 | 54 | 55 |
| 소음<br>少陰 | 산근<br>山根 | 정사<br>精舍 | 광전<br>光殿 | 연상<br>年上 | 수상<br>壽上 | 관골<br>顴骨 | 준두<br>準頭 | 난대<br>蘭臺 | 정위<br>廷尉 | 인중<br>人中 | 선고<br>仙庫 | 식창<br>食倉 | 녹창<br>祿倉 |
| 56 57 | 58 59 | 60 | 61 | 62 63 | 64 | 65 | 66 67 | 68 69 | 70 | 71 | 72 73 | 74 75 | * * |
| 법령<br>法令 | 호이<br>虎耳 | 수성<br>水星 | 승장<br>承漿 | 지고<br>地庫 | 파지<br>波池 | 아압<br>鵝鴨 | 금루<br>金縷 | 귀래<br>歸來 | 송당<br>頌堂 | 지각<br>地閣 | 노복<br>奴僕 | 시골<br>腮骨 | * * |
| 76 77 | 78 79 | 80 81 | 82 83 | 84 85 | 86 87 | 88 89 | 90 91 | 92 93 | 94 95 | 96 97 | 98 99 | * * | * * |
| 자<br>子 | 축<br>丑 | 인<br>寅 | 묘<br>卯 | 진<br>辰 | 사<br>巳 | 오<br>午 | 미<br>未 | 신<br>申 | 유<br>酉 | 술<br>戌 | 해<br>亥 | * * | * * |

- 52~53세는 선고에 있으며, 54세에는 식창이 가득하다.
- 55세는 녹창의 쌀을 청해 얻고, 56~57세는 법령이 밝힌다.
- 58~59세는 호이에서 만나고, 60세에는 수성을 만난다.
- 61세는 승장에 있고, 62~63세는 지고에서 만난다.
- 64세는 파지 안에 있고, 65세는 아압이 우는 곳에 있다.
- 66~67세는 금루를 꿰뚫고, 68~69세는 귀래와 응한다.
- 70세에는 송당을 만나고, 71세에는 지각을 보탠다.
- 72~73세에는 노복이 많고, 74~75세에는 시골이 같다.
- 76~77세에는 자의 위치에 있고, 78~79세에는 축으로 소가 밭을 가는 것과 같다.
- 80~81세에는 호랑이 인궁을 다스려 영에 치우친다.
- 82~83세는 묘로 토궁이다.

- 84~85세는 진으로 용처럼 나아가며, 86~87세는 사로 사궁에 든다.
- 88~89세는 오로 말처럼 가볍고, 90~91세는 미로 양처럼 환하다.
- 92~93세는 신으로 원숭이가 열매를 맺고, 94~95세는 유로 닭소리를 듣는다.
- 96~97세는 술로 개가 달을 보고 짖으며, 98~99세는 해로 돼지가 삼킨다.

만약 수명이 100세를 넘기면 밝은 도리를 따라야만 장생을 보전하며, 되돌아 다시 시작할 수 있다. 주름이나 사마귀 같은 흠이 많으면 화가 가볍지 않다. 더불어 밝고 어두움을 분별해야 한다.

골육의 파패는 스스로 부르는 것이다. 혹시 운이 좋은 부위를 만나면 때가 순조로워 기색이 빛난다. 오악과 사독이 서로 조화를 이루면 만 리에 이름을 떨치고 모든 일이 잘된다.

## 얼굴 부위의 의미

※ 이 그림은 여성용이다.

[감정 요령]

- 얼굴 각 부위의 균형을 중요하게 살핀다. 식물의 경우 싹이 나와도 가지가 지나치게 많으면 양분이 널리 퍼지지 못하고 좋은 꽃이 피지 않는다.
- 눈썹은 가지이고,
- 눈은 싹이며,
- 인중은 굵은 뿌리이고,
- 입은 타액이 있으므로 물이다.
- 귀는 열매이고,
- 인중의 세로 도랑을 인중이라고 하며, 몸체[幹]를 지지하는 굵은 뿌리에 비유한다.
- 세력과 권력선(법령)도 뿌리다.
- 코와 입 사이를 녹봉이라고 한다. 녹봉은 나무 뿌리 사이에 붙어 있는 흙이다.
- 턱 부분도 양분과 흙이다.

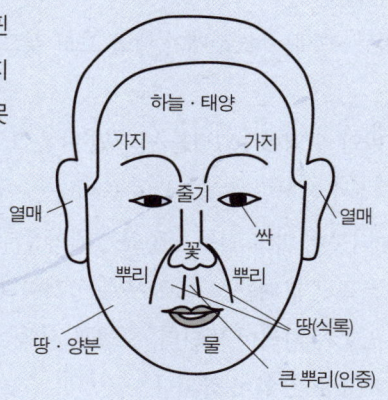

※ 꽃(코)+열매(귀)가 큰 사람은 꽃도 열매도 있는 인생으로, 사회에서 활약할 수 있다. 그러나 하루 24시간이라고 하는 시간 배분이 가정 외에 있으므로 가족이 희생양이 되기 쉽다.
※ 나무가 몸에 붙어 있는 흙(녹봉)이 넓은 사람은 환경(턱의 흙)에 친숙해지기 쉬워 뿌리내리기도 쉽다. 이사를 많이 하는 사람이 유리할 수도 있다.

- 남성과 여성은 얼굴의 좌우를 바꾸어 본다.
- 얼굴의 왼쪽은 자신을 포함한 동성, 오른쪽은 이성이다.

[방위]
- 여성의 왼쪽은 서쪽, 오른쪽은 동쪽이 된다.
- 남성의 왼쪽은 동쪽, 오른쪽은 서쪽이 된다.
- 방위와 부하 부분 이외는 얼굴의 왼쪽과 오른쪽을 같게 본다.
- 방위를 선택할 때는 깨끗한 피부와 윤기가 있는 방위를 이용하면 좋다.

※ 이 그림은 여성용이다.

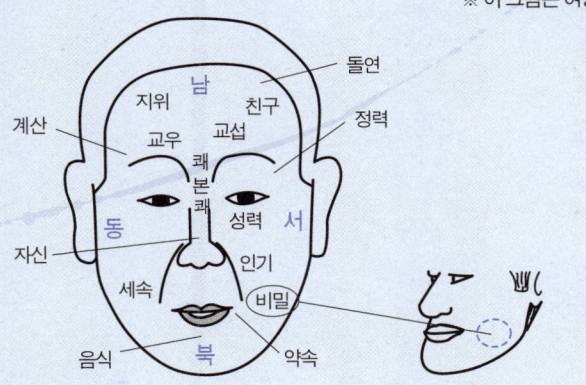

[얼굴에 나타는 사람의 운세]

A : 회사나 상사 등 회사에서의 위치나 입장

B : 희망이 실현될지의 여부

C : 업무나 공부, 의뢰된 일 등의 실현 여부

D : 연애나 결혼, 연인, 상대에 관한 일

E : 주변 사람과의 관계나 그 사람에 대한 평판

F : 건강, 부부나 연인 사이의 관계

G : 현재의 금운과 건강

H : 가정, 주택, 부동산

J : 형제나 가족, 친구간의 인간관계, 재물

K : 자녀와 심리 상태(걱정거리)

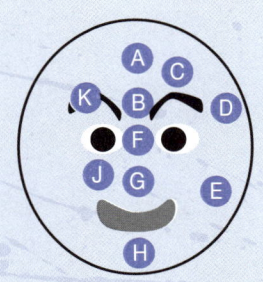

제 3 장
# 안면 분과론

머리와 운명 / 귀와 운명 / 이마와 운명 / 눈썹과 운명 / 눈과 운명 / 코와 운명 / 인중 / 입과 운명 / 입술과 운명 / 이와 운명 / 혀와 운명 / 관골과 운명 / 수염과 운명 / 법령과 운명 / 턱과 운명

# 01 머리와 운명

## 1 머리의 의미와 운명

머리는 일신 중 가장 높은 곳이요, 모든 뼈의 어른이다[頭骨之長]. 넓고 둥근 것은 하늘을 형상화한 것이니 사람을 사회에 비유하면 중앙청과 같다. 그러므로 머리는 둥글고 크며 죽은 곳이 없어야 한다. 만일 머리가 비틀어지고 적으며 둥글지 못하고 피부가 얇으면 좋지 못하다.

이른바 거두(巨頭)라는 것은 그 나라의 수상을 이르니, 이런 사람들은 대개 머리가 보통 사람보다 확실히 크다. 그러나 크다고 해서 무조건 좋기만 한 것은 아니다. 작아도 둥글고 반듯하며 죽은 곳이 없는 머리가 오히려 크고 납작해서 죽은 곳이 많은 머리보다 훨씬 낫다. 다만 다 같이 좋을 경우 기왕이면 큰 것이 좋다는 말이다.

머리는 심성 기관이기 때문에 그 역할이 매우 중요하다. 전두골(前頭骨)이 발달한 사람은 지각력과 관찰력이 좋아서 성공하는 경우가 많다.

## 2 머리의 형태와 운명

- 후두골 상층이 발달한 사람은 의지가 강해서 한번 결심하면 백절불굴하고 추진한다.
- 후두골 하층이 발달한 사람은 애정이 많고 성욕이 강해서 동물적으로 흐르기 쉽기 때문에 치정 사건을 일으킬 가능성이 높다.
- 중앙 상부가 발달한 사람은 고등 감정이 발달해서 도덕심과 종교심이 많고 인품이 고상하다.
- 좌우 횡부가 발달한 사람은 허영심이 많고 권모술수를 잘 써서 임기응변에 뛰어나며, 때에 따라 거짓말을 잘한다.

전두골에 대해 좀 더 알고 싶은 사람은 〈이마와 운명〉 부분을 참고할 것. 머리카락은 머리를 감추고 두뇌를 보호하기 위해 있기 때문에 관상학상 길흉이 없을 수 없다.

머리카락은 사람에 따라서 다르지만 대체로 부드럽고 윤택하면 좋고 뻣뻣하고 거칠면 좋지 않다. 비옥한 땅에서 나는 풀은 검고 부드러운 반면 박토에서 나는 풀은 뻣뻣하듯 머리카락도 그 사람의 성질을 여실히 나타낸다.

- 머리카락이 가늘고 부드러운 사람은 성질도 부드럽고,
- 머리카락이 굵고 뻣뻣한 사람은 성질도 급하고 확실히 뻣뻣하다.
- 머리카락이 희박한 사람은 지능은 좋으나 정욕이 왕성하지 못하고,
- 머리카락이 뻣뻣하고 숱이 많은 사람은 정욕이 왕성한 호색가이다.
- 곱슬머리는 이성으로 인해 구설수가 많다.
- 머리카락이 검고 윤택한 사람은 부귀하고,
- 머리카락이 누렇고 거친 사람은 고독하다(동양인에 한함, 서양인은 모발 자체가 노랗거나 백발이 많다).

- 머리카락이 붉은 사람은 재액이 많다. 특히 화재를 조심해야 한다.
- 머리카락이 거칠고 악취가 나는 사람은 가난하고 천하다.
- 머리카락이 쑥대처럼 우거진 사람은 평생 가난하여 고생한다.
- 발제가 농밀한 사람은 재운이 부족하다.
- 머리카락이 윤택한 사람은 건강하고,
- 머리카락에 윤기가 없는 사람은 혈기가 부족해서 병약하다.
- 두 귀 위에 머리카락이 매우 드문 사람은 사기꾼 기질이 강하다.
- 노년에 머리카락이 윤택하고 수염이 윤택한 사람은 복도 많고 장수할 상이다.
- 소년에 머리카락이 희고 수염이 누렇게 변하는 사람은 수와 복이 없다.
- 머리카락이 눈처럼 희고 얼굴이 불그스레한 사람은 장수한다. 그러나 권세를 지나치게 부리면 횡액으로 죽는다.

## 3 모발과 건강

### ❶ 모발의 색과 질병

털은 인체의 습기와 열을 조절하는 기능이 있는데, 기혈(氣血)[1]이 왕성하고 원활하게 돌아가야 인체의 모든 털이 건강하고 윤기를 띤다. 이처럼 기혈의 영향을 받는 털은 오장육부와도 연결되는데, 그중에서도 폐와 신장 기능과 밀접한 관계가 있다. 폐(肺)는 '기지본백지처(氣之本 魄之處)'로서 그 영화가 모(毛)에 나타나고, 신(腎)은 '봉장지본정지처(封藏之本精之處)'로서 그 영화가 발(髮)에 나타난다. 다시 말해 모발의 영양과 밀집 상태를 통해 폐와 신의 건강 상태를 살필 수 있다는 것이다.

---

1) 장년기에 혈기가 충성할 때는 모발이 치밀하고 색이 검고 광택이 있는 반면, 노년기에 접어들면서 혈기가 부족하여 장정(藏精)이 소멸될 때는 모발이 창백해지고 탈락되기 쉽다. 그래서 발위혈지여(髮爲血之餘)라고 했다. 혈성(血盛)하면 발윤(髮潤)하고, 혈쇠(血衰)하면 발쇠(髮衰)하며, 혈열(血熱)하면 발황(髮黃)하고, 혈패(血敗)하면 발백(髮白)이 된다.

《소문·육절장상론》에서 "신장은 … 정이 있는 곳으로서 그 외부적 징후는 두발에 나타난다."고 했다. 즉 신장[腎]의 표징은 모발이므로 신장 기능에 이상이 오면 모발이 초췌·탈락되어 대머리가 되며, 신장 기능이 저하되면 머리카락이 하얗게 되며, 생식기 주변의 음모 역시 변색되거나 빠진다는 것이다.

모발에 대해《소문·상고천진론》에서는 "여자는 7세에 이빨을 갈고 머리카락이 길어지며, 35세에 얼굴이 마르고 머리카락이 빠지기 시작하다가 42세가 되면 얼굴이 마르고 머리가 희어진다. 남자는 8세에 이빨을 갈고 머리카락이 길어지며, 40세에 머리카락이 빠지고 치아에 윤기가 없어진다. 그리고 48세에 얼굴이 마르고 머리가 희어진다."고 하였다.

또한《제병원후론》에서는 "머리를 천 번 빗으면 머리가 세지 않는다."고 했다. 머리를 빗을 때는 나무로 된 빗을 이용하는 것이 좋은데, 일상적으로 머리를 정돈하기 위해서가 아니라 뇌와 머리카락을 모두 건강하게 하려면 간단한 기공과 함께 손가락으로 자극해 주면 더욱 좋다. 머리를 자극하여 혈기를 잘 통하게 하면 기억력도 좋아지고 어지럼증이나 건망증, 주의력 산만 등을 예방하고 치료할 수 있으며, 이명이나 중풍을 예방할 수도 있다.

❷ 오장육부와 모발 건강

혈이 왕성하면 모발에 윤기가 돌고, 혈이 부족하면 윤기가 없어지면서 거칠고 뻣뻣해진다. 혈이 열을 받으면 모발이 누렇게 변하고, 혈이 상하면 하얗게 센다. 신경이 예민하거나 울화가 쌓여 기가 맺히면 머릿결에 힘이 없고 가늘어지며, 까치머리처럼 머리카락이 들뜨기도 한다.

잔털이 비교적 긴 편에 속하면서 까맣게 보일 정도로 많이 나 있는 사람은 습열(濕熱) 체질이다. 습열은 뼈와 관절을 손상시키므로 잔털이 많으면 퇴행성 관절염이나 류머티즘으로 고생할 수 있다. 또한 털이 많은 사람은 성격상 뒤끝이 없고 화끈하지만 한번 화를 내면 불같은 기질이 있다. 이런 사람은 음

(陰)을 쉽게 손상시키기 때문에 이로 인해 갑자기 다리가 마비되거나 기절하는 경우가 있다. 신장 기능이 약한 사람은 머리가 쉽게 셀 뿐만 아니라 가늘고 거칠어진다. 그래서 신장 상태를 알아보려면 머리카락을 보라는 말도 있다.

폐가 약하거나 병이 있는 사람은 아무리 머리에 공을 들여도 머리카락이 거칠고 윤기가 없다. 다정(多精)하면 머리카락이 가늘고 부드러우며 빽빽하고, 다혈(多血)하면 굵고 부드러우며 엷으며, 다기(多氣)하면 굵고 단단하며 짙어진다.

머리카락 색깔에 따라서도 기질을 파악할 수 있다. 머리카락이 검을수록 정열적이고 정력적이며, 붉을수록 정열적이다. 그러나 그 열정이 쉽게 식고 변덕이 심하며 심성이 불같아 투기가 심하고, 여성의 경우 불임이 될 확률이 높다. 또 머리카락이 검고 상한 사람은 성격이 급하고 강한 반면 가늘고 부드러운 사람은 유순한 경우가 많다. 머리카락이 거칠고 쉽게 서는 자는 성질이 흉포하고, 색이 누렇고 꼬부라지는 사람은 성격이 불안정하다.

신장은 뇌나 골수를 생산하기 때문에 신장 기능이 원활하면 뇌수가 충만하여 건강 장수할 수 있다. 즉 신장 기능이 왕성해야 정이 충만해지고 뇌수의 생산도 활발해진다는 것이다.

한의학에서는, 총명해지기 위해서는 신장을 잘 관리해야 한다고 말한다. 그 밖에도 심장과 간의 건강은 뇌를 건강하게 하기 위한 기본 요건이다. 또한 기본적으로 신장 기능을 강화하면서 심장 기능에 장애가 되는 요소를 제거하고 간 기능을 원활하게 만들어 주면 뇌의 작용을 극대화할 수 있다. 간이 제대로 기능하지 못하면 당연히 뇌의 작용에 문제가 생길 수밖에 없다. 간은 우리 몸의 기를 뻗어 나갈 것은 뻗어 나가게 하고, 밖으로 내보낼 것은 내보내는 작용을 한다. 그렇기 때문에 이것이 억눌리면 건강뿐만 두뇌 회전도 나빠지는 것이 당연한 일이다.

# 귀와 운명

## 1 귀의 의미와 기본 형태

귀는 주택에 비유하면 울타리와 같고 사회에 비유하면 전화국과 같다. 그래서 귀를 성곽이라고도 하고 채청관이라고도 한다. 장부(臟腑)로는 신장[腎]에 속해서 신기가 왕성하면 귀가 잘 들리고, 신기가 허하면 귀가 제대로 들리지 않는다.

귀가 두텁고 단단하며 길고 크며 높이 솟아 있으면 장수할 상이요, 백지장처럼 얇고 약하며 짧고 적으며 눈 아래로 붙은 사람은 단명하거나 요사할 상이다. 하지만 지나치게 커도 좋지 않다.

1세부터 7세까지는 주로 왼쪽 귀가 지배하고, 8세부터 14세까지는 오른쪽 귀가 지배한다(여성은 남성과 반대로 오른쪽 귀부터 시작한다).

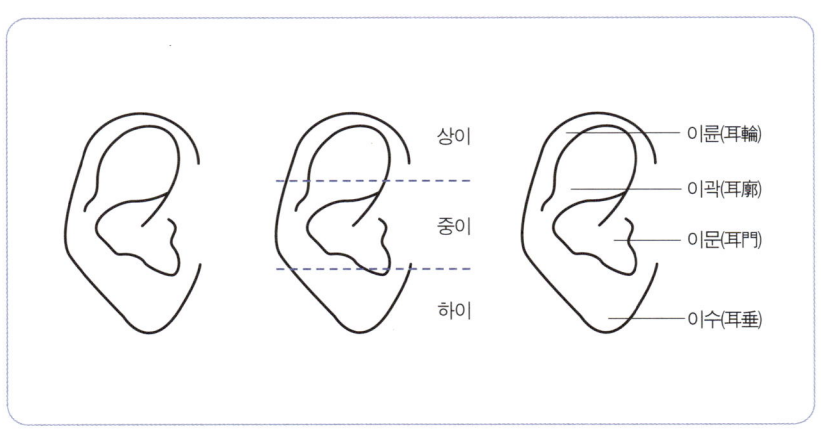

● 귀의 형태에 따른 성격적 특성

| | | |
|---|---|---|
| 큰 귀 |  | 큰 귀는 생명력의 힘을 나타낸다. 작고 세세한 것에 크게 신경 쓰지 않고, 여러 가지 재능을 가지고 있다. 세로로 길고 크면 이공·수리 계열에 강하다. |
| 폭이 넓은 귀 |  | 귀 폭이 넓은 사람은 매우 상식적이다. 타인의 기분을 헤아리는 데 능숙하고 협조적이며, 타인의 의견을 솔직하게 듣는 관대한 성격으로 기억력이 뛰어나다. |
| 내이가 돌출되어 있는 귀 |  | 정면에서 보았을 때 귀의 윤곽으로부터 내이(內耳)가 튀어나온 사람은 자기 주장이 강하다. 다른 사람의 의견을 경청하는 데 신경 써야 할 것이다. 장녀나 장남보다는 차남이나 차녀 이하에 이런 귀를 가진 사람이 많다. |
| 위쪽이 넓은 귀 |  | 귀 위쪽이 넓고 부드러운 사람은 큰 이상을 지니고 있으며, 약속을 잘 지키고 인정도 많은 편이다. 한 번에 승부를 내는 사업가보다는 성실한 직장인일수록 이런 귀를 가진 사람이 많다. |
| 뒤로 뒤집힌 귀 | 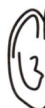 | 머리가 좋기 때문에 인간관계가 좋고 타인에게 친절하지만 계산적이다. 일시적인 이득을 얻으려 하기보다 조금 긴 안목을 가지고 모든 것을 보는 것이 중요하다. |
| 귓불이 없는 경우 |  | 귓불이 없는 사람은 경제 관념이 약하기 때문에 돈에 신경 쓰지 않는다. 머리도 좋고 의지도 강하지만 성격이 조금 차갑다. 충분히 생각하고 나서 말하는 습관을 들일 것. |

## 2 귀의 형태와 운명

### 금이(金耳)

눈썹 위에서 한 치 정도 높은 곳에 붙어 있으며, 천륜(귓바퀴의 위쪽 부분)은 작다. 각이 없는 둥근 형태다. 귀가 안색보다 희고 귓불이 구슬처럼 늘어져 있는 것을 금귀라 하는데, 이 귀는 부귀공명을 누릴 상이다. 단, 말년에 고독할 가능성이 있다.

### 목이(木耳)

귀 윤곽의 외측 부분이 뒤쪽으로 뒤집어져 폭이 좁고 긴 모양을 말한다. 위쪽은 넓고 아래쪽은 좁다. 가족 간에 정이 없고 재산도 부족하지만 얼굴 형태가 좋으면 평온하게 살 수 있다. 그렇지 않을 경우 생활이 곤궁할 뿐만 아니라 자식운도 없다.

### 수이(水耳)

두껍고 둥근 귀가 눈썹 위쪽보다 높게 붙어 있고, 귓불이 두꺼워 구슬이 매달려 있는 모양이다. 대부분 검은색을 띤다. 귀가 딱딱하고 붉은 빛을 띠며 반들반들하다. 얼굴 위쪽에 붙어 있으면 부귀할 상이며, 관직운이 좋아 명성이 해외에까지 미친다.

### 화이(火耳)

눈썹보다 높은 곳에 붙어 있고 윤곽은 뚜렷하지만 뒤쪽으로 뒤집어져 있기 때문에 귓불이 구슬처럼 늘어져 있다고 해도 좋지 않은 형태다. 전체적으로 날카롭다. 두 눈 사이와 아래 눈꺼풀이 화기를 띠고 있으면 말년에 자식이 없어 고독하지만 수명은 길다.

## 토이(土耳)

딱딱하고 두껍고 크면서 두터운 귀를 말한다. 수이와 비슷하지만 수이보다 딱딱하고 크고 두텁다. 노란색이 도는 적색을 띠며, 윤기가 있는 형태가 좋으면 부귀가 오래 지속되며, 가족간에 화목하다. 나이를 먹어도 건강하고 지위와 급여도 높아진다.

## 수견이(垂肩耳)

귀 뒤쪽이 풍부하게 부풀어 올라 귓불이 어깨에 닿을 정도로 길게 늘어져 있다. 눈썹보다 높은 곳에 붙어 있고 피부에 윤기가 있으며 색도 선명하다. 좀처럼 볼 수 없는 귀한 귀다. 부귀를 누리는 것은 물론 명성이 먼 곳까지 퍼져 다른 사람들의 존경을 받게 될 것이다.

## 전우이(箭羽耳)

귓바퀴는 눈썹보다 한 치 정도 높이 붙어 있지만 귓불에 둥글림이 없고 활과 화살의 날개 같은 형태를 하고 있다. 초년에는 경사가 많지만 말년으로 갈수록 좋지 않다. 남의 말에 잘 현혹되어 손해를 보기도 한다. 감수성이 예민하고 호화로운 생활을 즐긴다.

## 서이(鼠耳)

귓바퀴의 위쪽이 매우 날카롭고 얇으며, 귀 밑 한가운데 근처의 불룩한 부분이 날카롭고 전체적으로 뒤로 뒤집어진 형태다. 비록 눈보다 높이 붙어 있어도 현명하다고 할 수 없다. 도벽성이 있어 싸움을 좋아하고, 말년에 가산을 탕진하여 형벌의 고난이 닥칠 수 있다.

### 상형이(上形耳)

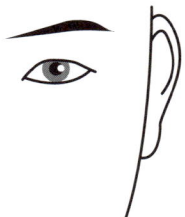

귓바퀴의 상부가 눈썹보다 위쪽에 붙어 있고, 귀뿌리의 불룩한 부분이 코끝보다 높다. 즉 얼굴 상부에 귀가 붙어 있다. 본능적이고 내성적이며 비사교적이어서 사회생활이 원만하지 않은 경우가 많다. 겁이 많으며, 한편으론 검소하지만 의리와 인정이 있다. 초년에는 운이 좋은 편이다. 참모형 스타일로, 꼼꼼한 편이다.

### 평형이(平形耳)

눈초리와 비슷한 정도의 높이에 귓바퀴의 상부가 위치하고 귀밑이 나온 부분이 코끝과 같은 높이에 있다. 즉 얼굴 중앙부에 위치한 귀다. 상식적이고 안정된 사람이 많이 가지고 있는 귀의 형태다. 명랑하고 밝으며, 예술·예능 방면에 관심이 많고 감수성이 풍부하다.

### 하형이(下形耳)

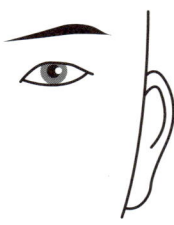

귓바퀴의 상부가 눈썹 꼬리보다 아래에 위치하고 있어 귀밑이 코끝보다 하부로 늘어져 있다. 얼굴 하부에 위치한 귀를 말한다. 이성적이고 합리적인 실행가가 많다. 보스 스타일로, 행동력을 중시하여 조직의 리더 역할을 한다. 히스테리적인 경향이 있어 질투를 부리기도 한다.

## 3 귀의 형태와 길흉

- 귀가 단단한 사람은 건강하고, 귀가 약한 사람은 건강하지 못하다.
- 귀가 길고 높이 솟은 사람은 녹이 많고, 귀가 두텁고 둥근 사람은 의식이 풍족하다.

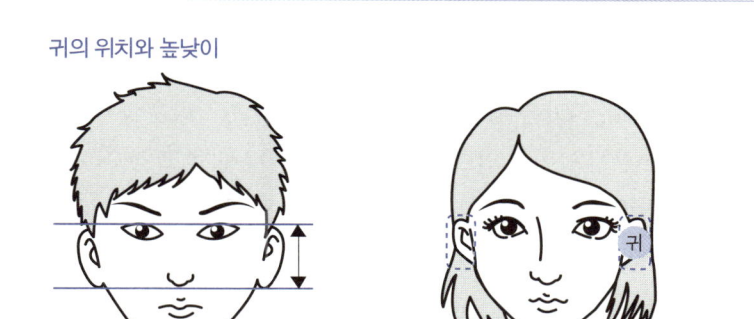

귀의 위치와 높낮이

- 대귀할 사람은 좋은 눈을 가져도 좋은 귀는 없다.
- 빈천할 사람은 좋은 귀는 있으나 좋은 눈은 없다(눈은 얼굴의 50%의 운을 지배하나 귀는 5%밖에 지배하지 못한다. 그러므로 눈이 좋은 사람은 성공해도 귀만 좋아서는 성공을 보장할 수 없다. 남자는 귀가 그다지 중요하지 않으나 여자는 상당히 중요하다. 귀가 뒤집힌 여성은 남편과 해로하기 어렵다).
- 귀는 형태보다 색깔이 더 중요하다. 그래서 모양은 나빠도 빛이 윤택하면 좋고, 모양은 좋아도 어두우면 좋지 않다.
- 귀는 뒤로 자빠진 듯해야 좋고, 앞으로 오그린 귀는 좋지 않다.
- 두 귀가 어깨까지 내려온 사람은 대귀하고(유비는 귀가 어깨까지 내려왔다고 한다), 귀가 얼굴보다 희면 사해(四海)에 이름을 떨친다.
- 귀가 검고 마치 꽃이 핀 것처럼 뒤집힌 사람은 조업(祖業)을 없애고 타행으로 갈 사람이다.
- 귀가 백지처럼 얇은 사람은 요사하기 쉽다.
- 귀가 토끼 귀처럼 쫑긋하거나 쥐처럼 뒤집힌 사람은 가난하다.
- 귀 밑에 구슬처럼 살이 붙은 사람은 의식이 풍족하다.
- 귀 뒤에 뼈가 솟은 사람은 장수하고, 뼈가 죽은 사람은 단명한다.
- 귀가 눈보다 높은 사람은 선생 대우를 받을 상이다.

- 귀에 사마귀가 있으면 총명함을 타고난 사람이다.
- 귀 갓이 분명한 사람은 총명하다.
- 귓구멍이 넓은 사람은 포부가 크고, 귓구멍이 작은 사람은 포부가 작다.
- 귀 아래에 살이 붙어서 입으로 향한 사람은 재운도 좋고 장수하는 반면 귀 아래에 살이 없는 사람은 재운이 부족하다.
- 귀 속에 긴 털이 난 사람은 장수하고, 귀 속에 사마귀가 있는 사람은 귀한 자식을 둔다.
- 귀가 붉은 사람은 일찍 출세하고, 귀가 흰 사람은 대기만성한다.
- 귀가 검은 사람은 빈천할 상이다.
- 귀가 작고 앞으로 향한 사람은 패가하고, 귀가 비틀어지고 뒤집힌 사람은 살아갈 집이 없다.
- 좌우의 크기가 다른 짝귀를 가진 사람은 일을 함에 있어 막힘이 많다.
- 귀의 빛깔이 윤택하면 이름을 크게 날리고, 귀가 먼지가 낀 것처럼 검은 사람은 가난하고 어리석다.
- 귀가 눈썹보다 높이 있는 사람은 평생 가난하지 않다.
- 귀의 상부가 발달한 사람은 심성질로서 이지적이다(운명은 〈심성질〉 편을 참조할 것).
- 귀의 중부가 발달한 사람은 근골질로서 활동적이다(운명은 〈근골질〉 편을 참조할 것).
- 귀의 하부가 발달한 사람은 영양질로서 조직적이다(운명은 〈영양질〉 편을 참조할 것).
- 귀가 지나치게 앞으로 붙은 사람은 애정이 적고 이성에게 무관심하며, 귀가 지나치게 뒤로 붙은 사람은 격정적이어서 치정에 치우지기 쉽다.

　필자의 경험에 비추어 보아도 70세 이상 노인 가운데 건강한 사람치고 귀가 작은 사람은 본 적이 없다. 확실히 귀는 수명을 담당하는 기관임에 틀림없다.

## 귀와 여성의 생식기

귀는 여성의 생식기를 닮았다. 그래서 귀의 생김새와 색택 등으로 여성의 생식기 모양과 기능을 가늠하기도 한다.

- 귀가 작고 살집이 없으면 생식 기능도 약하고, 귀가 크고 살집이 풍부하면 생식 기능도 좋다.
- 귀는 작아도 살집이 풍부하면 생식기 자체의 형태는 빈약해도 섹스 능력이 좋고, 귀는 크지만 살집이 없어 마른 사람은 생식기 자체의 형태는 좋아도 섹스 능력이 떨어진다.
- 귓불의 살이 얇거나 귓구멍이 크거나 귓바퀴가 밖으로 뒤집혀 있으면 좋지 않다. 이런 귀를 가진 여성은 평범하고 행복한 결혼 생활을 유지하기 힘들다.
- 귓바퀴의 홈이 좁을수록 질[膣]이 좋다고 하며, 이곳이 넓을수록 질도 넓다고 한다. 남성들은 여성의 질이 좁은 것을 선호하기 때문에 질이 넓은 여성은 불행해질 수도 있다.

이처럼 남성들은 여성의 귀 모양을 보고 생식기의 형태와 성적 능력을 가늠하기도 했다.

## 4 귀와 건강

- 귀가 크고 살집이 좋은 사람은 신장이 튼튼하다.
- 귀가 작고 살집이 나쁜 사람은 신장이 약하다.
- 귀가 거뭇한 사람은 신장이 약해지고 있을 가능성이 있다.

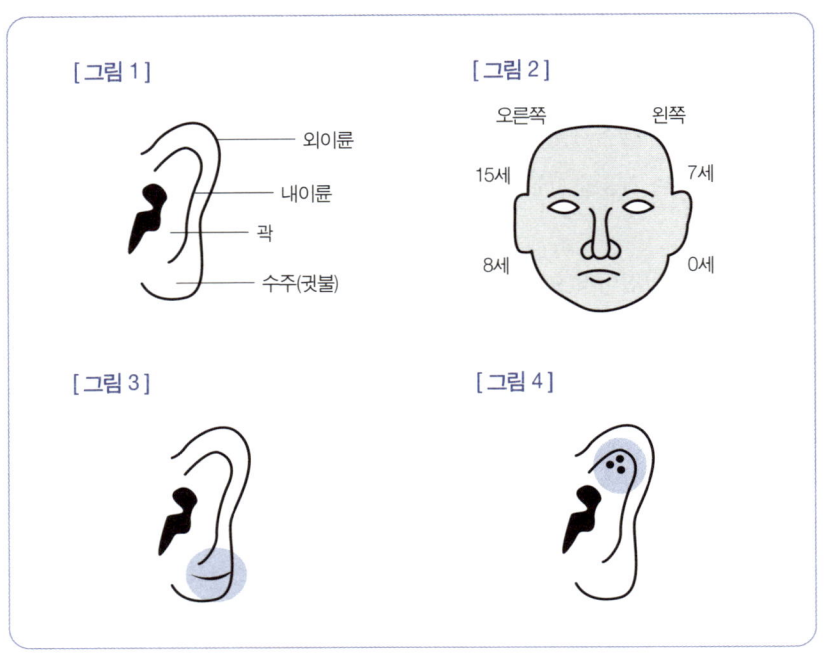

• 귀가 붉은색을 띠는 사람은 고혈압 가능성이 있다.

양쪽 귀의 크기가 다른 경우도 있다. 왼쪽 귀가 오른쪽보다 작은 사람은 태어나서 7세에 이르는 동안 중병 또는 커다란 환경 변화(부모의 이혼, 따돌림, 전쟁, 지진 등)를 경험할 가능성이 있다. 반대로 오른쪽 귀가 왼쪽보다 작은 사람은 8세부터 15세에 이르는 동안 중병 또는 커다란 환경 변화를 경험할 가능성이 있다(그림2 참조). 귓불에 주름이 있는(그림3 참조) 사람은 동맥경화에 걸릴 가능성이 있다. 귓불은 피하 지방이 많은 부위인 데다 모세 혈관도 풍부하다. 동맥경화가 진행되어 혈류가 나빠지면 지방이 위축되어 주름이 된다. 귀의 내이륜(內耳輪)에 뾰루지나 반점이 1/3 정도에(그림4) 나와 있는 사람은 통풍에 걸릴 가능성이 있다.

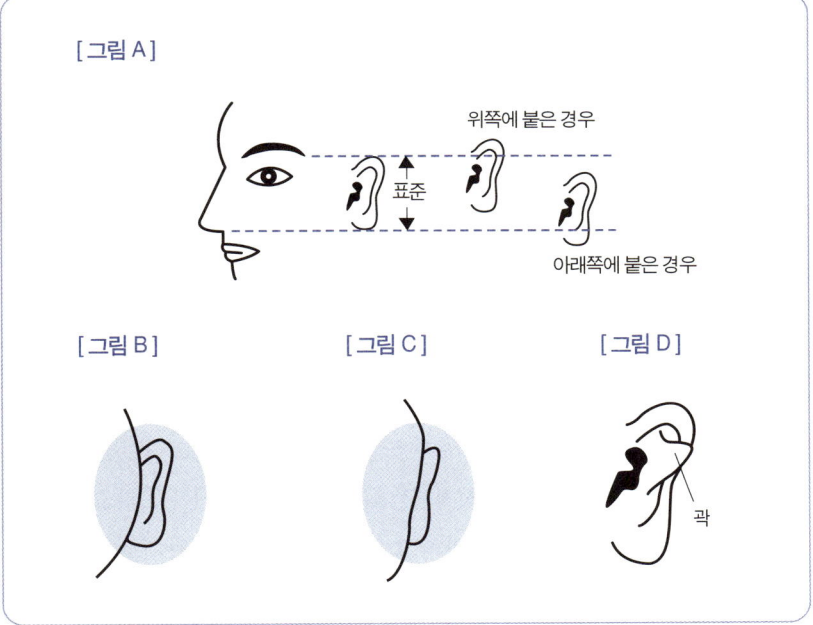

[귀에 나타난 성격]

- 귀가 큰 사람은 체력과 정신력이 모두 강하다.
- 한쪽 귀가 작은 사람은 체력과 정신력이 모두 약하다.
- 귀가 두터운 사람은 대체로 온후하고, 귀가 얇은 사람은 대체로 냉정하다.
- 귀가 위쪽에 붙은 사람(그림A)은 정열적이고 자기애가 강하다.
- 귀가 낮게 붙은 사람(그림A)은 섬세하고 이론적이다.
- 귀가 앞쪽을 향해 있는 사람(그림B)은 호기심이 왕성하다.
- 귀가 뒤쪽을 향해 있는 사람(그림C)은 타인의 이야기를 별로 경청하지 않는다.
- 귀의 곽이 튀어나온 사람(그림D)은 야무지고 대담하며 호기심도 왕성한 편이다.

## 5 귀의 형태와 질병

한의학에서는 귀를 통해 신장의 형태를 알 수 있다고 한다. 귀가 견고하면 신장도 견고하고, 귀가 얇고 견고하지 못하면 신장도 견고하지 않으며, 귀가 단정하면 신장도 단정하고, 귀가 짝짝이면 신장도 크기가 다르다는 것이다. 좀 더 자세히 살펴보면 다음과 같다.

### ❶ 귀가 크고 힘이 없는 사람

운명학적으로 귀는 부처나 신선, 옛날 왕후장상들의 귀처럼 크면서 귓불이 두둑하고 아래로 늘어져 있어야 하지만 건강 면에서는 작고 단단한 것이 좋다. 귀의 크기는 신장의 크기와 직결되는데, 귀가 작으면 신장도 작고, 신장이 작으면 내장의 여러 기관들이 편안하고 잘 상하지 않는다. 반대로 신장이 크면 허리가 자주 아프고 나쁜 기운에 상하기 쉽다.

귀가 큰 사람은 조금만 피곤해도 중이염이나 이명, 허리 통증이 오고 뒷목과 어깻죽지가 불편하고 아프다. 어지럼증도 잦고 헛배가 부르고 소화도 안 된다. 귀가 큰 사람은 채소를 좋아하는 반면 귀가 작은 사람은 육류를 더 좋아하며, 맛이 진한 음식을 선호한다.

### ❷ 귀가 위로 올라붙은 사람

귀가 위치상 하악골 앞에 단정하게 붙어 있어야 신장의 모양도 단정하고 건강하다. 그러나 이보다 위로 올라붙어 있으면 등과 척추가 아파서 구부렸다 폈다 하는 데 고통을 느낀다.

### ❸ 귀가 내려붙은 사람

이런 사람들은 허리와 엉덩이가 아프고, 호산증(狐疝症)으로 고생하는 경우가 많다. 호산증에 걸리면 아랫배에서 옆구리, 허리 쪽에 걸쳐 통증이 오고,

위장이 좋지 않아 소화가 잘 안 된다. 또 감기 몸살에 걸린 것처럼 온몸이 오슬오슬 떨리고 땀이 많이 난다. 귀가 종이처럼 얇고 짧고 작으며 눈 아래로 붙은 사람은 단명, 요사할 상이다.

### ❹ 귀에 때가 낀 것처럼 색깔이 나쁜 사람

간혹 귀가 유난히 붉어지거나 검은색을 띠는 사람이 있다. 귀가 붉어지는 것은 신장에 열이 있다는 표시이고, 검은 것은 신장에 병이 들었다는 것으로, 이때는 광대뼈 부위도 함께 검어진다.

귓병을 앓을 때 왼쪽 귀냐 오른쪽 귀냐에 따라서도 그 원인이 다르다. 대체로 화를 잘 내는 사람은 귓병이 왼쪽 귀로 오고, 화로 인해 오는 병 역시 주로 왼쪽에 귓병이 나타난다. 특히 여성은 기가 쉽게 울체되어 마음에 화가 많이 쌓이므로 오른쪽보다는 왼쪽 귀를 앓는 경우가 많다. 반면 남성은 오른쪽 귀를 앓는 경우가 많은데, 이는 남성이 여성에 비해 체력 소모가 많은 일을 하기 때문이다.

신은 정(精)을 저장하는 곳인데, 정이 부족해지면 소리가 제대로 들리지 않거나 농이 생기고 이명 증세가 나타나기도 한다. 귀지는 열이 많은 사람에게 많다.

### ❺ 귀의 크기가 다른 경우

오른쪽 귀가 왼쪽 귀보다 크고 귓불이 늘어져 있고 입술이 두꺼운 여성은 아이를 잘 낳는다. 또 왼쪽 귀가 오른쪽 귀보다 크고 눈초리에 주름살이 가로지고 머리카락이 검은 여성은 남자 아이를 낳을 가능성이 크다. 귀가 크고 작으며 짝귀인 사람은 일에 임하여 막힘이 많다. 그러나 어려서 부모운이 나빠 젊었을 때 고생을 많이 하고 중년에는 운이 둔해진다.

## 6 귀를 통해 보는 여러 가지 운

### ❶ 귀의 형태로 인기운을 살핀다

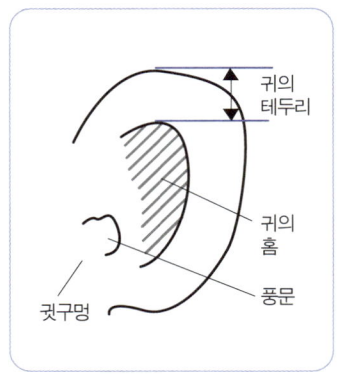

- 귀의 크기 : 귀는 대소(大小)보다 단단함을 살핀다. 귀가 단단한 사람은 사물 전반에 의지가 있다.
- 귀가 매우 작은 사람 : 노후에 정신적으로 외롭다. 아이와 아랫사람과의 인연이 없다.
- 귓불이 풍부한 사람 : 타인을 많이 신경 쓰는 타입으로, 대부분의 사람을 도와준다. 어떤 사람과 교제하느냐에 따라 본인에 대한 사회적 평가가 결정된다.
- 귓불이 없는 사람 : 타인을 위해 살기보다 자기 중심적으로 산다.
- 귀 테두리가 두터운 사람 : 손익을 제외하고 세상 이야기를 하는 사람이다. 그 사람의 뒤쪽을 살펴보면 바로 알 수 있다.
- 귀 테두리 안쪽 부분 : 이 부분의 윤기를 살핀다. 얼굴보다 윤기가 나면 인기가 많다.
- 풍문(귓구멍 앞쪽에 나온 부분) : 풍문이 미색(美色)이면 기쁜 이야기를 듣는다.
- 귓구멍 : 귓구멍의 윤기로 금전운을 파악할 수 있다.

코는 부를, 귀는 복을 나타낸다. 즉 복(마음의 기쁨)과 부(물질적인 풍부함)는 별개다. 예를 들어 1대에 큰 재산을 만들었는데 아이가 없는 사람이 있었다. 이 사람의 경우 코는 컸지만 귀는 매우 작았다.

### ❷ 귀의 윤기로 금전운을 살핀다

- 귀가 하얗게 빛나면 세상의 평판이 매우 좋고 금전운도 좋다.

- 귀가 거무스름하면 인기가 내리막길을 향하고 금전운도 없다.
- 귓구멍이 지나치게 큰 사람은 돈 쓰는 것을 좋아해서 돈이 잘 모이지 않는다. 구멍에서 털이 나와 있으면 장수한다.
- 귀에 대두나 팥을 반으로 나눠 놓은 것 같은 것이 솟아 있으면 조금이나마 돈을 저축할 수 있다. 솟아난 부분이 여러 개

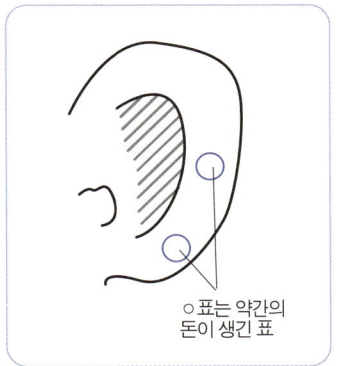

○표는 약간의 돈이 생긴 표

인 사람도 있는데, 그렇게 되면 콧망울의 살집도 두꺼워져 묵직한 코가 된다.
- 이런 형태의 귀를 가진 사람은 귀가 크면서 두터운 사람을 모시는 것이 좋다. 이런 귀를 가진 사람은 아랫사람을 잘 돌보기 때문에 많은 도움이 될 것이다. 행운이 있는 사람이다.

❸ 귀의 위치

좌우의 귓구멍을 묶은 위치에 뇌의 하부가 위치한다. 그래서 귀가 아래쪽에 있는 사람은 뇌의 용량이 커서 머리가 좋다고 판단한다. 귀를 볼 때마다 가지고 태어난 인생이 있다고 여긴다. 선천적으로 얼굴이 비뚤어져 있는 사람이 있는데, 이는 고생할 팔자다. 귀는 실실(實實)이다. 즉 종실(種實 : 최초의 씨)과 과실(생육했을 때 만들어지는 열매)이다. 여성은 왼쪽 귀가 종실이고 오른쪽 귀가 과실이다. 남성은 여성과 반대다. 태어나면서 가진 운(종실)보다 인생 만년의 운(과실)이 좋은 귀를 가진 사람은 고생한 보람을 얻을 수 있다. 종실보다 과실이 훌륭한 사람은 보답을 받아 행복하지만 종실보다 과실이 작은 사람은 조금 힘든 인생을 산다고 볼 수 있다. 즉 노력해도 불행이 좀처럼 가시지 않는다. 배우자운이 나쁜 경우도 있다.

# ③ 이마와 운명

## 1 이마의 의미와 기본 형태

이마는 발제에서 천중·천정·사공·중정·인당까지 관운의 유무와 귀천을 판단한다. 대운은 15~25세까지의 10년간을 지배하고, 소운은 15~30세까지의 15년간을 지배한다.

   이마가 높이 솟고 넓으며 액골 전체가 정수리까지 뻗어 있으면 극귀할 상이다. 이와 반대로 얇고 좁고 요함하면 좋지 않다.

   이마의 형태에 따라 성격과 의미가 달라지는데, 자세한 내용은 다음과 같다.

### 튀어 나온 이마 [童面額]

- 직감적 사고형(直感的 思考型)
- 옆에서 보았을 때 이마가 돌출되어 있다.
- 날카로운 직감력을 가지고 있다.
- 생각보다 행동이 앞선다.
- 좋고 싫음으로 움직인다.
- 호기심이 강하고 낙천적이다.
- 기억력이 좋다.
- 학자 타입으로, 천재가 많다.

## 상부 쪽이 외측으로 넓은 이마 [老面額]

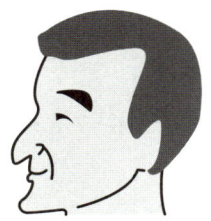

- 추리적 사고형(推理的思考型)
- 상부가 옆으로 넓고 머리카락이 난 부위는 M 자형이다.
- 차분하다.
- 생각은 잘하지만 행동은 늦다.
- 침착하고 말투와 동작이 모두 느긋하다.
- 철학 우주 이론 등 어려운 학문에 호기심과 자신감을 보인다.

## 각진 이마 A [男面額]

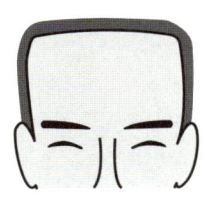

- 논리적 사고형(論理的思考型)
- 세로로도 넓고 가로로도 넓은 각진 이마다.
- 남성에게 많은 이마
- 논리적이고 객관적인 사고를 한다.
- 감정이 얼굴에 잘 드러나지 않는다.
- 실행력과 결단력이 있어 독자적인 생각을 하고 신념이 있다.

## 둥근 이마 [女面額]

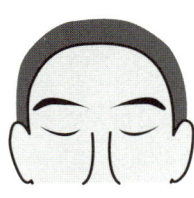

- 감정적 사고형(感情的思考型)
- 머리카락이 난 부위가 아치형이다.
- 여성에게 많은 이마
- 감수성이 풍부해 감각과 감성을 따른다.
- 희로애락이 얼굴에 솔직하게 드러난다.
- 표현력이 풍부하여 문학가나 시인, 작사가가 많다.

### 각진 이마 B [靑年面]

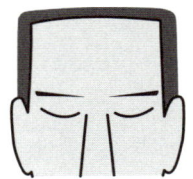

- 논리 직감적 사고형(論理直感的思考型)
- 세로로 넓고 가로로 좁은 각진 이마
- 키가 큰 사람들에게 많은 이마
- 이것이라고 생각하면 한결같다.
- 사물을 깊이 생각하므로 직공이나 기술자에 적합하다.

### 각진 이마 C [靑年面]

- 직감 논리적 사고형(直感論理的思考型)
- 가로로 넓고 세로로 좁은 각진 이마
- 생각보다 행동이 앞선다.
- 의리와 인정에 움직인다.
- 성격이 급한 면이 있다.
- 생각을 깊이 하기보다는 폭넓게 한다.

### 꼭지형 이마 [少女面] – 여성형

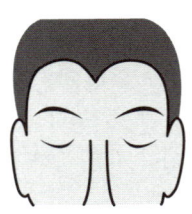

- 감정 직감적 사고형(感情直感的思考型)
- 머리가 난 부위의 중앙이 조금 내려와 있다.
- 여성에게 많은 이마
- 감정이나 직감을 따라 움직인다.
- 날카로운 감각을 가지고 있으며 결벽증이 있다.
- 참을성이 많고 의지가 강하다.
- 배우나 모델, 미용사 등에 적합하다.

## 남성 M자 이마 [壯年面] - 남성형

- 추리 논리적 사고형(推理論理的思考型)
- 머리가 난 부위가 M자처럼 조금 후퇴되어 있다.
- 독창적으로 움직인다.
- 조금은 이론적인 측면이 많다.
- 손재주가 없다.
- 예술적 재능이나 문재를 가지고 있다.
- 두뇌가 명석하여 연구자로도 성공한다.

## 여성 M자 이마 [熟女面]

- 추리 감정적 사고(推理感情的思考型)
- 머리가 난 부위가 M자처럼 조금 후퇴되어 있다.
- 속내를 입 밖으로 드러내지 않는다.
- 본심을 별로 드러내지 않는다.
- 타인 앞에서 별로 주눅들지 않는다.
- 모성애가 강하고 연하를 귀여워한다.
- 머리가 좋고 손재주가 뛰어나 예능 계통에 잘 어울린다.

## 혼합형(각진 이마 C와 꼭지형의 혼합)

- 각진 이마 C와 꼭지형 이마의 혼합적 사고
- 머리가 난 부위가 모여 있지 않고 삐죽삐죽하다.
- 논리적 사고와 감정적 사고가 섞인 사고를 한다.
- 본심과 표면상의 원칙을 사용하거나 나누는 재주가 있다.
- 머리 회전이 빨라 책략가가 많다.

## 2 이마와 운명의 길흉

- 높기는 입벽(立壁) 같고, 넓기는 엎어 놓은 간과 같고, 밝고 윤택하고 길고 모지니 고귀하고 장수할 상이다.
- 왼쪽이 함(陷)하거나 왼쪽으로 비틀어져 있으면 부친이 먼저 사망한다.
- 오른쪽이 함(陷)하거나 오른쪽으로 비틀어져 있으면 모친이 먼저 사망한다.
- 이마가 높이 솟고 두터운 자는 고관이 될 상이고, 삐뚤어지고 좁고 엷으면 관운이 없다.
- 발제가 풍후하고 높이 솟은 자는 웅변을 잘하고, 영웅호걸이다.
- 천창 좌우가 풍후하면 부귀할 상이다.
- 일각과 월각이 솟은 자는 관록이 양양하다.
- 중정 골이 솟은 자는 귀하거나 큰 부를 이룰 상이다.
- 이마가 죽은 사람은 남성의 경우 관록이 있더라도 오래가지 못한다.
- 여성의 이마가 좁은 사람은 본 남편과 해로하지 못하고 두 번 시집갈 상이다.
- 여성의 이마가 뾰족하거나 깨끗한 사람은 일찍 재취(再娶)로 시집가는 것이 좋다. 그렇지 않으면 본 남편과 해로할 수 없다.
- 남성의 경우 이마가 좁으면 조실부모 하거나 부모가 있더라도 큰 덕이 없다.
- 이마가 좁은 사람은 초년 고생이 많다.
- 남성의 경우 이마가 좋지 못하면 자손궁도 좋지 않다.
- 이마가 넓고 두터우면 부모덕이 많고, 이마가 부족하면 고생을 많이 한다.
- 이마가 좁은 사람은 대개 서자가 많고, 이마가 넓은 사람은 대개 적자가 많다.
- 사공 골이 솟은 자는 장관을 할 상이고, 보골이 솟은 자는 왕후가 될 상이다.
- 인당 골이 솟은 자는 대길이다.
- 복서 골이 정배기까지 뻗으면 대귀한다.
- 이마가 좁아도 피부가 두터우면 부를 축적하고 장수를 하는 등 중귀(中貴) 한다.

## 3 이마의 형태와 질병

### ❶ 신정(神庭)

신정은 정신과 정서적인 면을 관장하는 부위로, 특히 시공간(時空間)의 개념을 파악하는 능력을 가늠해 볼 수 있는 곳이다. 그래서 이 부위가 발달한 사람은 위치 감각이 뛰어나고 기억력이 비상하며 시간 관념이 과잉·강박 경향을 보인다. 반대로 빈약하면 어떤 사실을 기억하는 능력이 부족하고 시간 관념이 없어 약속을 잘 어긴다. 과대자의 경우 정신 분열증이나 강박증, 두통 등을 앓을 수 있으며, 빈약자는 해수나 천식, 콧물, 피부 질환, 소화기 질환 등에 걸리기 쉽다.

### ❷ 상성(上星)

상성은 천기가 인체와 통하는 부위로, 철학적·논리적 능력을 가늠해 볼 수 있는 부위다. 이 부위가 발달한 자는 지나친 사색과 공리공론적 단정에 치우치기 쉽고, 빈약자는 아예 사색조차 하려고 하지 않는 경향이 있다. 과대자의 경우 안(眼) 질환이나 열성 질환, 간질, 비후성 비염 등을 앓을 수 있으며, 빈약자는 얼굴 부종이나 두풍, 목현(目眩), 안화(眼花), 비뇨 생식기 질환 등에 걸리기 쉽다.

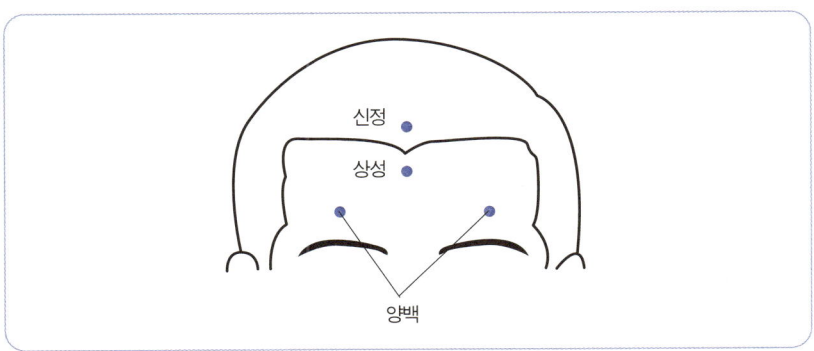

### ❸ 양백(陽白)

양백은 안와상신경(眼窩上神經)의 경로이며 상활차동(上滑車動)과 정맥(靜脈)의 외측 가지가 지나는 곳으로, 색채 질서 능력을 판별할 수 있는 부위다. 그렇기 때문에 색맹인 사람은 이 부위에 결함이 있다. 이 부위는 원래 이마에서 볼록하게 솟아오른 전두결절(前頭結節)의 바로 밑 오목한 곳으로, 이 부위가 오목하지 않거나 지나치게 오목하게 파여 있으면 대부분 색채를 분별하는 데 문제가 있으며 만사를 질서 있게 계획적으로 실행하지 못하게 된다. 이 부위에 결함이 있으면 안면 신경 마비나 삼차 신경통, 안질환, 두통, 간장 질환 등에 잘 걸린다.

## 4 이마의 색과 질병(운명)

- 이마가 검고 입술이 푸르면 한중이다.
- 이마의 왼쪽은 남성에게는 아버지를, 여성에게는 어머니를 나타낸다. 오른쪽은 남성에게는 어머니 운을, 여성에게는 아버지 운을 나타낸다.
- 남성의 경우 왼쪽이 들어간 사람은 부친이 먼저 사망하고, 여성은 반대로 모친이 먼저 사망한다. 왼쪽으로 삐뚤어져도 부친이 먼저 사망한다.
- 여성의 경우 이마 색이 검으면 남편운이 좋지 않아 큰 재앙이 온다.
- 남성의 이마가 검어지면 좌천 또는 파직을 당한다.
- 이마의 색이 밝고 윤기가 있으면 사업이 잘되고, 직장 생활을 하는 사람은 승진한다.
- 이마의 양 구석(변지)은 먼 지방을 의미하는 것으로, 여행이나 이사 또는 먼 지방과의 거래 등을 의미한다. 주로 색깔을 보고 길흉을 판단하는데, 맑게 빛나면 개운의 징조로 운이 열리며, 환자라면 병이 호전되어 퇴원하게 된다.
- 이마 전체가 마치 검은 구름이 낀 듯 어두워지면 대흉하며, 환자라면 사망한다.
- 장사하는 사람의 이마에 청색이 나타나면 장사가 안 된다.

- 일각과 월각에 청색이 나타나면 부모에게 걱정이 있고, 흰색이 나타나면 부모가 사망하거나 부모의 관재(官災)가 있다. 흑색이 나타나면 부모가 사망하거나 도난을 당한다.
- 일각에 밝은 보라색이 나타나면 윗사람의 도움을 받는다.
- 청색이 푸르스름하게 나타나면 부모에게 근심이 생기고, 흑색이 나타나면 남성의 경우 부친에게, 여성의 경우 모친에게 질병이 생긴다. 눈으로 흘러 들어오면 부모가 사망한다.
- 여성의 이마(관록궁)에 보라색으로 윤기가 있고 기분이 좋은 얼굴을 띠면 남편의 운세가 좋고 사업도 번창한다.

## 5 측면에서 본 이마와 얼굴의 형태

### ❶ 측면에서 본 이마와 운명

**철형(凸型)**: 코끝을 정점으로 가운데 부분이 나와 있는 얼굴로, 중년운이 좋다. 이 타입은 적극적으로 행동하는 밝은 사람이 많다.

**요형(凹型)**: 얼굴의 중앙부가 들어간 형태다. 이런 타입은 내향적이어서 선두에 서서 행동하기보다는 보좌역 등의 직업에 적합하다.

**중간형(中間型)**: 철형과 요형의 중간 형태로 가장 흔히 볼 수 있으며, 균형이 잡혀 있다. 이 타입은 무난하게 업무를 추진한다. 평범하게 행복한 인생을 보내는 사람이 많다.

**돌출형(額凸型)**: 얼굴의 상부 이마 부분이 나온 형태다. 초년운이 좋아 젊어서 성공하는 경우가 많다. 이 타입은 성급하고, 옷차림 등에는 관심이 없다. 현실 감각도 떨어지는 편이다. 그러나 수학적인 분야에 강한 이론파다.

### ❷ 얼굴의 균형과 운명

인간은 생물이기 때문에 기하학적으로 좌우 균형이 완벽하게 들어맞는 사람은 없다. 즉 선천적이든 후천적이든 좌우의 균형이 잡혀 있지 않다는 것이다. 오히려 이상이 없는 사람은 인간미가 부족하다는 느낌까지 풍긴다.

얼굴 좌우의 균형은 좌뇌와 우뇌에 의해 지배된다. 즉 균형이 잡혀 있으면 정서적인 부분과 이론적인 부분의 균형이 잘 맞는다는 의미다.

우뇌는 왼손의 운동으로 음악적 감각이나 공간 구성, 이미지, 직감 등과 연결되며, 순간적으로 전체적인 것을 파악하는 능력을 발휘한다. 반면 좌뇌는 오른손의 운동으로 계산 처리나 시간적 사고, 언어, 이론과 연결되며 분석을 통해 이해하고 파악하는 능력과 관련 있다.

양손을 앞으로 내어 깍지를 껴 보자. 깍지 낀 손을 위에서 보았을 때 일반적으로 왼손 엄지가 위에 오는 사람은 우뇌파, 오른손 엄지가 위에 오는 사람은 좌뇌파라고 한다. 즉 좌뇌 우뇌 가운데 더 많이 사용하는 쪽을 알 수 있는 것이다. 특히 오른쪽 엄지가 위에 오는 사람은 좌뇌가 잘 움직여 논리적이고 판단력이 뛰어나며, 일반적으로 여성 쪽이 우수하다. 반면 왼쪽 엄지가 위에 오는 사람은 우뇌가 잘 움직이고, 직감적으로 창조력이 뛰어난 타입으로, 일반적으로 남성 쪽이 우수하다.

그러므로 남성은 좌뇌를 사용하려고 노력하고, 우뇌와 좌뇌의 균형을 유지하는 것이 좋다. 반대로 여성은 우뇌를 사용하려고 노력하고, 남성과 마찬가지로 우뇌와 좌뇌의 균형을 유지하는 것이 중요하다. 그러나 가장 좋은 것은 남녀를 불문하고 양쪽 뇌를 다 쓰려는 노력이 필요하다는 것이다. 얼굴 좌우의 균형을 유지하는 것으로 좋은 얼굴에 조금 더 가까워질 수 있기 때문이다.

## 6 이마에 나타난 주름과 운명

이마 주위의 주름은 신경계의 산물이다. 이는 이마 바로 뒤에 있는 전뇌의 활동과 관련이 있다. 전기적 뇌파의 형태로 나타나는 뇌의 무질서한 발달과 활동이 무질서하고 혼돈된 주름을 나타내듯이 뇌의 올바른 발달과 활동은 머리 전체, 그중에서도 특히 이마와 거기에 나타나는 주름 모양에 영향을 미친다.

이마에는 3개의 전형적인 주름이 있다. 가장 위의 주름은 하늘 또는 사람의 정신적 본질을 대표한다. 이 주름의 모양은 이상을 향한 태도와 윗사람과의 관계를 나타낸다. 가운데 주름은 인격이나 자아의 힘, 본인의 재산, 건강을 나타낸다. 그리고 가장 아래에 있는 주름은 아랫사람과의 관계나 자손과의 관계, 가정, 명예를 나타낸다.

이 3개의 주름 중에서 가운데 주름만 선명하면 지도자가 될 기질이 있다. 또 적절히 사용하면 다른 사람들을 하나로 이끌 수 있는 카리스마를 지닌다. 가장 위의 주름만 선명한 사람은 매우 이상적이지만 비현실적인 면이 있다. 이런 사람은 인격과 자신에 대한 신념, 그리고 세상에 대한 이해를 발전시키기 위해 열심히 일해야 한다. 반대로 가장 아래 주름만 가진 사람은 삶을 대체적으로 물질적 안정면으로만 본다. 그래서 정신적인 일은 매우 추상적이고 일상과는 무관한 것으로 취급하는 경향이 있다.

하나의 끊어지지 않은 주름은 꾸준한 건강과 지속적인 생명력을 뜻한다. 불규칙하면서 짧은 주름이 있는 사람은 직업이 있으면 생활이 안정되지만 사업을 하는 경우에는 망하거나 근친과 인연이 없거나 병약하여 초년에 낙이 없을 가능성이 있다.

눈썹 사이, 코 바로 위의 세로 주름은 간의 상태를 나타낸다. 대부분의 사람들은 여기에 두 개의 평행한 세로 주름이 있다. 간 기능이 좋으면 이 주름들은 약하고 얕다. 그러나 이곳의 주름이 깊으면 간에 약간의 문제가 있거나 울혈되어 있을 가능성이 있다. 규칙적인 과민성 발작과 울컥 치미는 분노로 고통받을 수 있다. 눈썹 사이에 세 줄의 주름이 있는 사람도 있는데, 이 주름들이 얕으면 심한 좌절이나 분노·부적절한 식습관, 그리고 술로 인해 간에 문제가 생길 수 있다. 만약 이 주름이 깊다면 사고 위험에 처해 있다고 할 수 있다.

눈썹 사이에 하나의 주름이 있는 사람은 대부분 성격과 의지가 강해서 심각한 간 질환에 걸릴 수 있다. 많은 사람들이 이 하나의 주름을 가지고 있는데, 그것은 개인적 위기, 그중에서도 특히 중년의 위기 이후에 나타난다. 이들은 술을 줄여야 하고 기름진 음식이나 당이 많이 들어간 음식, 식품첨가제, 백미 등의 정제된 곡식을 피해야 한다.

### 횡삼문(橫三紋)

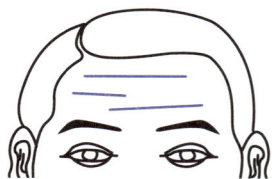

이마에 석 삼(三)자 주름이 있는 사람은 남성의 경우 아버지를, 여성의 경우 남편을 일찍 여읜다.

### 절곡문(折曲紋)

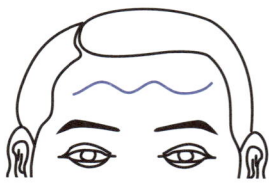

한 일(一)자의 가로 금이 곧지 않고 굽어 있어서 뱀이 기어가는 것 같다고 하여 사행문이라고도 한다. 길을 가다 도로에서 죽기 쉽다.

### 앙월문(仰月紋)

이마의 위를 향해 있는 주름으로, 대귀(大貴)를 주관한다.

### 천자문(川字紋)

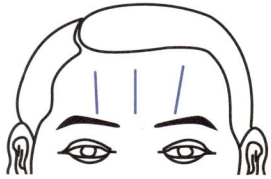

주름이 길면 사업을 성취하고 장수하나 짧으면 흉액이 있고 자손을 극한다. 짧은 사람은 총명하다. 인당에 있으면서 길(吉)을 주관한다.

### 교차문(交叉紋)

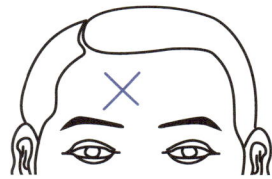

이마 위에 교차문이 있으면 형벌로 죽는다.

### 팔자문(八字紋)

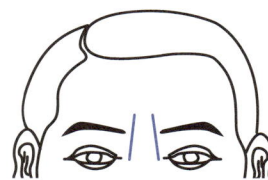

미간에서 인당까지 뻗어 있고 산근까지 뻗어 있으면 형벌을 받거나 아내에게 해롭다. 장수하지만 일신이 수고롭고 너무 길면 두통이 있다.

### 현침문(懸針紋)

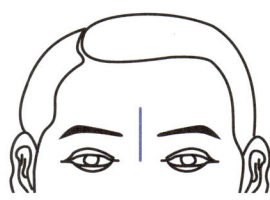

인당에 있으면 부모를 극하고, 자식운과 부부운도 좋지 않으며, 고향을 떠나 산다.

## 조문(粗紋) · 종문(縱紋)

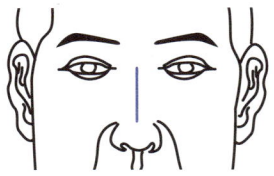

조문(粗紋) : 콧등에 있거나 인중에 있으면 남의 자식을 기르게 된다.
종문(縱紋) : 콧등에 있으면 남의 자식을 기른다.

## 횡문(橫紋)

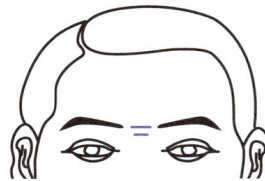

횡문이 콧등에 있으면 자식을 극하고, 48~50세에 이르러 집을 나가거나 여성의 경우 난산을 한다.

## 교차문(交叉紋) · 교검문(交劍紋)

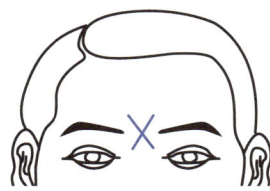

교차문(交叉紋) : 인당에 있으면 남성은 처를 극하고, 여성은 남편을 극하며 일생을 고생한다.
교검문(交劍紋) : 인당에 있으면 칼날에 죽는다.

## 정문(井紋) · 나망문(羅網紋)

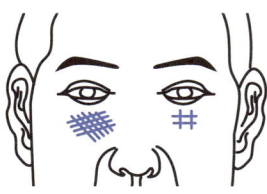

정문(井紋) : 눈 아래에 있으면 자살할 가능성이 있으며, 이마에 있으면 귀(貴)를 주관한다.
나망문(羅網紋) : 눈 아래에 있으면 고독을 주관하고, 일생을 범죄자로 살아갈 수 있다.

## 쌍법령(雙法令)

여성이나 남성 모두 두 번 결혼하거나 동시에 두 가지 업종의 일을 한다(만약 법령선의 끝이 입으로 들어가면 외롭거나 굶어 죽는다).

## 횡문삽입미(橫紋揷入眉)

형제와 부모를 극하고, 형벌로 감옥에 들어갈 수 있다.

## 횡문삽관(橫紋揷顴)

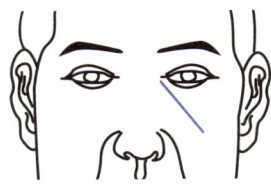

교통 사고를 당한다. 남성은 왼쪽, 여성은 오른쪽에 있으면 백발백중이다.

## 천주문(天柱紋)

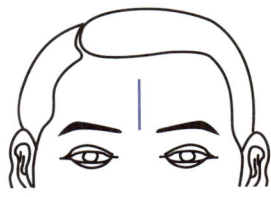

천중 부위에서 인당까지 직선을 이루며 내려오는 것을 말한다. 대귀하다.

## 얼굴 각 부위의 주름살과 운명

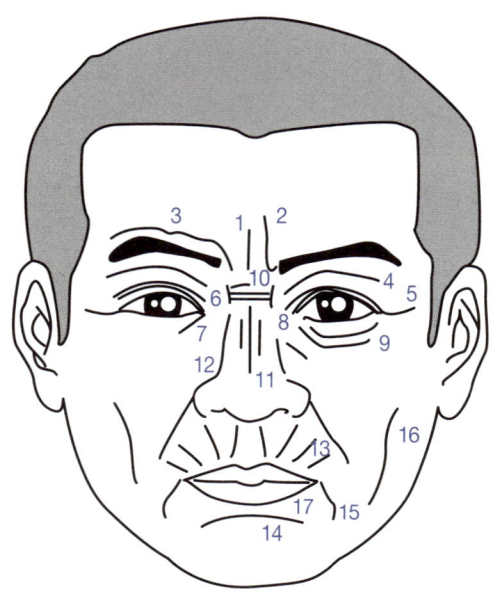

| | | |
|---|---|---|
| 1 | 현침문<br>(懸針紋) | 미간 중앙에서 이마를 향해 나타난 주름으로, 이런 주름이 있는 사람들은 의지가 강하고 오기가 있으며 모든 일에 열심인 경우가 많다. 어느 한 분야의 권위자인 사람들에게서도 자주 볼 수 있다. 일상에서는 불만이 많아 잔소리가 잦고 돈에 대해 꼼꼼한 편이다. 고향을 떠나 성공하는 운명이다. |
| 2 | 검난문<br>(劍難紋) | 미간에서 이마의 가운데를 향해 약간 비스듬하게 나타난 주름으로, 오른쪽(본인의 왼쪽) 옆에서 나타난 주름이 있는 경우 투쟁심이 강하고, 타인에게 상처를 입힐 수 있다. 이와 반대로 왼쪽(본인의 오른쪽) 옆에서 나타난 주름이 있는 경우에는 겁이 많고 타인이나 적에게 습격을 당하기 쉽다. 미간 양쪽으로 서 있는 주름은 사색가의 관상이다. |
| 3 | 겸업문<br>(兼業紋) | 눈썹을 위에서부터 둘러싸는 것과 같은 모습의 주름으로, 고전적인 인상의 교과서에서는 '부업을 가지고 있는 사람의 관상'이라고 했지만 반드시 그런 것은 아니다. 본인이 가지고 있는 지식이나 아이디어 특수 기술 등을 돈벌이에 연결시키는 재능이 있다. 약간 탐욕적이기도 하다. |

| | | |
|---|---|---|
| 4 | 위쪽 눈꺼풀이 겹쳐지는 형태의 긴 옆주름 | 눈 아래쪽이 움푹 패인 곳으로 가정운이 좋지 않은 관상이다. 특히 부모와 자식간의 인연이 적어 일찍부터 부모와 떨어져 산다. 계속 함께 살 경우 트러블이 많다. |
| 5 | 어미문<br>(魚尾紋) | 눈초리의 주름으로, 약간 위쪽으로 올라가 이마의 머리카락 부분에 이르는 주름을 말한다. 중노년이 되면 대부분의 사람들에게 나타나는데, 특히 그중 1개가 길게 새겨진 사람은 통솔력이 있어 지도자가 되며, 부하나 후배들에게도 깊은 신뢰를 얻는다. 후계자운도 좋고 배우자운도 좋지만 애인이 생기기 쉬운 경향이 있다. |
| 6 | 중조문<br>(重操紋) | 쌍꺼풀의 기점과 종점이 눈에서 떨어져 있는 것으로 쌍꺼풀의 선을 말하기도 한다. 이 주름은 어느 한쪽이 눈에 연결된 것이지만 가까이에 있으면서 그 양쪽 모두 눈에서 떨어져 있는 사람은 남들에 비해 조숙하고 성에 일찍 눈을 떠 여성의 경우 이른 나이에 남성 편력을 거듭하게 된다. 정식 입적이나 결혼 등에 인연이 없는 사람에게 많은 상이다. |
| 7 | 누당문<br>(涙堂紋) | 비교적 긴 주름으로 나타나는데, 남녀 모두 아이와 인연이 적으며, 아이와 떨어져 살 가능성이 높다. 한쪽에만 나타나는 경우와 좌우 양쪽에 나타나는 경우가 있는데, 길면 길수록 함께 사는 것이 더 어려워진다. |
| 8 | 여성에게서 주로 나타나는 주름 | 이성운이 좋지 않은 상의 하나로, 대체로 결혼을 하지 못하거나 연인이나 배우자 때문에 많은 고생을 한다. 남녀 모두 재혼할 상이다. |
| 9 | 이중 누당문 | 아랫사람이나 후배운, 자손운 등을 모두 타고난 형태로, 지저분한 인상의 누당이나 주름이 되지 않게 해야 한다. 위치상으로 볼 때 이중선의 상부가 아이운이고 중간 부분이 부하운을 위미한다. 사실상 둘이면서 하나처럼 보이는 부위다. 마치 부푼 듯이 보이는 것이 중요하다. |
| 10 | 일거<br>(一擧) | 미간의 약간 아래 또는 산근 부분에 가로선으로 난 1개의 주름으로, 초혼에 실패하거나 자식들이 가업을 잇지 못하는 상이다. 이 가로 선이 2개 이상 나타나는 것은 '권위의 상'으로 항상 명령을 내리는 사람에게서 자주 볼 수 있다. |
| 11 | 양자문<br>(養子紋) | 산근에서부터 코끝을 향해 직선으로 생긴 주름을 양자문이라 하는데, 평상시에도 있는 사람이 있고 웃을 때만 나타나는 사람도 있다. 일반적으로는 1개로, 친자식과 인연이 적은 사람에게서 많이 볼 수 있다. 3개가 나타나는 경우 가운데의 줄기가 길면 스스로 양자에게 향하는 상이 되고, 가운데의 줄기가 짧으면 양자를 맞이하는 상이 되거나 데릴사위가 될 가능성이 있다. |

| 12 | 전택횡문<br>(田宅橫紋) | 이 주름이 있는 사람은 질투심이 많고, 사소한 일로 친한 사람에게 원한을 품는 일이 많다. 집착이 강하고, 대인관계에서도 문제가 생기기 쉽다. |
|---|---|---|
| 13 | 법령선 안쪽<br>(식록)에 있는<br>방사선상<br>주름 | 일반적으로 나이가 많은 사람에게 나타난다. 우애 깊은 자식을 두고, 만년에는 그 자식들에게 생활에 도움을 받는다. 이혼한 아들의 부인이나 손자인 경우에도 해당한다. |
| 14 | 아랫입술과<br>아래턱 사이에<br>나타나는<br>궁상의 가로선 | 미각이 예민해서 음식 관련 분야에서 크게 성공할 상이다. 소믈리에나 요리장 등에서 자주 볼 수 있는 주름이다. 만년운이 좋으며, 가정적으로도 운이 좋다. |
| 15 | 입 꼬리에서<br>나타나<br>아래로 처진<br>주름 | 이런 주름을 가진 사람은 자신의 주장과 사상이 투철하여 실천력이 강하다. |
| 16 | 양쪽 뺨에<br>나타난<br>독특한 모양의<br>깊은 주름 | 대화나 접객, 교섭, 거래 등에 재능이 있다. 외교 수완이 뛰어난 사람에게서도 자주 볼 수 있다. 특히 외부 교제를 통한 교섭에 관해서는 절대적인 자신감을 가지고 있다. |
| 17 | 환대문<br>(歡待紋) | 상하 입술, 특히 아랫입술 쪽에 다수 새겨지는 세로 주름이다. 세로 주름이 많은 사람은 정이 많고 다정다감하여 상대와의 대화나 회식에 기쁨을 느낀다. 여성의 경우 유혹에 약하고 잘 속는 반면 인기가 많다. |

이 밖에도 얼굴에 나타난 주름을 통해 질병을 알아낼 수도 있다.

- 이마 부위에 주름이 많은 것은 폐의 이상이 원인인 경우가 많다.
- 웃을 때 눈가에 주름이 많이 잡히는 사람은 심장이 약한 경우가 많다.
- 콧등에 주름이 생기는 것은 간이 약하기 때문이다. 특히 콧등에 주름이 있는 사람은 오후가 되면 더욱 피곤해지면서 허리와 다리에 통증이 오기도 한다.

- 입 주위에 주름이 많은 것은 비위가 약하기 때문이다.
- 입가의 법령이 깊게 파인 사람은 허리와 다리가 약하다. 즉 신기가 약하다는 뜻이다.

---

## 7 이마에 나타난 주름과 재능

이마에는 일반적으로 몇 개의 주름이 생기는데 관상학적으로는 3개가 생기는 것이 본래의 모습이며, 위에서부터 천문·인문·지문이라고 한다. 그리고 이들을 총괄하여 절조선(節條線) 또는 절조문(節條紋)이라고 한다. 또 눈썹 바로 위쪽에 눈썹을 둘러싼 것 같은 형태로 생성되는 주름을 겸업문(兼業紋)이라고 부르는데, 두 가지 이상의 일이나 장사를 하는 실업가에게는 대부분 이 주름이 보인다.

아래 그림은 남성의 이마에 많이 보이는 특징으로, 이마 언저리 중앙부의 참차(參差)와 눈썹 꼬리 위쪽에 위치하는 현무(玄武)가 발달되어 있다. 참차는 독립적으로 성공하는 사람의 관상으로, 대대로 이어온 선조의 가업이나 종교를 계승하지 않는 사람의 관상이다. 또한 현무는 결단력과 행동력이 있으며 오기와 재치가 있다.

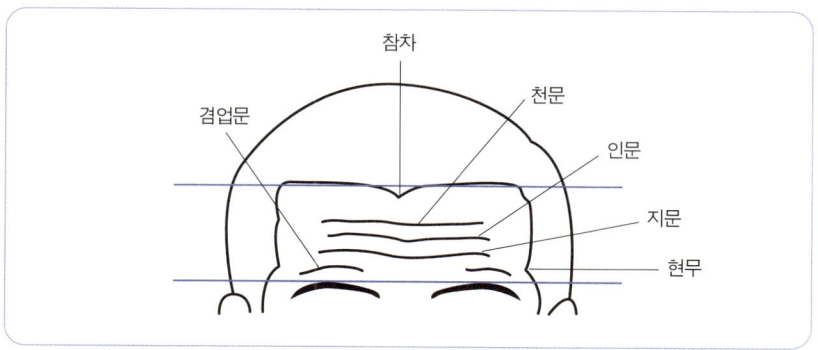

### 3개의 주름

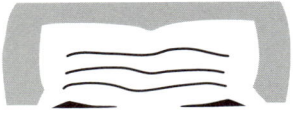

비교적 선명한 3개의 주름이 평행으로 새겨져 있는 것은 대체로 어려움이 적은 인생을 걷고 있는 사람의 관상으로, 자신의 재능이나 수완을 충분히 발휘하고, 사회적으로도 그것을 인정받아 어느 한 분야에서 출세하게 된다. 상사와 부하 모두에게 신뢰를 얻는 것이 특징이다.

### 4개의 주름

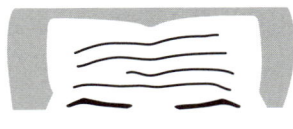

약간 짧은 선을 포함해 4개의 주름을 가지고 있는 것은 다방면에 재주가 있는 사람에게서 보이는 관상으로, 이런 사람은 창의력이 풍부하고 선견지명이 탁월하여 사회적으로 두각을 나타낸다.

### 인문만 선명한 주름

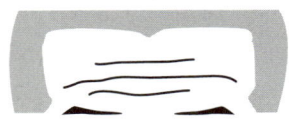

일반적으로 주름이 3개인 것처럼 보이지만 그중 한가운데 것이 깊고 길어서 분명하게 보이는 주름은 침착한 학자 기질을 가진 인물에게서 자주 볼 수 있다. 이런 사람은 스스로의 노력과 연구로 사회적 지위와 명성을 얻는다.

### 지문만 기형인 주름

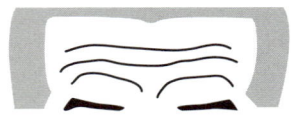

위의 2개는 보통이지만 맨밑의 주름이 눈썹 상부를 둘러싸는 겸업문을 이룬 주름이 있는 사람은 여러 가지 일과 장사에 흥미를 가지고 있다. 동시에 자신의 재능이나 수완을 돈으로 연결시키는 데도 특별한 재능이 있다.

### 주름이 2개만 있는 경우

주름은 일반적으로 3개가 새겨지는데, 2개만 있는 경우 그 사람은 약간 완고하고 고집이 세다. 이런 사람들은 아랫사람과 후배를 길러 내는 소질이 있다. 아랫사람과 후배들이 사회적으로 활약하는 덕분에 자신의 사회적 지위도 함께 상승한다.

### 주름이 여러 개 있는 경우

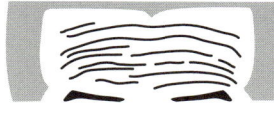

언뜻 보면 여러 개의 주름이 보이는 이마로, 잔 걱정이 많은 인물에게서 많이 볼 수 있으며, 그 동안의 인생이 평탄하지 않았음을 의미한다. 젊었을 때부터 이러한 상이 되는 것은 고난의 청춘을 보냈다는 증거지만 중년 이후에 기회가 온다.

### 주름이 이마 가운데로 처진 경우

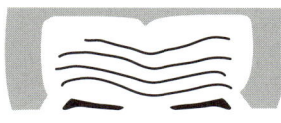

주름이 3~4개 정도여도 이마 중앙 부분이 약간 아래로 처져 있는 사람은 직감이 뛰어나다. 특히 경험적인 일을 통한 직감을 업무에서 많이 발휘하는 관상이다. 드물게는 투시나 염력, 기공 등에 특별한 재능을 발휘하여 재산을 쌓는 사람도 있다.

### 주름이 이마 아래쪽에 집중되어있는 경우

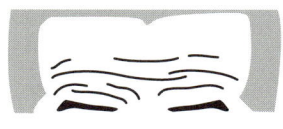

주름이 이마 하부에만 집중되어 있고 약간 짧은 듯한 주름이 몇 개 새겨져 있는 사람은 인생에 변화나 기복이 많다. 실천적인 성격으로, 뭐든지 체험하면서 실천하려는 경향이 있다. 체험을 통해 얻은 지식을 일이나 장사에 연결시키는 능력도 있다.

## 끊어진 주름

이마에 새겨져 있는 주름이 끊어지거나 겹치거나 구부러지거나 전체적으로 끊어진 듯한 인상을 주면 그 사람이 과거에 고생했다는 증거다. 특히 가까운 사람과의 문제나 고생이 끊이지 않는다. 상부면 손윗사람 문제로, 중앙부이면 배우자 문제로, 하부라면 아이 문제로 고생한다.

## 주름이 1개만 있는 경우

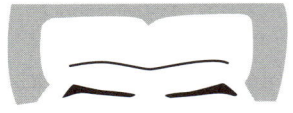

이마의 약간 하부에 1개의 길고 선명한 주름이 있는 것은 체력과 기가 왕성하다는 의미로, 한 계단 한 계단 천천히 성공해 가는 사업가나 장사를 하는 사람에게 많이 나타난다. 육체 노동을 하는 사람에게서도 볼 수 있다. 발이 넓고 서민적인 기질이 있어 인기가 많다.

#  눈썹과 운명

## 1 눈썹의 의미와 기본 형태

눈썹은 눈을 보호하는 지붕과 같다. 건물에 지붕이 있어 비와 바람을 막아 주듯 눈에도 눈썹이 있어 눈을 보호해 준다. 그러나 눈썹은 생물학적으로 눈을 보호하는 역할을 하기 때문에 머리카락처럼 길 필요는 없다. 정신이 머무는 가장 중요한 부분인 눈을 보호하는 역할을 하는 눈썹을 보수관(건강과 수명을 지키는 기관)이라고도 한다.

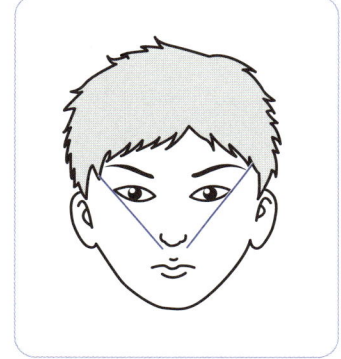

눈썹은 또한 얼굴 윤곽을 두드러지게 함과 동시에 눈을 두드러지게 하는 장식이기도 하다. 그래서 눈썹은 맑고 섬세하고 넓고 길고 수려해야 한다. 눈에서 멀리 떨어진 것을, 눈초리보다 길게 뻗어 예쁘게 모인 눈썹을 좋은 눈썹이라고 한다. 상법에서는 눈썹을 형제운을 나타내는 형제궁이라고 한다. 형제운뿐만 아니라 대인관계나 성품, 수명, 명예까지도 읽을 수 있다.

눈썹으로는 성질(性質)·현우(賢愚)·운명을 살핀다. 대운은 20~34세까지의 10년을 지배하고, 소운은 30~34세까지의 4년을 지배한다. 가늘고 길며 윤택하면 좋고, 거칠고 탁하면 좋지 않다.

---

| 굵은 눈썹 |  | 굵은 눈썹의 사람은 겉모습이 강하고 매사에 적극적이다. 부모의 사랑을 받으며 무럭무럭 자라면 운세가 좋아진다. |

---

| | | |
|---|---|---|
| 가는 눈썹 |  | 눈썹이 가는 사람은 상냥하고 점잖다. 소극적이고 섬세한 마음의 소유자로, 성격이 조금 약한 것이 단점이다. |
| 처진 눈썹 |  | 눈썹 끝이 처져 있는 사람은 누군가를 도와주기를 좋아한다. 동정심이 많아 타인을 잘 살핀다. 고생 끝에 성공하는 기업 사장들에게서 많이 볼 수 있다. |
| 위로 올라간 눈썹 |  | 눈썹이 위로 올라간 사람은 자존심이 강하고 지기 싫어한다. 타협을 싫어하는 외골수라 협조성이 부족하다. 눈썹이 올라가면 갈수록 실력을 발휘하는 타입이다. |
| 일자 눈썹 |  | 눈썹이 곧게 일자문으로 된 사람은 개성이 강하고 의지가 강력하다. 단, 일자문이라도 얇은 사람은 인내심이 강하다. |
| 초승달 눈썹 |  | 초승달 모양의 눈썹을 가진 사람은 마음씨가 매우 상냥하다. 지식이 많고 머리가 좋다. 모든 사람에게 친절하고 부모님을 배려하는 마음이 있다. |

## 2 눈썹의 형태와 운명

### 귀미(鬼眉)

귀미는 귀신의 눈썹과 같은 것으로, 눈썹이 정리되어 있지 않고 눈과 가까워서 마치 눈을 가리듯이 난 것을 말한다. 이러한 눈썹의 소유자는 선량하고 의리가 깊은 것처럼 보이지만 가끔 사악한 마음을 품기도 한다. 일평생 타인의 물건에 신경을 쓰는 죄수의 눈썹이기도 하다. 형제는 3~4명이 된다.

## 소산미(疏散眉)

드문드문함을 뜻하는 소(疏)와 흩어짐을 나타내는 산(散)에서 유래한 소산미는 털이 드문드문 여기저기 나누어져 정리되어 있지 않은 눈썹을 말한다. 털은 그다지 많지 않고 퍼져 있는 데다 흩어져 있다. 일평생 재운의 부침이 많다. 외관상으로는 온화해 보이지만 실제로는 냉담하고 인생의 기복이 심하다. 형제 수는 1~2명 정도가 된다.

## 황박미(黃薄眉)

문자 그대로 노랗고 얇은 눈썹을 말한다. 털이 황소[雄牛]의 털처럼 황색이고, 얇아서 여기저기 흩어진 드문드문한 눈썹이다. 이 눈썹이 눈보다 긴 사람은 재산을 축적하는 데 있어 실패가 많고 운이 지속되지 않는다. 동양인에게 있어 눈썹이 황색을 띠는 사람은 좋지 않다. 형제운이 부족하고 형제와 이별하는 경우가 많다.

## 소추미(掃箒眉)

미간은 가늘고 눈썹 꼬리 쪽으로 갈수록 넓어지는 것이 마치 빗자루와 비슷하다고 하여 소추미라고 한다. 이 눈썹은 미간을 분명하게 갖추고 있어 좋지만 눈썹 꼬리 쪽의 털의 양이 매우 적게 흩어져 있어 말년에 재산이 부족해진다고 생각된다. 이러한 눈썹을 가진 사람은 형제간에 정이 부족하고 질투가 심하다. 형제가 많은 사람은 떨어져 살거나 독자 또는 2명의 형제를 가진 사람은 자손이 없고 외로운 노후를 보내게 된다.

## 첨도미(尖刀眉)

첨도미는 날카로운 칼날을 의미하는 것으로, 칼 중에서도 부엌칼을 위로 향해 세워 둔 모습을 말한다. 눈썹 꼬리가 날카로운 칼처럼 되어 있어 성격이 과격하다. 털이 잘 정리되어 있지 않은 사람을 '악살(惡殺)'이라고 하는데, 이러한 눈썹을 가진 사람은 외관상으로는 온화하지만 실제로는 집요하고 악랄하다. 마음을 선량하게 쓰는 것이 중요하다. 형제는 2~3명 정도가 될 것이다.

## 팔자미(八字眉)

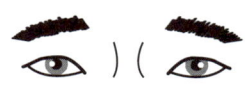

양쪽 눈썹의 형태가 '八'자 모양으로 되어 있는 것으로, 세련된 느낌은 없다. 미간의 털은 많지 않고 눈썹 꼬리 쪽으로 갈수록 흩어진다. 눈썹 꼬리가 눈 초리를 가리는 것처럼 되어 있는 사람은 결혼운이 좋지 않다. 나이를 먹어 몇 번 결혼을 해도 자신에게 맞는 배우자를 찾을 수 없다. 재운은 큰 어려움이 없지만 자손운이 없고 외로운 만년을 보내게 된다. 형제는 없지만 재산은 있는 타입이다.

## 유엽미(柳葉眉)

미인의 아름다운 눈썹이라고도 한다. 이 눈썹을 가진 사람은 형제운이 별로 좋지 않아 형제간에 옥신각신할 가능성이 높다. 그러나 전체적인 운은 좋은 편이다. 눈썹이 정리되어 있지 않으면 형제 간에 정이 없다. 친구와의 교제에 있어서는 의리가 깊고 충직한 편이다. 총명하고 기가 넘치는 눈 초리를 하고 있으면 살아 있는 동안 이름을 떨칠 수 있다. 형제는 3~4명 정도가 될 것이다.

## 검미(劍眉)

칼처럼 날카로운 형태를 한 눈썹을 말한다. 위풍당당하고 지혜가 있으며 군주를 돕는 신하의 상이다. 건강하고 장수하는 운을 가지고 태어났다. 형제는 3~4명 정도지만 눈썹 길이에 의해 형제 수는 변할 수 있다. 눈썹이 숲처럼 무성하고 수려하고 긴 정도에 따라 위세와 권위가 발생하는 형태다.

## 사자미(獅子眉)

사자의 눈썹과 비슷하다. 산만하지만 위엄이 있어서 비범한 인물로 생각된다. 눈썹의 털이 산만하고 눈으로부터 멀리 떨어져 있으면 좋은 상이다. 대체로 대기만성 형이며, 아내(또는 남편)까지 사자눈썹이면 일생 부귀영화를 누릴 수 있다. 형제 수는 4~5명 정도가 된다.

## 전청후소미(前淸後疎眉)

미간 쪽은 잘 정리되어 수려하지만 꼬리 쪽으로 갈수록 넓어져 흩어져 있는 형태의 눈썹을 말한다. 눈썹 꼬리가 흩어져 있어도 예쁘게 보이면 젊은 시절에 공명을 얻어 재산을 축적한다. 중년과 말년의 운은 명예와 재산으로 나타나므로 반드시 원하는 것을 이루는 상이라고 할 수 있다. 형제는 3~4명 정도가 될 것이다.

### 단촉수미(短促秀眉)

형태는 짧지만 예쁜 눈썹으로, 장수하고 귀한 인물이 된다. 옛날이었다면 과거에 합격해 최고의 관료가 될 수 있는 상이다. 성격이 호쾌하고, 결코 약속을 깨지 않는다. 충효를 알고 한결같이 청렴한 인물로 자손도 고귀한 인물이 된다. 형제는 4~5명 정도가 될 것이다.

### 일자미(一字眉)

一자 형태로 예쁘게 갖추어져 있어 미간에서 눈썹 꼬리까지 곧고 단정한 형태의 눈썹을 말한다. 털이 예쁘게 갖추어져 미간에서 눈썹 꼬리까지가 양산처럼 예쁘면 부귀를 누리고 장수한다. 젊은 시절에 성공할 수 있다. 부부가 같은 형태의 눈썹을 지니면 백년해로한다.

### 와잠미(臥蠶眉)

누에가 자고 있는 모습과 비슷하다 하여 와잠미라고 한다. 눈썹이 수려하면 책략가로, 기회를 놓치지 않고 수완을 발휘한다. 세상살이에 능숙하고, 젊어서 이름을 날리지만 형제간에 우애는 별로 없다. 형제는 4~5명 정도가 될 것이다.

## 신월미(新月眉)

초승달처럼 아름다운 눈썹이다. 눈썹이 뚜렷하고 눈이 수려하면 가장 좋다. 눈썹 꼬리가 이마 옆쪽까지 길게 자라면 좋은 눈썹이다. 본인뿐만 아니라 형제간에 우애도 깊고 모두 부귀를 누린다. 옛날이었다면 과거에 합격해 최고의 관료가 되는 상이다. 형제의 수는 6~7명 정도가 되고, 모두 귀한 인물이 된다.

## 호미(虎眉)

호랑이 눈썹과 비슷한 눈썹으로, 위엄이 있어 모양도 크고 원대한 뜻을 안고 있다. 이런 눈썹을 가진 사람은 반드시 부자가 된다. 그렇게 되지 않더라도 고귀한 존재가 된다. 태어나 가진 수명은 길지만 형제간에 우애가 없는 것이 단점이다. 형제의 수는 3~4명 정도가 될 것이다.

## 청수미(淸秀眉)

눈썹이 뚜렷하고 예쁜 형태를 갖추고 있는 것을 청수미라 한다. 이마 옆쪽까지 길게 뻗어 있으며, 구레나룻도 길다. 이러한 눈썹을 가진 사람은 총명하고, 젊어서 명성을 얻는다. 형제간의 우애와 정이 깊고 세상에 이름을 날린다. 형제는 3~4명 정도가 된다.

## 간단미(間斷眉)

눈썹이 하나로 연결되어 있지 않고 중간중간 끊어져 있거나 상처가 있는 눈썹을 말한다. 눈썹이 끊어져 있는 사람은 형제와의 인연이 없다. 형제가 있어도 없는 것만 못하며, 재운의 부침이 격렬하고 결국 빈곤에 허덕이며, 부모를 연달아 잃을 수 있다. 바라는 일도 생각대로 되지 않는 고독한 상이다. 형제의 수는 2~3명 정도가 될 것이다.

## ∞ 눈썹 형태에 따른 여성과 남성의 특징

### 눈썹의 각 부분의 설명

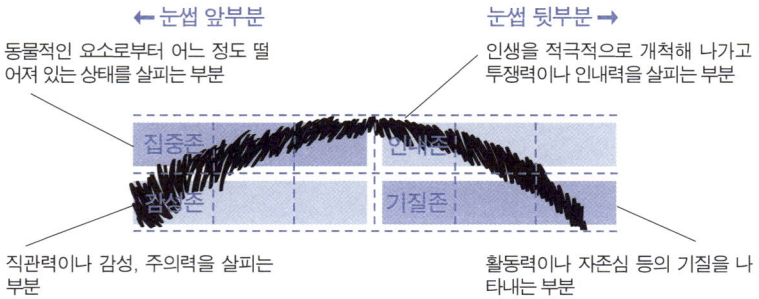

[여성]

여성은 자신의 성격을 나타내는 눈썹의 형상을 부지불식간에 그리고 있다. 본래 눈썹의 형상은 숨겨진 본인의 성질을 나타내고, 그리고 있는 형상은 현재 본인의 모습과 운명을 나타낸다. 본래의 눈썹과 그린 눈썹을 모두 보고 관상을 살펴야 한다.

[남성]

표준적인 눈썹 길이는 미간이 콧날의 연장선에서 시작하여 눈썹 꼬리가 눈 구석에서 바깥쪽으로 2mm까지 이르는 정도다. 이보다 길면 성미가 느긋하고 심사숙고하는 스타일이고, 짧으면 성격이 급하고 즉흥적인 면이 강하다. 눈썹이 진한 사람은 정이 많은 반면 얇은 사람은 박정하다.

---

## 3 눈썹과 운명의 길흉

- 눈썹이 고우면 마음도 곱고 눈썹이 거칠면 마음도 거칠다.
- 눈썹이 탐스럽게 생긴 사람은 체격도 좋고 저항력도 강하다.
- 눈썹이 약하고 듬성듬성한 사람은 성격도 약하고 운명적으로도 고독하다.
- 눈썹이 눈보다 길면 부귀할 상이고 눈썹이 눈을 지나지 못하면 곤궁하다.
- 눈썹이 힘차 보이면 성질이 강하다.
- 눈썹이 위로 선 사람은 성격이 쾌활하고 눈썹이 아래로 숙여진 사람은 성격이 느리다.
- 눈썹이 인당까지 연결된 사람은 관액이 있고 형제간에 해롭다.
- 눈썹이 거슬러 난[逆生] 사람은 성격이 느리다.
- 미골이 솟은 사람은 흉악하고 일에 막힘이 많다.
- 눈썹 속에 검은 사마귀가 있는 사람은 총명하고 귀하게 된다(그러나 수액이 있다).
- 눈썹이 높게 나거나 눈썹에 흰털이 난 사람은 장수한다.
- 눈썹 위에 옆주름이 많은 사람은 가난하다.
- 눈썹 중간에 홈이 있는 사람은 간사하다.
- 눈썹이 거의 없는 사람은 고독하다.
- 눈썹이 높은 사람은 권위가 있다.

- 눈썹에 긴 털이 난 사람은 장수한다.
- 눈썹이 윤택하면 재운이 좋다.
- 눈썹이 서로 마주 붙으면 액운이 많다.
- 눈썹이 신월(新月)과 같으면 총명하다.
- 눈썹이 수양버들처럼 생긴 사람은 음란해서 자식이 없다.
- 눈썹이 너울너울한 사람은 형제는 적은 대신 자매가 많다.
- 눈썹이 탁하고 머리카락도 탁하면 좋지 않다.
- 눈썹이 맑고 머리도 맑으면 귀하게 된다.
- 눈썹이 좋은 사람은 형제궁도 좋고, 눈썹이 부족한 사람은 형제궁도 좋지 않다.
- 눈썹의 색이 윤택하면 기쁜 소식을 듣게 된다.
- 눈썹의 색이 어두우면 기다리는 소식을 듣지 못한다.

## 4 눈썹과 건강

### ❶ 눈썹의 건강

눈썹을 통해 폐와 대장의 건강 상태를 파악할 수 있다.

- 눈썹이 진한 사람은 폐나 대장의 냉기로 인해 감기에 걸리기 쉽고, 그 증상이 목에 나타난다. 다행히 열은 별로 나지 않는다(폐한증). 눈썹이 진한 사람 중에는 장이 약한 사람이 많다.
- 오른쪽 눈썹과 왼쪽 눈썹이 연결되어 있거나 이어져 보이는 사람, 또는 눈썹과 눈썹 사이에 솜털이 나 있는 사람은 천식이 있을 수 있다.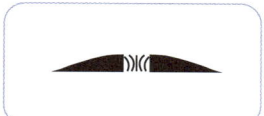

- 미간이 얇고 누락이 있는 사람은 스트레스에 약하고 꾸준함이 부족하다. 부신피질 호르몬 이상일 가능성이 있다.
- 눈썹 꼬리가 얇고 누락이 있는 사람은 쉽게 초조해하고 가만히 있지 못한다. 갑상선 호르몬 이상일 가능성이 있다.
- 미간의 털이 서 있는 사람은 신경질적이거나 쉽게 초조해한다.

왼쪽 미간에는 심장의 이상 증세가 나타나는 경우가 많다. 심장에 이상이 있는 경우 왼쪽 미간 피부가 거뭇거뭇해지거나 붉은색이 돈다. 거뭇하면 경증(輕症), 붉으면 중증(重症)일 가능성이 높다. 또 왼쪽 눈썹이 오른쪽 눈썹보다 위에 있거나 왼쪽 눈썹이 떠 보이는 경우에는 심장 판막증이 의심된다.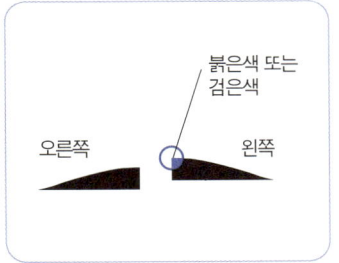

### ❷ 눈과 눈썹 사이

눈과 눈썹 사이, 즉 눈꺼풀의 색을 통해 질병을 판단할 수 있다. 청색이면 간에 이상이 있고, 황색이면 비장에 이상이 있으며, 백색이면 폐에 이상이 있고, 흑색이면 신장에 이상이 있고, 눈 주위에 붉은색이 나타나면 심장에 이상이 있다. 위 눈꺼풀과 하지, 발등을 손가락으로 10초 정도 누르면 움푹 들어가는데, 손을 떼도 정상으로 돌아오지 않고 그 상태가 지속되면 부종이다. 눈두덩이가 부어 있으면 심장과 신장 기능이 좋지 않은 것이고, 눈꺼풀이 하수(下垂)되어 눈을 뜨고 감는 것이 불편하거나 눈물을 조금씩 흘리는 증상이 나타나면 신경계에 이상이 있는 것이다. 눈썹에서 아래 눈꺼풀 밑까지 마치 안경을 쓴 것처럼 둥글게 푸른빛이나 검은빛이 돌아도 좋지 않다. 이것은 심기허약(心氣虛弱)의 징조다. 그 외에도 다음과 같은 증상들을 짐작해 볼 수 있다.

- 눈썹 위가 붉은색이면 형제의 관재(官災) 또는 병에 대한 근심이 있다.
- 눈썹 위가 검은색이면 형제가 질병에 걸리거나 재산 손실이 있다.
- 눈썹 주위의 살이 검으면 신경통이 생긴다.
- 전택궁이 붉은색이면 상속으로 인한 분쟁이 있으며, 흑색이면 재산 손실이 생긴다. 반대로 전택궁이 황미색이면 주택과 전답에 대해 좋은 일이 생기며, 신장 기능이 좋다. 흑암색이면 주택 문제나 신장병으로 고생한다.
- 눈썹머리[眉頭]에 좁쌀처럼 붉은색이 나타나면 화재를 당한다.
- 눈초리[魚尾]에 백색이 나타나면 배우자가 사망하고, 청색이 나타나면 배우자에게 근심이 생기며, 흑색을 띠면 배우자에게 질병이 생기고, 백색을 띠면 배우자가 간통한다.
- 눈썹이나 전택궁에 붉은 점이 생길 때는 심장병이 있다는 징조다.
- 눈썹 부근의 피부가 전체적으로 검은빛을 띠면 신경통이 생길 징조다.

### ❸ 눈 아래

여성의 경우 눈 아래에 엷은 검은 빛이 돌면 자궁 발육이 좋지 못한 것이다. 이런 증상이 있으면 불임증이나 냉증으로 고생할 수 있다. 눈 아래 살집이 노인처럼 축 늘어져 수대형을 이루고 있는 것도 불임증의 상이다. 눈 아래 점(點)이 왼쪽에 있으면 아들을 잃을 수 있으며, 오른쪽에 있으면 딸을 잃을 수 있다. 남녀 모두 눈 아래 와잠이 볼록하고 금이 산만하지 않고 깨끗하고 상처나 검은 점 등이 없이 보라색이 돌면서 윤기가 나면 자식을 많이 둘 다산형이며 자식운도 매우 좋다. 남성의 경우 왼쪽 눈 아래의 와잠이 부풀어 있으면 남자 아이를 볼 징조이며, 여성의 경우에는 오른쪽 눈 밑이 남자 아이를 의미한다.

　자식궁인 눈 아래 와잠이 검은 빛을 띠는 것은 몸이 차갑고 자궁에 문제가 생겼기 때문이다. 그대로 방치해 두면 평생 불임이 될 수 있으니 주의해야 한다. 입가에 검은색이 돌거나 기미 등이 껴서 찰색이 좋지 않은 사람, 눈 주위가 항상 검푸른 사람, 뺨이나 얼굴 전체가 빨간 도화색을 띠는 사람도 몸이 습하고 자궁이 냉해서 임신을 못할 수가 있다. 이런 증상이 나타나는 사람은 허리부터 자궁이 냉습하여 머리 부분까지 피가 거꾸로 올라가 있기 때문에 손발이 차가운 것이다.

　자궁에 암이 생기거나 냉적이 있어도 자녀궁에 청흑색이 나타난다. 성병이 있는 자는 와잠이 검다. 와잠에 바늘 같은 긴 금이 있거나 정자문(井字紋)이 있거나 부육(浮肉)이 있으면 자식이 죽는다. 임신 중에 와잠이 푸른색을 띠면 난산할 상이다. 그리고 인공 유산을 할 경우 자녀궁에 매우 검푸른 색이 돈다. 임신부의 경우 와잠이 오른쪽에 황미색이 선명하면 아들을 낳고, 왼쪽이 선명하면 딸을 낳는다.

---

### 필자 경험 비결

- 좋은 눈썹이라고 하는 것은 피부가 조금 보이는 정도의 진함으로, 눈썹이 가지런히 잘 갖추어져 있다. 이것을 적용해 보면 좋은 눈썹을 가진 사람이 적다.
- 눈썹이 누워 있거나 서 있다. 온화한 기분일 때는 눈썹이 누워 있다.
- 눈썹 주위의 피부가 희게 빛나면 기분이 쾌적하다는 것이다.
- 눈썹 주위의 피부가 더럽다는 느낌이 들면 불쾌하다는 것이다.
- 눈썹이 많은 사람은 정이 많아서 친구를 소중하게 생각한다.
- 눈썹이 적은 사람은 눈앞에서 벌어진 일을 중시한다. 눈앞에 없는 사람의 일은 쉽게 잊는다.

- 미간 부분을 통해 타인과의 교제 능력을 살핀다. 인간관계로 흥분하면 붉어진다.
- 눈썹 꼬리 부분을 통해 금운을 살핀다. 눈썹 주위의 피부가 희면서 윤기가 나야 좋다.
- 눈썹 꼬리는 재운을 살피는 곳으로, 이곳이 패여 있으면 저축을 할 수 없다. 그러나 예상치 못한 일로 재물이 생기면 들어갔던 부분이 솟아오른다.
- 눈썹을 팔에 비유하기도 한다. 약간 진한 듯 깨끗한 눈썹이 조금 굽어 있으면 손기술이 좋다.
- 사랑을 하면 예뻐질 뿐만 아니라 눈썹에도 윤기가 생긴다. 그러나 눈썹에 윤기가 지나쳐 조금 느끼하다는 느낌이 들면 사랑 때문에 본분을 망각하여 맡은 일과 책임을 다하지 못하는 상태가 된다.

#  눈과 운명

## 1 눈의 의미와 기본 형태

눈을 가리켜 마음의 창(窓)이라 한다. 눈을 통해 정신의 청탁을 볼 수 있다는 의미다. 해와 달의 힘을 빌려 거울처럼 천지 만물을 비추듯 사람도 눈을 빌려 세상의 만물을 비춘다. 그렇기 때문에 눈보다 중요한 기관은 없고, 눈은 속일 수 없는 진실을 비춘다. 눈은 생물학적으로 빛을 통해서 상(像) 또는 상(相)을 감지하고, 시신경을 관 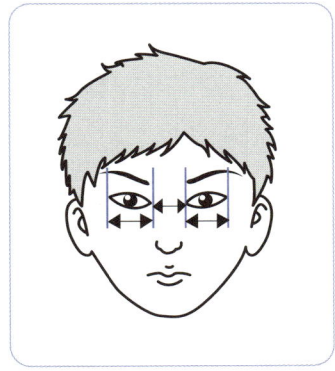 장하는 후두엽에 연결되어 있다. 이 때문에 눈을 감찰관이라고 하는 것이다.

눈을 보는 일로 그 사람의 정신과 자질을 읽을 수 있고, 두 눈 아래의 누당(淚當)과 아래 눈꺼풀을 통해서 자손운을 파악할 수 있다. 깊은 것처럼 길고 검은자위와 흰자위가 분명하고 또렷해 정숙하고 눈빛은 쏘는 듯이 강한 것이 길상이다.

| 큰 눈 |  | 눈이 큰 사람은 적극적인 행동파로, 열정적이다. 인기가 있으며 화술이 좋다. 그러나 모든 일에 빨리 싫증을 내는 것이 단점이다. |

| 작은 눈 |  | 눈이 작은 사람은 내성적이고 감정 표현에 능숙하지 못하지만 마음이 강하고 근성도 있다. 뒷일을 맡기면 늘 안심이다. |

| 둥근 눈 | 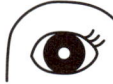 | 둥근 눈을 가진 사람은 감수성이 예민하고 분위기에 약하다. 연예인 기질이 있다. |
|---|---|---|
| 가는 눈 |  | 가는 눈을 가진 사람은 신중파이며 의지할 수 있는 인물이다. 전문 지식을 천천히 흡수하는 것은 장점인 반면 사물과 세상을 보는 시야가 좁은 것은 단점이다. 마니아가 많다. |
| 위로 올라간 눈 |  | 위로 올라간 눈을 가진 사람은 천성이 격렬해서 지기 싫어하는 경향이 있다. 주변 사람을 돌보기 좋아하고 일 처리 능력이 좋다. |
| 아래로 처진 눈 |  | 아래로 처진 눈을 가진 사람은 상냥하고 배려심이 있다. 친절하고, 모든 일에 신중하다. |

 이처럼 눈은 하늘의 해와 달과 같다. 장부로는 간에 속하는데, 간에 핏기가 있으면 눈이 잘 보이고, 간에 열이 있어 피가 마르면 눈이 어두워진다.

 눈이 가늘고 길며 흑백이 분명하고 광채가 사람을 쏘는 듯하면 크게 성공할 상이다. 이와 반대로 둥글고 탁하여 분명치 못하면 요사할 상이다. 대운은 35~44세까지 10년을 지배하고, 소운은 35~40세까지 6년을 지배한다. 맑고 광채가 있으면 좋고, 탁하고 몽롱하면 실패가 많다. 눈은 마음의 창이므로 마음의 선악을 안다. 게다가 눈은 살림의 보배이기 때문에 눈만으로도 성패를 판단할 수 있다.

 눈은 얼굴 전체의 50%의 운을 지배한다. 그러므로 얼굴이 아무리 잘생겼어도 눈이 좋지 못하면 50점밖에 되지 못하기 때문에 큰 성공을 기대하긴 어렵다. 반대로 얼굴은 비록 못생겼어도 눈이 훌륭하면 성공할 수 있다.

 한 임상학자는 "눈은 급성 만성병을 막론하고 모든 질병을 가장 잘 나타내는 부위다."라고 했다. 특히 정신병의 경우에는 눈을 봐서 판단할 수 있다.

눈은 운명을 말하는 동시에 성격을 가장 잘 나타내는 부위다. 필자의 경험에 비추어 보더라도 귀부인과 매춘부는 얼굴만으로는 판단하기 어려우나 눈으로는 판단이 가능하다. 귀부인의 눈은 위의가 있어 감히 범할 수 없는 반면 매춘부의 눈은 위의가 없고 부끄러워 보인다.

여성은 눈이 곱고 아름다워야 자녀를 많이 둔다. 여성의 눈이 곱지 못하면 남편궁도 좋지 않고 자녀운도 좋지 않다. 눈이 붉거나 둥근 것도 매우 좋지 않다.

## 눈의 구조

- 동(瞳) : 동공 부분(생명의 지속과 혼이 나타난다)
- 정(睛) : 눈동자 바깥쪽의 검은자위 부분(정신적인 부분이 나타난다)
- 백(白) : 흰자위(육체적인 부분이 나타난다)
- 어미(魚尾) : 눈초리 부분(이성 관계가 나타난다)
- 용궁(龍宮) : 눈시울[目頭](애정 부분이 나타난다)

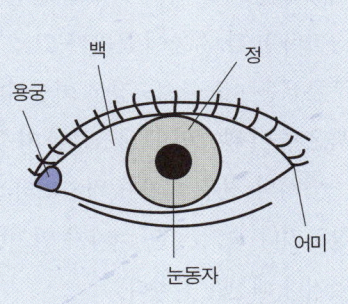

눈시울에서부터 위 눈꺼풀 → 눈초리 → 아래 눈꺼풀로 연대마다의 운명을 본다. 남성은 왼쪽, 여성은 오른쪽 눈을 기준으로 한다. 흰자위와 눈동자의 윤기, 색깔, 빛 등으로 판단하지만 판단에는 숙련을 필요로 한다.

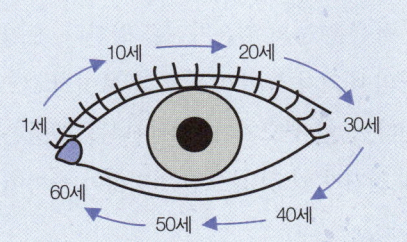

> **[눈의 구조와 질병(五輪)]**
> 눈은 인체의 5관 가운데 하나로 장부와 불가분의 관계를 가지고 있다. 눈은 오장육부와의 관계에서 각 부분마다 그 소속이 각각 다르다. 오륜(五輪)과 팔곽(八廓)이 그것이다. 그중 오륜설은 임상에서 오랫동안 응용되어 왔다.

### ❶ 기륜(氣輪)

기륜은 눈의 흰자위를 말한다. 오장 중에서 기륜은 폐에 속하는데, 정상적인 상태에서는 깨끗하고 희며 윤택이 있으나 일단 병이 생기면 피가 들어 붉어지고 안개를 사이에 두고 물건을 보는 것처럼 뿌옇다. 흰자위에 노란색이 나타나면 간 기능에 문제가 있는 것으로 황달을 의심해 봐야 한다. 흰자위가 푸른색을 띠는 것은 정신 이상이나 뜻밖의 죽음을 의미한다. 또한 흰자위에 붉은 줄이 많으면 관재구설이 자주 생긴다.

남성의 경우 흰자가 탁하거나 노란색을 띠면 술을 매우 즐기거나 도박을 잘하거나 숨겨 놓은 여자가 있거나 성 관계 능력이 떨어지거나 간장 질환이 있거나 배신을 잘한다.

### ❷ 풍륜(風輪)

풍륜은 눈의 검은자위를 말한다. 오장 중에서 간에 속한다. 병이 발생하면 눈의 내외자 끝이 아프고 잘 보이지 않으며, 밤이 되면 약해지고 낮이면 중해진다. 눈앞에 모기가 날아다니는 것 같은 느낌이 들기도 한다. 눈의 검은 동자에 연기가 낀 것 같으면 머지않아 중병이 있을 상이다.

### ❸ 육륜(肉輪)

육륜은 아래위 눈두덩을 말한다. 오장과의 관계에서 상안검은 비장에 속하고, 하안검은 위장에 속한다. 안검은 눈의 개합을 관리하는 일 외에 눈썹과 눈을 보호하는 역할을 한다. 병이 발생하면 눈두덩이가 붉게 붓고 눈물이 많이 흐르며 첩모란생(睫毛亂生 : 속눈썹이 각막을 자극하여 각막 궤양, 시력 장애 등이 나타나는 것)이 생긴다.

### ❹ 혈륜(血輪)

혈륜은 눈의 구석을 말한다. 오장과의 관계에서 심장에 속한다. 두 눈 위에는 눈물을 분비하는 조직이 있고 아래쪽에는 눈물을 배설하는 관이 하나씩 있다. 병이 생기면 눈물이 흐르고 눈구석에서 붉은 살이 자라나 눈동자를 가려 눈을 뜨기가 어려워진다. 눈의 양 바깥쪽 끝과 거기에 나 있는 가는 실핏줄은 심장에 이상이 있음을 의미한다.

### ❺ 수륜(水輪)

수륜은 눈동자를 말한다. 오장과의 관계에서 신장(腎)에 속한다. 검은자위 주변에 흰 고리가 나타나면 동맥경화에 걸릴 가능성이 높다.

## 2 눈의 형태와 운명

### 용안(龍眼)

용의 눈과 같은 용안은 고귀한 존재가 되는 상이자 고위 관직에 오르는 상이다. 검은자위와 흰자위가 분명하면 정신적으로 강하고, 눈초리가 길게 째지므로 눈 안에 기(氣)와 신(神)이 머문다. 이런 눈을 가진 사람은 부귀하고, 많은 녹봉을 받는 지위에 올라 군왕을 시중드는 훌륭한 신하가 되기도 한다.

### 우안(牛眼)

소의 눈을 닮은 눈으로, 대부호가 되는 상이다. 눈이 크고 눈동자는 둥글고 눈초리는 뚜렷하고 밝다. 이런 눈을 가진 사람은 재산이 흥하여 많은 재물을 손에 넣을 수 있으며, 수명이 길고 일생을 평온 무사하게 보낸다.

### 후안(猴眼)

원숭이의 눈을 닮은 후안(猴眼). 이런 눈을 가진 사람은 부귀는 누리나 일생 동안 걱정이 많다. 검은 자위가 위쪽으로 가깝게 붙어 있고, 눈꺼풀은 이중 또는 삼중으로 되어 있어 눈동자가 매우 빨리 움직여야 좋다. 재산이 부족하지 않은 상이라 할 수 있다. 먹는 것을 매우 좋아하는데, 음식 중에서도 과일을 특히 좋아한다. 앉을 때 고개를 숙인다.

### 귀안(龜眼)

거북이의 눈은 눈동자가 둥글고 수려한 기운을 숨기고 있어 위 눈꺼풀이 섬세하게 이루어진 여러 개의 선이 있다. 이런 눈을 가진 사람들의 상당수가 장수를 하고 일생 복록을 누린다. 또한 건강하고 복이 끊어지지 않고 부귀영화가 계속되어 자손에게까지 영향을 미친다.

## 원앙안(鴛鴦眼)

원앙새의 눈을 가진 사람의 상당수는 복을 누리는 반면 음탕하고 난잡한 면이 있다. 눈은 수려하지만 눈동자가 붉은 물기를 띤다. 눈이 둥글고, 눈동자가 약간 날아오르는 듯하고 도화색을 띤다. 부부 사이에도 정이 있다. 그러나 천하의 부귀를 얻으면 주색에 빠져 생활이 거칠어질까 염려되는 상이다.

## 상안(象眼)

상안은 부귀를 누림과 동시에 복록과 수명을 누리는 좋은 상이다. 눈의 위아래에 물결치는 주름이 있고, 눈초리가 길게 째져 눈이 가늘고, 수려한 기가 많으며 선량한 인물이다. 그러므로 호기를 놓치지 않고 일을 성사시키면 부귀와 장수를 누리며 즐거운 일생을 보낼 수 있다.

## 사자안(獅子眼)

사자 눈을 닮은 눈을 가진 사람은 대부분 부귀를 누린다. 눈이 크고 엄숙해서 약간 무섭게 느껴지기도 하지만 단정하고 장엄한 눈이다. 이런 눈을 가진 사람은 모든 일에 호쾌하다. 비도덕적인 것을 싫어하고 자신의 행동을 엄격하게 조절한다. 탐욕스럽거나 잔혹하지 않고, 상대에게 정을 베풀어 부귀영화와 장수를 누린다.

## 음양안(陰陽眼)

한쪽은 크고 한쪽은 작은 눈을 음양안이라 한다. 이 눈은 복을 누리면서도 타인에게 거짓말을 하거나 사람을 속이는 상이다. 눈빛이 날카롭고 곁눈질로 사물을 보며, 본심은 어떨지 모르지만 입으로는 바른 말을 한다. 하지만 성실하지 못하고 간악하며 꾀를 잘 부린다. 권모술수에 뛰어나 곤란한 상황에 처해도 능숙하게 빠져나가 부귀를 누릴 수 있지만 끝까지 유지하기는 힘들다.

## 사안(巳眼)

눈이 뱀처럼 생긴 사람은 난폭하고 독살스러워서 윤리 의식이 부족한 것으로 생각된다. 작고 둥글며 튀어나올 것 같은 붉은 눈동자를 가지고 있으며, 백안 위로 붉은 줄기가 있다. 교활하고 거짓말을 잘한다. 심상을 바르게 하지 않으면 큰 재앙을 가져올 수 있는, 염려되는 눈이다.

## 마안(馬眼)

마안이란 눈꺼풀이 삼각형을 이루고 있어 눈동자가 튀어나와 슬프지 않아도 눈 아래에 항상 눈물이 모여 있는 것처럼 보이는 눈이다. 이런 눈을 가진 사람은 아내와 아이를 잃고 고독하게 사는 경우가 많다.

## 도화안(桃花眼)

요염한 미소를 지닌 상이다. 눈에 눈물이 모여 있는 것처럼 촉촉하게 젖어 있다. 눈동자에 무게가 없어 보이며 곁눈질을 하거나 한눈을 잘 판다. 이런 눈을 가진 사람은 환락에 빠지기 쉽다. 과거에는 '도화살'이라고 해서 기피했다. 음욕(성욕)으로 재앙을 초래한다고 여겨지며, 특히 여성에게 좋지 않은 눈이다. 그러나 지금은 이런 눈을 가지고 있으면 스타성이 있거나 재능이 풍부해 대중에게 인기를 끈다 하여 좋은 의미로 해석되기도 한다.

## 삼백안(三白眼:上白眼/下白眼)

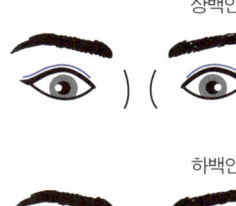

상백안

하백안

검은자위가 백안을 완전하게 가리지 못하고 세 방면에 백안이 나타난 눈을 말한다. 상백안은 아래를 보고 있듯 상부에 백안이 나타나는 눈이고, 하백안은 위를 보고 있듯 하부에 백안이 나타나는 눈이다. 상백안인 사람은 기가 작고 음탕하며, 사람을 업신여기거나 반항적인 기질이 있고, 하백안인 사람은 눈이 위를 향하고 있어 차가운 느낌을 주고 야망이 있는 것처럼 보인다. 파괴적이고 타산적인 면이 있어 집념이 강하다.

## 사백안(四白眼)

검은자위의 주위가 모두 백안인 눈을 말한다. 섬뜩한 인상을 주는 눈으로, 본능적·감정적으로 움직이는 경우가 많아 비윤리적인 일을 하기 쉬우므로 조심해야 한다. 심상을 바르게 하여 악운을 극복해야 한다.

## 3 눈과 운명의 길흉

- 왼쪽 눈은 태양이므로 아버지를 형상하고, 오른쪽 눈은 태음이니 어머니를 형상한다.
- 눈이 불량한 사람은 마음도 불량하고, 눈이 순한 사람은 마음도 순하다.
- 눈이 툭 비어진 사람은 성질이 매우 급하고, 곁눈질하는 사람은 도둑질을 한다.
- 삼각형 눈을 가진 사람은 성질이 매우 급하다.
- 똑바로[正視] 보는 사람은 정직하다.
- 눈이 누런 사람은 성질은 급하나 정직하고, 눈이 활처럼 생긴 사람은 간사한 영웅 기질이 있다.
- 눈에 물을 머금은 듯한 사람은 남녀 간에 음란하고, 눈에 흰 창이 사방으로 보이는 여성은 다른 남자와 간통할 상이다.
- 남성의 경우 오른쪽 눈이 크고 왼쪽 눈이 작으면 처를 두려워한다.
- 여성의 경우 왼쪽 눈이 크고 오른쪽 눈이 작으면 남편을 두려워한다.
- 좌우의 눈이 크고 작은 것을 음양안(陰陽眼)이라 하여 간사하기는 하나 재산은 있다.
- 눈이 길고 깊고 빛과 윤기가 도는 사람은 대귀하고, 눈빛이 흑칠 같은 사람은 문장이 훌륭하다.
- 눈이 새벽별처럼 반짝반짝 빛나는 사람은 부귀할 상이다.

## 4 눈과 건강

### ❶ 눈 주위와 건강

- 전택(田宅)

[그림1] 눈과 눈썹 사이를 전택이라 하는데, 전택궁이 넓은 사람은 마음도

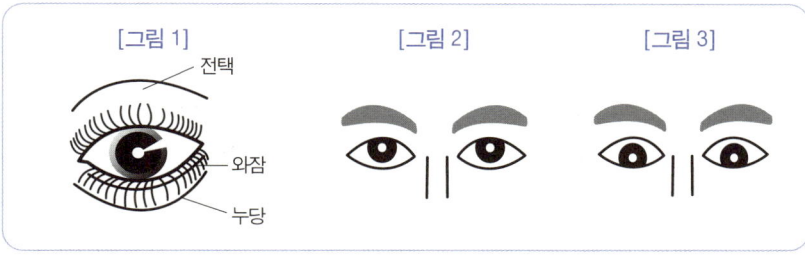

넓어 포용력이 있다. 성적으로 흥분하면 전택궁에 연분홍색이 돈다. 붉은 여드름(종기)을 종종 볼 수 있다. 유방암에 걸리면 전택에 직경 3mm 이하의 여드름 같은 적색 어드름이 생긴다. 고지혈증의 경우 눈시울 위에 흰색 또는 황색이 돌며, 사마귀 같은 것(눈꺼풀 황색종)이 생긴다.

• 하삼백안(下三白眼)

[그림2] 심장 기능을 촉진하는 교감 신경 긴장형(緊張型)의 사람이 많은 듯하다. 기품이 높고, 자신을 소중히 하며 오기가 있는 사람에게 많은 눈이다.

• 상삼백안(上三白眼)

[그림3] 심장 기능을 억제하는 부교감 신경 긴장형의 사람이 많은 듯하다. 감정을 별로 드러내지 않는 쿨한 사람이 많다. 표면에 나서지 않는 책사나 책략가에게 많다.

• 눈 바로 아래에 있는 와잠(臥蚕)과 누당(淚堂)

눈 바로 아래를 와잠이라고 한다. 임신하면 와잠 안쪽이 신선하게 부푸는 것을 많이 볼 수 있다. 본인이 임신했다는 것을 아직 모르고 있을 때 이 징조가 먼저 나타나기도 한다.

하검(下瞼)을 누당이라고 부르는데, 그 부푼 상태로 체액의 상태를 본다. 누당이 이상(異狀)적으로 부풀어 있는 사람은 신장병 위험이 있다.

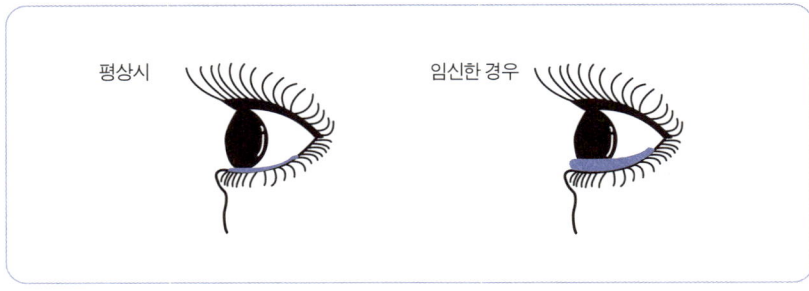

### ❷ 눈의 형태와 질병

《영추·사기장부병형》에서는 "12경맥, 365락의 혈기는 모두 얼굴로 향하고 7규를 달린다. 그 정밀한 양기는 눈으로 올라가 사물을 보는 밝음이 된다."고 했다. 또《영추·구문》에서는 "눈은 수많은 맥이 모이는 곳이다."라고 하여 눈과 장부의 밀접한 관계를 설명했다. 그래서《영추·오륭진액별》에서는 "오장육부는 그 징후가 눈에 나타난다."고 하였다.

• 눈이 큰 사람

눈이 큰 사람은 대체로 간담이 허한 경향이 있다. 간담이 허하면 겁이 많아 무서움을 잘 탄다. 간담이 허하기 때문에 눈이 큰 사람은 목에 가래가 많고, 편도가 자주 붓는다. 또한 손톱이 얇으면서 잘 부러지기도 하는데, 이것은 손톱이 간담의 영화를 반영하는 데서 연유한다. 또 눈이 큰 사람은 두통 증상도 많이 나타난다.

• 눈초리가 위로 올라간 사람

눈초리가 올라가 있는 데다 코까지 들려 있는 사람을 한의학에서는 태양형이라 부른다. 이러한 사람들은 성격이 예민하기 때문에 신경성 질환이 잦다. 기(氣)가 제대로 운행하지 못하고 울체되어 가슴이 답답하거나 뒷목이 뻣뻣하면서 목에 무언가가 걸린 듯 불편할 때도 있다. 또 관절이 약해서 무릎이나 어깨, 허리가 늘 시원찮고 손발이 자주 저리며 항상 피곤해한다. 발열 오한이나 코 막힘, 두통도 잦다.

• 눈초리가 아래로 처진 사람

눈초리가 아래로 처진 사람을 가리켜 한의학에서는 태음형이라고 한다. 이런 사람들은 '태음복통'이라고 하여 명치끝이 자주 아프고 대변을 잘 참지 못한다. 그리고 뱃속에 무언가가 가득 찬 것처럼 헛배가 불러올 때도 많고, 배가 자주 아프면서 토하거나 심한 설사를 하기도 한다.

• 눈이 안쪽으로 들어간 사람

이런 사람들을 가리켜 '궐음형'이라고 한다. 대체로 젖꼭지가 큰 편이며 간혹 왼쪽 젖꼭지가 들어가 있기도 하다. 추위를 유난히 많이 타서 조금만 추워도 쉽게 몸이 상하며, 몸이 냉하기 때문에 여성의 경우 불임이나 자연 유산 등으로 고생하기 쉽다. 혀가 말리는 듯한 증상이 나타나며, 아랫배가 마치 조이는 듯 아프기도 하다. 만성 장염이나 두통, 요통 등의 증상도 잘 나타난다. 눈이 쑥 들어가 있다는 것은 비위가 좋지 않다는 뜻으로, 위장병으로 고생할 상이다.

• 눈알이 돌출된 사람

눈알이 돌출되는 것은 후두부 타박상이나 갑상성 기능 항진증이 있을 때다.

• 눈동자가 기울어진 사람

둥근 눈에 오른쪽은 동자가 바깥쪽으로, 왼쪽은 동자가 안쪽으로 기울어진 것은 좌우 반대 동안(動眼) 신경 마비다. 둥근 눈으로 좌우 동자가 모두 안쪽으로만 기울어진 것은 경추염으로, 어릴 때 경풍·뇌진탕·뇌막염 등을 앓은 경력이 있다.

• 눈꺼풀이 떨리는 사람

눈꺼풀이 자주 떨리는 것은 비장과 위장의 기능이 나쁘기 때문이다. 단것을 섭취하는 것이 좋다.

• 눈썹이 가늘고 눈이 큰 사람

눈썹이 가늘고 눈이 큰 사람은 대개 호색하여 왕성한 정력을 소비하므로 신허가 되기 쉽다.

• 눈을 위로 치켜뜨는 대안(戴眼)

눈을 위로 치켜뜨는 대안은 경풍이나 뇌척수막염·전간(癲癎) 등 뇌신경 장애를 원인으로 하는 경련 발작 때 일어난다.

## 눈은 마음과 뇌의 창

눈은 본심을 나타낸다. 눈은 뇌의 창이다. 뭐라 해도 얼굴 운세의 포인트는 눈이다. 눈빛의 날카로움, 부드러움, 시원함 등은 모두 눈의 표정으로 본다. 남녀 관계 또한 눈으로 살핀다.

좋은 눈이란 잘 보이는 눈을 말한다. 안경 등으로 보충하는 것도 좋다. 검은자위의 크기는 직경이 약 12mm 정도다. 그러나 검은자위의 크기는 사람에 따라 달라 보인다. 좌우 크기가 다른 눈을 자웅눈(雌雄眼)이라고 하는데, 누구든 다소의 차이는 있지만 차이가 눈에 띄는 경우를 말한다. 여성의 경우 오른쪽 눈이 크고 왼쪽 눈이 작으면 수완가 기질이 있어 적극적이고 남편에게 명령을 내리는 경향이 있다. 또한 왼쪽 눈이 크고 오른쪽 눈이 작은 여성은 이성의 유혹에 잘 넘어간다. 남성과 여성은 좌우를 반대로 본다.

[하삼백안]

눈 속에 흰 부분이 세 곳이 있다 하여 삼백안이라 하는데, 하삼백안은 성격이 포악해지거나 집착이 강해질 때 나타나기도 한다. 승부를 다투는 경기에서 선수들의 눈은 대부분 삼백안이 된다.

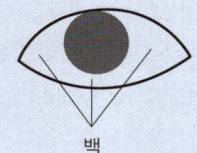
백

[갈색 눈]
검은자위 부분이 갈색이다. 피부가 흰 사람은 눈에도 멜라닌 색소가 부족하기 때문에 갈색을 띠게 된다.

[뿌옇게 된 눈]
사랑에 빠진 사람의 눈이다.

[본처의 눈 · 애인의 눈]
왼쪽 눈은 본처의 눈으로, 눈시울이 바짝 붙어 있다. 오른쪽 눈은 애인의 눈으로, 눈시울이 떨어져 있다. 눈시울을 통해 성적 능력을 판단한다.

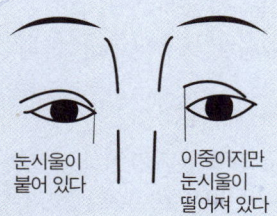
눈시울이 붙어 있다 / 이중이지만 눈시울이 떨어져 있다

[눈시울이 둥근 사람]
눈시울이 둥근 것에 대해 옛 문헌에서는 여성의 이상적인 눈의 모습이라고 기록해 놓았다. 부모나 남편에게 반항하지 않는다는 것이다. 그러나 시대가 바뀌어서 지금은 눈시울이 둥글면 오히려 불행한 것으로 여겨지기도 한다. 늘 솔직해서 부탁을 받으면 거절하지 못하고 보증이라도 서 주는 성격이다.

[안와]
눈 주위의 뼈가 없는 부분을 안와라고 한다. 이곳을 인상에서는 전택, 눈, 남녀궁 등으로 구분한다. 눈을 중심으로 모든 것을 보는 것이 정확하다. 이 경우 기력은 눈의 빛으로 살피고, 체력은 눈 주위의 상태로 살핀다.

[위 눈꺼풀]
눈과 눈썹 사이를 인상으로 전택이라거나 가계궁이라 하고, 이곳을 통해 재산을 보기도 한다. 이혼으로 인한 재산 분할 요구에서 승소하거나 유산을 상속받을 때는 기

색선이 전택을 통과하는 것을 볼 수 있다(반대로 기색선이 이곳을 지나지 않으면 재산을 얻지 못한다). 재산과는 별개로, 위 눈꺼풀을 통해 남성의 성욕을 알 수 있기도 하다. 성행위에 열중하고 있으면 이 위 눈꺼풀 전체가 적황색을 띠게 된다. 이는 남성에게만 나타난다.

[아래가 부풀어 있는 눈]
눈 아래가 부풀어 올라 있으면 여성은 많은 사랑을 받는다. 선천적으로 꺼져 있는 사람은 다른 매력을 찾는 것이 좋다. 누당은 임신하면 더 부푼다.

[눈동자(동공)]
눈동자는 생명이다. 머리가 매우 명석하면 눈도 빛난다.

[눈 속의 의미]
검은자위는 자기 자신, 눈시울 쪽의 백안은 가족, 눈초리 쪽의 백안은 세상을 나타낸다. 백안으로는 육체를, 검은자위로는 정신 상태를 보기도 한다. 검은자위의 윤곽이 뚜렷해야 좋다.

[백안 부분의 충혈]
붉은색은 트러블을 의미한다. 오른쪽 눈의 눈초리 쪽이 희면서 붉은 경우에는 누군가와 트러블이 발생한다는 것을 의미한다. 붉은색을 띠는 부위가 눈초리 쪽이냐 검은자 쪽이냐에 따라 트러

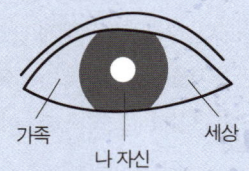

블의 내용도 바뀐다. 눈초리 쪽이면 상대에 의해 트러블이 생기고, 검은자위 쪽이면 자신으로 인해 트러블이 생긴다. 여성의 경우 오른쪽 눈시울이 새빨갛게 되면 남편이 인사 사고를 당할 수 있다.

[눈 아래에 검푸른 색이 돈다]
눈 아랫부분이 피부가 얇아진 느낌으로 푸른 혈관이 보이는 것을 말한다. 눈 아랫부분은 호르몬 탱크라 불리기도 하는데, 이런 증상이 나타난다는 것은 하반신에 냉기가 돈다는 뜻이다.

# 코와 운명

## 1 코의 의미와 기본 형태

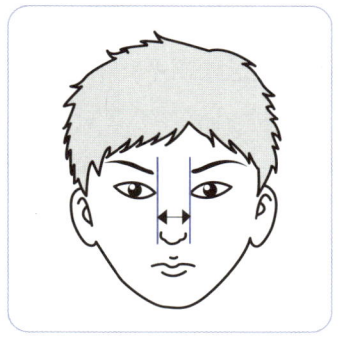

얼굴에는 5개의 산악이 있는데, 그 중앙에 위치하는 것이 코다. 코는 오행 가운데 흙에 속하는 토성이라고 하여 얼굴 정중앙에 위치하여 중년운을 나타낸다. 후각을 담당하는 감각 기관이기도 하며, 분별하는 기관이라는 뜻에서 심변관(審辯官)이라고도 한다.

코는 폐와 연결되어 있는데, 그래서 폐에 열(熱)이 있으면 코가 막히고, 폐가 맑으면 호흡도 원활하고 냄새도 잘 맡을 수 있다. 코에서도 비장·위장과 연결되는 것이 콧대(연상, 수상)로, 장기의 이상 유무를 판단할 수 있다 하여 질액궁이라고도 한다. 몸이 건강하면 산근과 연수도 깨끗하고, 몸에 병이 있으면 산근과 연수도 어두워진다. 특히 위장병이 있는 사람은 항상 산근과 연수가 어둡다. 예부터 "귀 잘생긴 거지는 있어도, 코 잘생긴 거지는 없다."고 하여 재운의 좋고 나쁨을 살폈다.

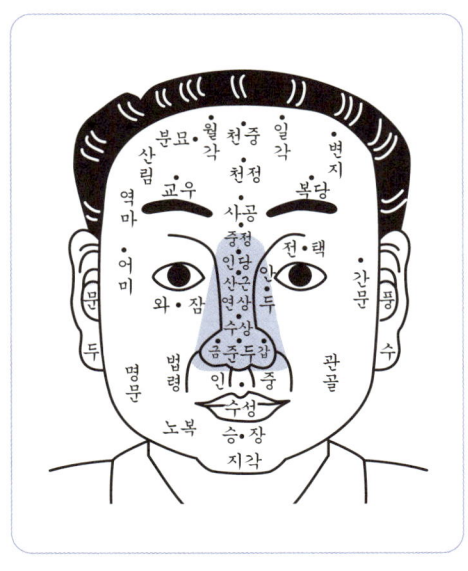

얼굴 생김새의 아름다움이라는 관점에서 보아도 코는 얼굴 중심에 위치한 가장 눈에 띄는 기관으로, 매우 중요하다. 좋은 코는 담낭이 붙어

있는 것처럼 커서 준두(코끝)가 둥글고 비강이 모두 보이지 않는 것이다. 또한 얼굴의 상하 좌우보다 약간 높아야 하고 산근이 함(陷)하지 않고 연상·수상·준두가 풍후하고 난대·정위가 준두를 잘 감싸 주어야 하며, 콧구멍은 커도 드러나지 않아야 한다. 이와 반대로 코가 굽었거나 낮고, 구멍이 훤히 보이면 좋지 않다.

대운은 45~54세까지 10년간을 지배하고, 소운은 41~50세까지 10년간을 지배한다. 풍후하고 윤택하면 40세 이후에 운이 크게 열리고, 엷고 불거진 자는 40세 이후에 재산을 실패하고 만년에 고생한다.

| | | |
|---|---|---|
| 큰 코 | | 정력적으로 활발하게 움직이고, 교제 범위가 넓은 사교가. 자기 주장이 지나치게 강한 것이 단점이다. 그러나 기회를 반드시 잡는다. |
| 작은 코 | | 머리가 좋아서 미적 감각이 높다. 충동 구매를 하기 쉬운 성격이므로 저축하는 습관을 들일것. |
| 높은 코 | | 자신감이 넘친다. 가끔 싸움을 하여 상처를 입기도 하지만 향상심(向上心)이 있다. |
| 낮은 코 | | 주변 사람들에게 인기가 많지만 성격이 가볍다. 좀 더 경쟁심을 가져야 실력이 향상된다. 활발하게 행동할 것을 추천한다. |
| 콧등이 휘어진 코 | | 콧날과 등뼈는 일치한다. 그래서 콧등이 휘어져 있으면 척추가 휘어질 가능성이 있다. 몸이 약하거나 개성이 지나치게 강해서 주변 사람들과 친해질 수 없는 것이 단점이다. |
| 콧구멍이 큰 사람 | | 모두를 끌어들이는 리더의 기질이 있으며, 의욕이 넘치고 매사에 긍정적이다. 끈기 부족과 낭비벽이 단점이다. |

## 2 코의 형태와 운명

### 호비(虎鼻)

호비란 코끝이 둥글고 크고, 콧구멍은 보이지 않고, 난대와 정위(양 콧망울)가 없는 형태를 말한다. 콧날이 구부러지거나 비뚤어지지 않고 곧게 뻗어 있으며, 산근(두 눈 사이)이 넓은 코는 매우 보기 드물다. 재운이 강하다.

### 사자비(獅子鼻)

사자비는 준두(코끝)가 부풀어 올라 있어 큰 대신 산근과 연상, 수상(콧대)이 낮고 평탄하다. 난대와 정위는 적당히 부풀어 올라 있다. 옷차림까지 사자의 형태를 닮았다면 부귀영화를 누릴 것이요, 그렇지 않다면 재운의 부침이 격렬하다.

### 현담비(縣膽鼻)

코의 형태가 담낭과 같으며, 현담비라 한다. 준두가 쑥 솟아 있고 산근이 끊어진 것이 없다. 이런 코를 가진 사람은 부귀영화를 누린다. 난대와 정위가 확실하지 않고 작은 사람은 중년에 이르러 부귀의 운이 나타난다.

### 복서비(伏犀鼻)

물소가 엎드려 있는 형태를 하고 있다는 데서 복서비라 한다. 콧대가 산근에서 인당(양 눈썹 사이)을 거쳐 액골까지 일직선으로 되어 있으며, 곧게 쭉 뻗어 있는 형태로 살이 적당히 붙어 있으면 좋다. 총명하고 사회적 지위도 높아진다. 동양인에게서는 많이 볼 수 없는 형태다.

### 응취비(鷹嘴鼻)

콧대가 솟아올라 준두가 날카로워져 매의 부리와 같은 형태를 하고 있다. 난대와 정위 모두 작게 줄어든 것처럼 보인다. 정이 없고 이기적이며, 항상 간사한 꾀를 낸다. 금전에 대한 욕구가 강하고 인색하다.

### 구비(狗鼻)

개의 코와 비슷하다 하여 구비라 한다. 연상과 수상부위(콧대, 콧날)의 뼈가 산봉우리처럼 돌출되어 있어 들창코처럼 생겼으며, 콧구멍이 힐끗 보인다. 이런 코를 가진 사람은 대부분 의리가 깊지만 타인의 물건을 탐내는 것이 단점이다.

### 부어비(鮒魚鼻)

연상과 수상이 높이 돌출되어 있고, 물고기의 등뼈와 같은 모습을 하며 산근은 가늘고 좁고 준두가 늘어져 있다. 이런 코를 가진 사람은 온화한 반면 끈기가 부족하며, 일의 전체적인 줄거리를 제대로 잡지 못한다. 이와 더불어 백안이 하얗고 날아 나와 있는 것 같으면 일생 의식에 대한 걱정 없이 살 수 있다.

### 절통비(截筒鼻)

둥글고 긴 통을 두 동강으로 나누어 덮은 것 같은 형태의 코를 말한다. 부귀공명을 누리는 상이다. 준두가 명확하고 콧대도 곧게 뻗어 있지만 산근의 모양은 약간 빈약하다. 연상과 수상이 모두 풍부하게 부풀어 올라 있으면 중년에 이르러 자연스럽게 부귀하고 집을 크게 일으키게 된다.

## 삼만삼곡비(三彎三曲鼻)

코를 정면에서 보았을 때 세 번 정도 굴곡이 있는 것을 반음살(反吟殺)이라 하고, 옆에서 보았을 때 세 번 꺾인 부분이 있는 것을 복음살(伏吟殺)이라 한다. 반음살이면 자녀운이 나쁘고, 복음살이면 남녀운이 나쁘고 고독하다. 자기 중심적인 데다 과격하다.

## 장비(獐鼻)

노루의 코를 닮았다 하여 장비라 한다. 코가 작고 준두는 날카로우며 콧구멍이 분명히 보이는 상으로, 의리가 없고 재산을 탐내며 질투심이 강하고 배신을 잘한다. 양쪽 콧망울 위에 잔주름이 많으면 노력이 소용없게 되어 인생의 부침이 많고 변동도 격렬하다.

## 성비(猩鼻)

유인원의 코를 닮았다 하여 성비로 불리며, 장래를 추측하기 어려운 상이다. 콧대가 높은 것이 특징이며, 의리가 깊고 부귀하며 풍류를 좋아한다. 콧대가 높고 눈썹과 눈이 서로 맞닿은 듯 가깝다. 또 머리카락과 수염은 정리되어 있지 않고 얼굴이 크고 입술은 쑥 나와 있다. 몸이 크고 튼튼하며, 성격이 관대하고 덕이 높고 고귀하고 영리하고 호쾌한 기질을 지닌다.

## 노조비(露竈鼻)

콧구멍이 훤히 보이는 코를 말하며, 대체로 장래에 빈곤해지는 상이다. 코가 높고 콧구멍이 크고 길면 몸이 피폐하고 빈곤해져 힘든 생활을 하게 된다.

## 3 코와 운명의 길흉

- 난대정위가 발달하여 풍부한 사람은 부귀한다.
- 연상과 수상이 검고 뼈가 죽은 사람은 천하지 않으면 요사한다.
- 연상과 수상이 명윤하고 풍후한 사람은 부자가 되거나 고관이 될 상이다.
- 콧대가 높고 살이 풍후한 사람은 장수한다.
- 코가 현담과 같은 사람은 부귀한다.
- 콧대가 솟은 사람은 장수한다.
- 준두가 풍후한 사람은 마음이 독하지 않다.
- 준두가 뾰족한 사람은 간사하다.
- 코에 검은 점이 많은 사람은 모든 일에 막힘이 많다.
- 콧등에 가로 금이 많은 사람은 교통 사고로 몸을 다칠 상이다.
- 콧등에 세로 금이 많은 사람은 다른 이의 아들을 양자로 삼을 상이다.
- 코가 산근에서 인당까지 꾀인 사람은 미모의 처를 얻을 상이다.
- 콧구멍이 뻔히 보이는 사람은 가난하지 않으면 요절한다.
- 코가 매부리처럼 생긴 사람은 상대의 등골을 빼먹을 상이다.
- 코가 여러 번 굽은 사람은 고독하다.
- 코가 삼요(凹)한 사람은 육친(肉親)의 덕이 없다.
- 준두가 둥글고 바른 사람은 밖으로 의식을 얻는다.
- 준두가 풍륭한 사람은 부자가 된다.
- 코끝이 붉은 사람은 동분서주하게 된다.
- 콧대에 뼈가 불거진 사람은 평생 어려움을 벗어나지 못한다.
- 코끝에 살이 붙어 아래로 처진 사람은 음란하다.
- 코끝이 뾰족한 사람은 고단하고 가난하다.
- 코가 이마까지 골이 솟은 사름은 천하에 이름을 날린다.
- 콧등에 골이 죽은 사람은 일찍 요사한다.

- 콧등에 뼈가 불거진 사람은 객사할 상이다.
- 코끝에 사마귀가 있으면 남자의 경우 성기에도, 여자의 경우 입술에 사마귀가 있으면 음부에도 사마귀가 있다.
- 코끝이 뾰족하고 틀어진 사람은 마음도 틀어졌다.
- 콧등에 가로 금이 있으면 위태로운 일이 많다.
- 콧대가 꾸불꾸불한 사람은 타성을 따를 상이다.
- 코가 윤택한 사람은 재운이 좋다.
- 코의 빛깔이 어두운 사람은 재운이 막힌 상이다.
- 사악(四岳)은 낮은데 코만 높은 사람은 고독하고 가난하다.

## 4 코와 건강

산근에서 아랫부분으로 이어지는 부분을 위에서부터 순서대로 연상(年上)·수상(壽上)·준두(準頭)라고 한다. 연상·수상·준두를 통해 대장 상태를 판단할 수 있다. 이곳이 낮고 짧으면 대장 발육이 약해 설사나 토분(兎糞)이 나기 쉽다. 경우에 따라 변비에 걸리기도 쉬우므로 주의해야 한다.

    연상·수상·준두가 흰 사람은 대장이 차가워지고 있다는 의미다(장한증). 흰색 속에 거무스름한 기운이 도는 사람은 대장이 차가워져서 설사·토분이 있거나 경우에 따라 변비가 생길 가능성이 있다. 연상·수상·준두가 붉은 사람은 대장에 열기가 있는 상태다(장열증). 붉은색 속에 거무스름한 기운이 도는 사람은 대장에 열이 있어 변비나 점착성 변(점액편)을 볼 가능성이 있다. 붉은색 속에 부분적으로 보라색이 도는 경우에는

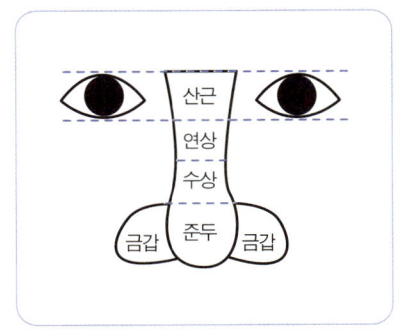

대장암 위험이 있으니 정밀 검사를 받아 보는 것이 좋다. 연상 준두에 진하지 않은 다갈색(몽색의 일종)이 도는 경우에는 숙변 가능성이 있다. 연상에 진하지 않은 다갈색이 돌 경우에는 상행 결장에 숙변이 있을 가능성이 있으며, 수상에 진하지 않은 다갈색이 돌 때는 횡행 결장에 숙변이 있을 가능성이 있다. 그리고 준두에 진하지 않은 다갈색이 돌 때는 하행 결장에 숙변이 있을 가능성이 있다. 숙변은 습관적인 과식이나 편식 등으로 인해 유발되므로 잘못된 식습관을 바꾸는 것이 가장 중요하다. 단식요법 등의 치료법을 행하는 것도 좋은 방법이다.

콧망울을 금갑이라고 하는데, 금갑을 통해 남성의 경우 고환을, 여성의 경우 난소 상태를 각각 판단한다. 금갑이 항상 붉은 여성은 하반신에 질환이 있을 가능성이 있다. 특히 여성은 생리 중일 때 금갑에 옅은 핑크색이 돈다. 성적으로 흥분했을 때는 남녀 모두 금갑에 옅은 핑크빛이 돈다.

## 5 코의 형태와 질병

콧구멍이 마르고 검기가 검댕이 같으면 양독(陽毒)증에 열이 심한 것이고, 반대로 콧구멍이 냉하고 마르지 않으면서 검으면 음냉이 심한 것이다. 코가 매이고 콧물이 흐르면 풍한을 외감한 것이다. 코끝에 푸른 빛이 돌면 배가 아픈데, 냉감이 심해지면 사망할 수도 있다. 옅은 검은 빛이 돌면 가슴에 담음이 있는 것이며, 흰 기운이 돌면 기허한 것이다. 실혈(失血)이 된 것이 빛이 누른 것은 습이 있는 것이며 붉은 것은 폐열이다. 만약 콧구멍이 벌름거리는 것이 새로 난 병에 있어서는 사열이나 풍화가 폐기를 침습하는 데 있으므로 거의 대부분 실열증에 속하며, 오래된 병으로 인해 콧구멍이 벌름거리고 숨이 차며 땀이 나는 것은 폐기가 쇠진한 것이므로 불치증이다.

**❶ 코가 큰 사람**

코가 크다는 것은 기의 순환이 매우 잘되고 있다는 것을 의미한다. 코가 큰 사람이 바깥 활동을 못하고 집에만 있으면 기가 풀리지 않고 뭉쳐 울체되기 때문에 병이 생긴다. 코가 큰 여성 또한 자신의 장점을 살리지 못하고 집에만 있으면 얼굴에 기미가 끼거나 두통이 오거나 가슴에 통증이 생기는 등의 증상이 나타난다. 조금만 신경을 쓰거나 자기 기분에 맞지 않으면 소화 불량에 걸리거나 속이 쓰리거나 신물이 넘어오고, 가슴이 답답한 등의 증상이 나타난다. 이런 여성들 중에는 갑상선 질환을 앓고 있는 사람이 많으며, 천식이나 만성 피로, 불안, 초조, 무력감, 요통 등으로 고생하기도 한다.

**❷ 코가 낮고 짧은 사람**

코가 낮으면서 짧은 사람은 대체로 소심하고 잔소리를 많이 하며, 진취력이나 성취력, 실행력이 부족하다. 이런 사람은 위와 장에 문제가 생기거나 허리 통증, 만성 피로 등으로 고생한다. 콧등이 납작하고 낮은 여자는 자존심이 부족하여 몸을 망치기가 쉽다.

**❸ 코가 휜 사람**

코가 휜 사람은 등뼈도 휘었다고 볼 수 있다. 코가 휘어지는 원인은 몸이 냉하기 때문이다. 배꼽 이하의 생식기, 즉 인체의 근본 바탕이 차갑기 때문에 그 위로 올라가는 등뼈가 휘는 것이다. 그렇기 때문에 허리와 등, 어깨가 아프고 뒷목이 뻣뻣하다. 또 눈이 맑지 못하고 침침하며 소화 불량 증세와 함께 속이 메슥거리며 장 상태가 좋지 않고 심장에 통증이 느껴지기도 한다. 코가 한쪽으로 기울어져 있으면 기울어져 있는 쪽의 발에 통증이 온다.

**❹ 코가 아래로 처진 듯 내려온 사람**

코의 모양이 아래로 처진 듯 내려온 사람, 즉 매부리코를 가진 사람은 아랫배가 차고 대장이 나쁜 체질이기 때문에 주로 아랫배에 가스가 차고 불쾌한 증상을 자주 느낀다. 가슴 답답증과 우울증도 잘 찾아오는데, 이는 고집이 세고 화를 잘 내는 성격에서 기인하는 경우가 많다. 알레르기성 비염으로 고생하는 사람도 많다.

### ❺ 콧등이 불룩하게 나온 사람

콧등이 불룩하게 나온 사람을 가리켜 삼초가 맺혔다고 하는데, 상초는 하초에서 만들어진 진액을 뿜어 올리는 작용을 하여 심폐 기능을 도와준다. 이것이 막히면 폐결핵 등으로 고생할 수 있으며, 심장이 두근거리거나 가슴 통증이 나타나기도 한다. 중초는 소화 기능을 돕는데, 이 역시 순환이 원활하지 않으면 만성 소화 불량이나 십이지장궤양에 걸린다. 하초는 진액을 만드는 곳이기 때문에 삼초가 결한 사람은 악성 변비로 고생하게 되고, 소변 보는 것도 시원치 않다. 여성의 경우에는 생리 불순이나 생리통으로 고생하기도 한다.

### ❻ 코가 붉은 사람

코가 붉은 사람은 풍을 특히 조심해야 한다. 한의학에서 말하는 풍이란 중풍과 고혈압 등으로, 그 외에 류머티즘이나 관절염, 퇴행성 어깨 관절염, 허리 디스크, 안면 마비, 알레르기 증상 등도 모두 풍에 의해 발생한다. 심한 경우 반신 마비가 되기도 한다. 신장이 열을 받아서 코가 붉어지는 경우도 있는데, 이럴 때는 신장 기능이 원활해지도록 신장의 기를 돋워 주어야 한다.

### ❼ 콧구멍이 밖으로 드러나 보이는 사람

이런 코를 가진 사람은 방광이 좋지 않다. 방광이 좋지 못해 소변 보는 데 이상이 생기면 아랫배가 불쾌하고 허리가 아프다. 두통이 오거나 뒷목이 뻣뻣하고 어깨 통증이 수반되기도 한다. 여성의 경우 코끝이 위로 들렸거나 콧구멍이 훤히 들여다보이면 정조 관념이 약하다.

### ❽ 콧등에 기미가 낀 사람

젊은 사람이 콧등에 기미가 생기는 것은 비위가 좋지 않아서이다. 소화 장애·변비·설사·속 쓰림·트림 등의 증상이 나타나므로 비위의 기능을 다스려 주는 것이 좋다.

### ❾ 콧대가 높고 피부가 검은 사람

콧대가 높고 피부가 검은 사람, 그중에서도 특히 여성은 정력이 강하기 때문에 자궁 질환이 많다. 50대 이후에는 허로증으로 인해 콧등에 기미가 생긴다. 식욕이 떨어지거나 정신이 혼미해지기도 하며 허리와 등, 가슴, 옆구리 등과 뼛골이 아프다. 열이 올랐다 식었다 하면서 땀이 나고, 감기는 아닌데 마치 감기처럼 기침과 가래가 끊이지 않기도 한다. 몸이 무거워서 항상 누우려 하고, 항상 불안하고 초조해하며, 심한 경우 입술이 타들어가고 뼛속에서 열이 나기도 한다. 코끝이 작고 뾰족하고 낮으면서 새끼손가락이 작은 사람은 호흡기나 생식기 질환에 걸리기 쉽다.

콧구멍이 크면 기관지가 가는데, 이 경우 기관지 질환에 잘 걸린다. 코끝이 빨갛게 부었으면 심장이 종대되었을 가능성이 높다. 어린 아이가 콧망울을 벌렁거리면 호흡 곤란이고, 코피를 자주 흘리면 고혈압이나 만성 신염, 대상성 월경 또는 혈소판 감소증, 괴혈병 등의 출혈성 질환을 의심해야 한다.

## 코로 가정운과 금운, 자기 자신을 살핀다

코는 금운이자 자신이다. 코로 현재 운세를 살펴볼 수 있다. 인생의 꽃이 피면 코에서 빛이 나고, 미색(美色)이면 현재 운이 좋다는 의미다. 눈과 눈 사이를 누르면 뼈가 연결된 부위가 있는데, 여기서부터 코라고 본다. 얼굴에서는 코를 산에 비유하고, 산근이라 부른다. 운이 열리면 코가 희고 반짝반짝 빛나는 반면 불운하거나 자금 회전이 원활하지 않으면 코가 회색이 된다.

자아가 형성됨과 동시에 아이에서 어른으로 얼굴이 변한다. 민족마다 조금씩 다르긴 하지만 아이에서 어른으로 변화해 가는 모습은 거의 비슷하다. 자아(自我)라는 말은 인상에서 사용하는 말은 아니다. 인상에서는 골상의 변화라고 한다.

코끝이 날카로운 사람은 분명하고 또렷하며, 코끝이 둥근 사람은 주변 분위기에 신경 쓰면서 말을 한다. 코가 둥근 사람은 손윗사람에게 별로 반항을 하지 않기 때문에 관상서에서는 좋은 코라고 했다.

### [콧구멍과 구멍의 사이]

- 콧구멍과 구멍 사이에 세로로 홈이 있는 사람은 잔소리가 많다. 치아가 돌출되었거나 입이 크거나 귓구멍이 크거나 콧구멍이 큰 사람은 귀와 입이 바로 연결되어 있다. 정보통이어서 소식을 잘 전한다.

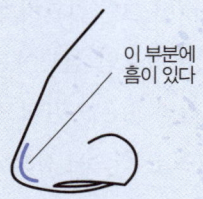

이 부분에 홈이 있다

- 코뼈가 높이 솟아 있는 사람은 적극적이고, 콧구멍이 큰 사람은 돈을 잘 쓰기 때문에 돈이 있을 때는 인기가 있다. 비위를 잘 맞추는 기질도 있다.

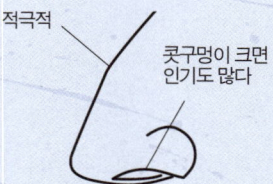

적극적

콧구멍이 크면 인기도 많다

- 코가 크면서 쭉 뻗은 사람은 기가 강하다. 기가 강한 사람은 운도 강한 경우가 많다. 코가 구부러져 있는 사람은 등뼈도 굽어 있다. 산근이 가늘고 콧망울이 큰 사람은 행동력이 있다.

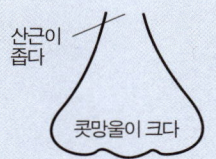

[코의 색깔]

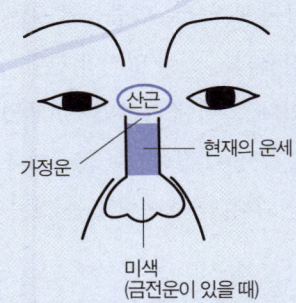

- 인상에서는 코를 금고에 비유한다. 큰 코는 큰 금고다.
- 금운이 올 때는 코 앞부분에 미색이 돈다. 언제 돈이 들어올지를 가늠할 때는 기색으로 본다.
- 지갑에 현재 돈이 많이 들어 있으면 코에 윤기가 난다.
- 수입이 좋은 코의 구멍과 구멍의 앞이 기름을 바른 것처럼 빛난다. 정면에서 봤을 때 잘 보인다.
- 아픈 것이 아닌데 콧망울 아래쪽이 붉어진다면 돈이 부족하다는 의미다.
- 콧망울의 모공이 검어지는 것은 날씨가 추워서이다. 코팩은 경기가 좋지 않을 때 잘 팔린다.

※ 위가 나쁘면 시운궁(時運宮)의 색이 나쁘다. 이때는 운세도 나쁘다.

# 인중

## 1 인중의 의미

인중이나 비구(鼻溝)는 준두와 윗입술 사이에 있는 도랑처럼 움푹 패인 곳을 말한다. 수기(水氣)가 귀에서 나와 눈을 통하고, 코에 한 번 모이고 코의 구멍을 통해 인중을 따라 입에 모이므로 인중을 수로(水路)라고 부른다. 수로는 넓고 깊은 것이 좋으며 정체되는 곳이 없어야 한다. 인중을 통해 수명의 길이와 자손의 유무를 알 수 있다. 고서에 의하면 "비구의 넓이로 자녀의 수를 알 수 있으며, 비구의 길이로 수명이 정해진다."고 했다. 이러한 이유로 비구는 길고 깊고 넓지 않으면 안 되며, 곧게 뻗어 있는 것이 좋다.

- 인중 선이 한쪽은 길고 한쪽은 짧아 고르지 못하면 수명을 재촉하고, 넓고 좁으면 자식이 없다.
- 인중의 위가 좁고 아래가 넓으면 자손이 많은 반면 위가 넓고 아래가 좁으면 자손이 적다.
- 인중의 상하가 좁고 중간이 넓으면 자식을 키우기 어렵다.
- 인중에 검은 점이 두 개 있으면 쌍둥이를 낳고, 인중 한가운데에 검은 점이 있으면 혼처(婚處)는 쉬우나 자식을 기르기 어렵다.
- 인중에 가로 금이 있으면 노년에 자식과 인연이 없어 고독하고, 인중에 세로 금이 있으면 자식에게 질병이 있어 키우기 어렵다.
- 인중 골이 곧고 깊은 사람은 아들을 많이 두고, 얕고 평평한 사람은 자녀를 생산하기 어렵다. 얇고 짧은 사람은 단명할 상이다. 인중이 약간 깊고 길어야 부를 축적할 수 있고 장수한다.

- 인중이 짧은 사람은 자손이 없고 수명을 재촉한다.
- 인중이 지나치게 넓은 사람은 음란하고 수명도 길지 않으며, 인중이 왼쪽으로 치우치면 남자 아이를 낳고 오른쪽으로 치우치면 여자 아이를 낳는다.
- 인중이 왼쪽으로 치우치면 부친이 먼저 사망하고 오른쪽 치우치면 모친이 먼저 사망한다.

## 2 인중의 형태와 운명

### 긴 인중

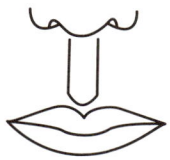

인중이 긴 사람은 장수한다. 긴 데다 골까지 깊으면 더욱 좋다. 구부러져 있거나 상처 또는 상처의 흔적이 있으면 좋지 않다.

### 짧은 인중

인중이 짧은 사람은 겁이 많고 자식운도 별로 좋지 않다. 수명이 긴 사람도 많지 않다.

### 넓은 인중

넓다고 모두 좋은 것은 아니다. 길고 곧게 뻗어 있고 깊은 것이 좋다. 얇고 넓기만 한 사람은 끈기가 없고 의지가 박약하다. 낭비벽이 매우 심하며, 수명도 길지 않다. 그러나 자식에게는 풍족하다.

### 좁은 인중

끈기는 있지만 우유부단하고, 세상을 헤쳐 나가는 데 있어 맑음이 부족하다. 인중이 너무 가는 사람은 아이를 낳기 어렵다.

### 휘어진 인중

인중이 휘어지면 좋지 않다. 고서에 의하면 "인중이 휘어져 있는 사람은 신의가 없다."고 했다. 왼쪽으로 휘어져 있으면 부친을 먼저 잃고, 오른쪽으로 휘어져 있으면 모친을 먼저 잃는다. 왼쪽으로 휘어져 있으면 아들을 낳고, 오른쪽으로 휘어져 있으면 딸을 낳는다고 하는데 정확하게 밝혀진 것은 아니다.

### 아래쪽이 넓은 인중

일직선으로 쭉 뻗어 있는 데다 위쪽에서 아래쪽으로 향할수록 넓어지는 인중을 가진 사람은 자손이 많을 상이다.

### 아래쪽이 좁은 인중

아래로 갈수록 넓어지는 형태와 달리 아래로 내려갈수록 좁아지는 형태로 자손이 적다. 골짜기의 깊이와 길이를 함께 보며, 부귀 장수도 가능하다.

### 인중에 점이나 흠이 있다

인중에 점이 있는 경우에는 그 위치와 수에 따라 해석이 달라진다. 인중 윗부분에 점이 있는 사람은 아들이 많고, 아랫부분에 점이 있는 사람은 딸이 많다. 중간에 점이 있는 사람은 결혼은 빨리 하지만 한 번 하는 것이 아니다. 인중 양쪽에 점이 있으면 쌍둥이를 낳는다. 고서에서는 "인중 중앙에 행으로 점이나 주름이 있는 사람은 배를 타거나 강을 건널 때 조심해야 한다."고 했다.

## 3 인중과 건강

인중은 코와 입술의 사이에 있는 것으로(그림 1), 60세 무렵부터 얇아지기 시작해 나이가 들면서 점점 사라진다. 여성의 경우 세로 선을 보고 난관(남성은 정관)의 상태나 자궁 상태를 판단하기도 한다. 인중의 길이는 난포(卵胞) 호르몬이 늘어난 것이며, 폭은 황체 호르몬이 증대된 것이라 생각한다. 인중의 선이 확실한 여성은 자식운이 좋다. 그러나 인중을 횡단하는 주름은 난관의 혈액의 흐름이 나쁜 경우에 나타난다(그림 2 – 난관의 어혈). 인중에 붉은 점 또는 적포(赤包)가 보이는 사람(그림 3)은 자궁 이상이 염려되므로 전문의에

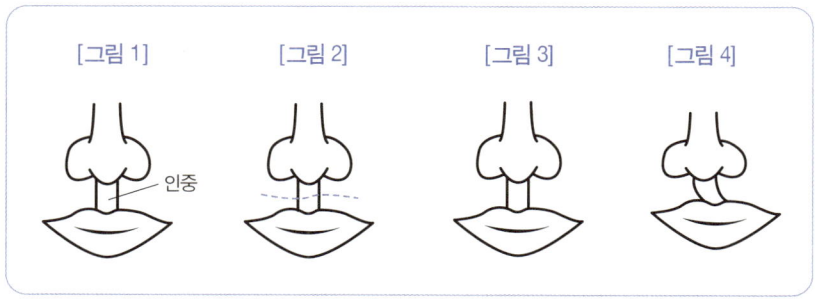

게 진찰을 받는 것이 좋다. 또 인중의 곡선은 자궁후굴 가능성을 나타낸다(그림 4). 남성의 경우 인중 선이 확실하면 발기력이 강하다.

## 4 인중의 형태와 질병

### ❶ 긴 인중

인중이 길고 좁으며 가장자리가 분명한 여성은 자궁이 좁고 길며 자궁 경관이 길고 가늘며 생리통이 있다. 인중이 길수록 명기(名器)라고 한다. 인중이 짧거나 희미한 여성은 자궁이 매우 약하거나 불임 가능성이 있다. 또한 인중 길이가 가운뎃손가락의 가운데 마디보다 길면 자궁하수인 경우가 많고, 인중의 깊이가 깊으면 자궁후굴이고, 얕으면 자궁전굴이다. 인중이 몹시 넓으면 자궁근종을 의심할 수 있다. 인중이 비교적 길고 대나무를 쪼개 놓은 듯 선명한 사람은 마음이 느긋하고 참을성이 있다.

### ❷ 비뚤어진 인중

인중이 비뚤어져 있으면 중풍이나 구안와사 병력을 갖고 있거나 자궁후굴 가능성이 있으며 불임이 되기 쉽다. 또는 자궁체가 어느 한쪽으로 기울어졌음을 나타내는데, 주로 인중의 경사 방향과 반대편으로 기운다. 인중이 왼쪽이나 오른쪽으로 휘어진 사람은 자식에게 의지할 수 없는 상이다. 인중이 왼쪽으로 휘어지면 부친이 먼저 사망하고, 여성은 남성과 반대로 모친이 먼저 사망한다. 인중이 오른쪽으로 휘어지면 모친이 먼저 사망하고, 여성은 남성과 반대로 부친이 먼저 사망한다.

### ❸ 폭이 넓은 인중

인중의 폭이 넓은 사람은 정사를 무척 좋아해서 수명이 단축되는 경우가 많다.

### ❹ 짧은 인중

인중의 길이가 짧고 깊이도 얕은 여성은 자궁 발육이 불량하여 자궁이 작고 내막의 두께가 얇으며 자궁 경관이 짧다. 월경이 늦어지거나 있다 해도 양이 적고 불임일 가능성이 높다. 남성의 경우에는 고환이 선천적으로 불량하고 음경도 작다. 또한 일을 지나치게 서두르고, 부하를 포용하는 여유가 없어 아랫사람의 존경을 받지 못한다. 부하에게 배신을 당하기도 한다.

### ❺ 위가 넓고 아래가 좁은 인중

상단은 넓고 하단은 좁은 V자 형의 인중은 자궁전경이나 자궁전굴이 있는 여성에게서 흔히 나타난다. 이런 여성들은 항상 생리통에 시달린다. 인중 선이 희미해서 거의 없어 보이는 사람도 자식이 적다. 장남을 잃을 수도 있다.

### ❻ 쌍형 인중

인중 가운데에 세로로 융기된 선이 있거나 색상(索狀) 또는 결절 같은 돌출물이 생겨 마치 인중이 두 개인 것처럼 보이는 것을 말한다. 이런 인중을 가진 여성은 가끔 쌍각자궁이나 질중첩처럼 기형 자궁이 나타나는 경우가 있다.

### ❼ 융기형 인중

인중구에 다양한 형태의 증식물이 일정치 않은 위치에 생겨서 인중구의 모양이 변한 것이다. 이런 인중을 가진 사람은 생식기에 다양한 종류의 병변이 있는데, 대부분 자궁질부미란(자궁 질부의 점막 상태가 상해서 떨어져 없어지는 증상)을 겸한다.

### ❽ 발진형 인중

인중에 포진이나 붉은 반점이 나타나는 여성은 주로 자궁경부미란이나 자궁부속기염 또는 자궁암의 경우에 볼 수 있다. 남성의 경우는 전립선염이나 정관염에서 볼 수 있다.

#### ❾ 어반형 인중
인중에 검정색 어반(瘀斑)이 나타나면 자궁내막결핵이나 부고환결핵, 정세관노장 등의 질병이 있다.

#### ❿ 함몰형 인중
인중구의 어느 한쪽이 함몰되어 마치 말안장처럼 된 것을 말한다. 협골반 같은 골반 이상을 의미하는데, 이렇게 되면 분만 시 난산 위험이 있다.

#### ⓫ 아래가 넓은 인중
인중의 상단은 좁고 하단은 지나치게 벌어져서 팔(八) 자를 닮은 형을 말한다. 이런 형은 흔히 자궁후굴로 생리 시 요통이 있고 심하면 임신에도 장애가 된다. 주로 비만인 여성에게서 나타난다.

#### ⓬ 가로 금이 있는 인중
인중에 가로 금이나 세로 금이 있는 사람은 처자를 여의고 말년에 혼자 살게 되며, 인중에 가로금이 있고 짧은 사람은 불의의 질병이나 사고로 단명하는 경우가 많다.

## 5 인중의 색과 질병

인중에 색이 나타나면 방광과 자궁에 질환이 있는 것이다. 그 색이 흩어진 것처럼 보일 때는 동통만 있지만 색조가 강해지면 취병(聚病)이다. 일종의 종양성 질환이라고 생각하면 된다. 즉 그 발색의 집중된 형태는 그대로 하복부의 질병을 의미한다.

인중에서는 끝이라 할 수 있는 입술 부근에 종기가 난다. 그것이 기름을 바른 것처럼 습윤하면 폭음과 폭식으로 인한 위장 질환이거나 음부가 불결하다는 것을 의미한다. 인중이 넓고 곧으면서 색깔이 밝고 붉은색을 띠면 신기(腎氣)가 왕성하고 명문화(命門火)가 왕성하여 양기(陽氣)가 충족된다. 여성의 경우 자궁과 난소, 외생식기의 발육이 양호하고, 남성의 경우 고환과 외생식기의 발육이 정상이라는 것을 상징한다.

반대로 인중이 좁고 짧으며 어두운 색깔이 돌면 대부분 신장의 기가 훼손되어 양기가 부족하다는 것으로, 남녀 모두 생식기 계통에 질병이 있음을 의미한다. 불임증인 여성은 인중 색깔이 어둡고 생기가 없으며 색소가 침착되어 있다. 임산부의 인중에 광채가 뚜렷하면 혈기가 왕성하다는 의미로, 태아와 산모 모두 건강하다는 뜻이다. 하지만 임산부의 인중 부근에 연한 황색이 나타나면 유산으로 인한 하혈이나 뱃속 태아가 사망했을 가능성이 있다는 것을 나타낸다.

남성의 인중이 흑색을 띠면 고환과 음경의 견인을 수반하는 복통을 암시한다. 또 인중 주위가 흑색을 띠거나 흑반(黑斑) 또는 흑괴(黑塊)가 생기면 신양(腎陽)이 허한 징조로, 임상적으로 부신 피질 기능 저하 및 뇌하수체 기능 부족으로 인한 에디슨병 등의 신허성 질환일 가능성이 있다.

인중 부근의 색이 어슴푸레하면서 추위를 타고 사지가 냉하고 소변이 맑으면 여성의 경우 궁한불임(宮寒不姙)이거나 자궁경관염 또는 난소낭종을 의심할 수 있고, 남성이면 성욕 저하나 음위, 전립선염, 고환염 등 신장의 양기 부족으로 인한 질병을 의심할 수 있다. 또 인중 부근이 미홍색을 띠면 옹(癰)이 생길 징조이며, 희미한 청색이 나타나면 한증(寒症)이고, 암적색을 띠며 아랫배가 더부룩하고 통증이 있으면 자궁 출혈의 징조다. 인중 부근에 홍색의 좁쌀 같은 종기나 반점이 나타나면 습열(濕熱) 또는 어혈(瘀血)로 인한 위통(胃痛)이나 생식기 통증이며, 인중이 암녹색을 띠며 담낭염이나 담결석이다. 또 인중 부근이 백색을 띠면 불치병에 걸렸을 가능성이 높다.

인중이 길고 입술이 단정하면 정신이 안정되고 수명도 길다. 반대로 인중이 짧고 입이 단정치 못하면 수명도 짧고 운세도 나쁘며, 인내심이 없고 이상도 낮다.

또 한 가지, 인중에 정(井)자 무늬의 주름이 있는 사람은 배를 타지 말아야 한다. 인중에 사마귀가 있으면 딸자식을 많이 보게 되며, 사마귀가 인중 가운데에 있으면 자식을 기르기가 어렵다. 또 인중에 여러 개의 주름이 있으면 남의 자식을 기르게 된다. 인중에 황미색이 나타나면 재산을 상속받거나 사업이 잘되며, 붉은색이 나타나면 상속 문제로 분쟁이나 법률상 분쟁을 겪게 된다. 그리고 인중에 흑암색이 돌면 사업이나 재산 문제로 큰 고민을 하게 된다.

#  입과 운명

## 1 입의 의미와 기본 형태

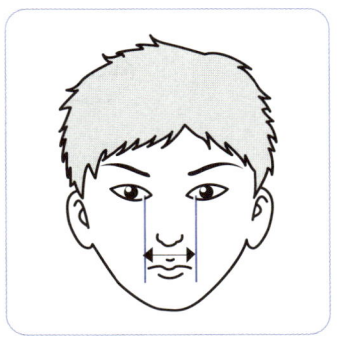

입은 사람을 천지에 비하면 바다가 되고 오성 중에는 수성이 되며, 사독 중에는 회독이 되고 오관 중에는 출납관이 된다. 말하는 문이자 마시고 먹는 기구이며, 마음을 표현하는 통로이기도 하다. 입을 통해 그 사람의 덕성을 살펴볼 수 있고, 감정과 의지를 헤아릴 수도 있다. 입은 턱과 함께 말년운을 예견하는 역할도 한다. 입의 형태가 단정하고 두꺼운 사람은 부와 복을 누리며, 구각(좌우 양단)이 날카로운 사람은 장수와 명예를 얻을 수 있고, 활처럼 휘어 있는 사람은 관직에 진출하면 출세할 수 있다.

입은 꽉 다물고 힘차게 보이며 좌우로 약간 끝이 올라간 듯 마치 배 모양 같아야 한다. 입술은 붉고 이는 희며, 오므리면 적고 벌리면 커야 만년에 복록이 많다. 이와 반대로 입술이 힘이 없고 복주 형으로 좌우 끝이 아래로 숙인 자는 좋지 못하다. 대운은 55~64세까지 10년을 지배하고, 소운은 60세의 1년운을 지배한다.

| 큰 입 |  | 신체가 튼튼하고 안정감이 있어 보이며 위장이 튼튼하다. 행동적이며, 의사나 경영자, 홍보 일에 적합하다. |
|---|---|---|
| 작은 입 |  | 의지가 약하고 눈물이 많으며 행동력도 떨어진다. 전문직에 적합하다. 주의력과 조사력이 뛰어나므로 설계 기사나 개발 부문의 서포터 역이 좋다. |

| | | |
|---|---|---|
| 두터운 입술 |  | 성실하고 정직하고 의리가 깊고 정에 약하므로 공무원은 부적합하고, 건설업계나 교육 쪽에 몸담는 것이 좋다. |
| 얇은 입술 |  | 말이 많고 요령이 뛰어나다. 백화점 점원이나 자동차 세일즈맨 등에 적합하다. 지도원에서 일하거나 강사 일을 하는 것도 좋다. |
| 양끝이 위로 올라간 입 |  | 인기가 많다. 성격이 밝고, 함께 있으면 즐겁다. 분위기에 약하긴 하지만 열정적이다. 종무 일을 하는 것이 가장 좋다. |
| 양끝이 아래로 처진 입 |  | 약간 어둡지만 기골과 불굴의 투지가 있어 약속을 잘 지킨다. 인사 업무나 컴퓨터 개발 일을 하는 것이 좋다. 금융 기관이나 경리 부문은 피하는 것이 좋다. |

## 2 입의 형태와 운명

### 사자구(四字口)

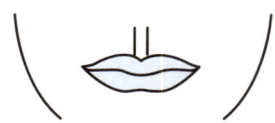

사(四) 자 모양을 한 입의 형태다. 가장 좋은 상으로, 부귀지격(富貴之格)이다. 입의 윤곽이 분명하고, 상하 입술이 잘 갖추어져 있으며, 구각이 위로 향해 있는 것이 좋은 상이다. 이러한 입을 가진 사람은 총명하고 다방면에 재능이 뛰어나 학문에서 두각을 나타내 부귀를 누리며, 반드시 공명을 얻는다.

## 앙월구(仰月口)

앙월구는 입이 위쪽으로 휜 달처럼 되어 있고, 구각이 위로 향한 형태다. 이빨이 희고 입술이 붉으면 더욱 좋다. 학문 연구에 재능이 있으며, 위대한 연구 성과를 내어 풍부한 생활을 누린다. 관직운도 좋다.

## 만궁구(彎弓口)

화살이 발사되기 직전의 휜 활이나 상현달과 같은 입의 형태를 말한다. 상하 입술이 두텁고 붉고 선명하면 부귀를 누린다. 정신이 맑고 기가 깨끗하기 때문에 사회에 공헌할 수 있는 인물이 되어 부귀를 누리고, 중년에 재운이 저절로 들어온다.

## 취화구(吹火口)

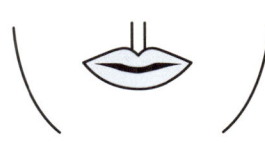

입이 마치 피리를 부는 것처럼 항상 입이 열려 있는 형태를 말한다. 입이 날카로워진 것 같으면 의식의 걱정이 많다. 입이 열려 있는 사람은 끈기가 부족하고 운기가 새기 쉽다. 말을 빨리 하는 사람이 많다. 또 이 형태는 궁핍해서 장수하기 어려우므로 입을 다무는 습관을 들여야 운이 상승한다.

## 앵도구(櫻桃口)

이른바 앵두 같은 입술로, 입술이 두껍고 연지를 바른 듯 붉다. 이빨은 석류처럼 희고 빈틈없이 줄지어 있으며, 웃는 얼굴은 벌어진 연꽃처럼 온화하다. 총명하고, 관직에 임해 부귀를 누리는 대길지상이다.

### 우구(牛口)

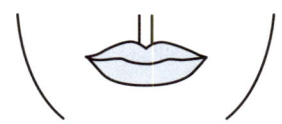

우구(牛口)란 상하 입술이 모두 두껍고 풍만하고 매우 큰 입을 말한다. 일평생 의식이 가득차고 충분하고 가정도 번창한다. 어리석어 보여도 총명하고, 마음의 깊이와 지혜가 헤아릴 수 없이 깊다. 몸도 항상 건강하고 백세까지 생을 즐길 수 있다.

### 점어구(鮎魚口:메기입)

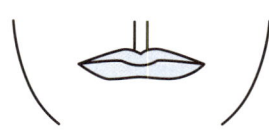

메기입처럼 생긴 입으로, 매우 크지만 구각이 아래로 내려가 있으며, 입을 다물 때 입 끝이 날카로워진 것처럼 보여 입술이 얇아서 둥글림이 없다. 총명함이 약간 떨어진다. 이런 입을 가진 사람은 인내력이 부족하여 자포자기하는 경우가 많다.

### 부어구(鮒魚口:붕어입)

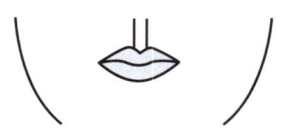

이른바 붕어입으로, 입이 매우 작고 구각이 약간 내려간 형태를 말한다. 수동적이고, 주변 환경에 지배당하는 경우가 많다. 여기저기 분주하게 움직이지만 이익은 없고, 실패를 거듭하여 괴로운 인생이 된다.

### 상순구(上脣口)

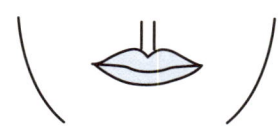

윗입술이 아랫입술보다 두껍게 발달한 형태를 말한다. 초년에는 유복한 생활을 누리지만 장수하기는 어려운 상이다. 엄격하면서도 섬세한 성격으로, 부도덕한 것을 경멸한다. 여성은 모성 본능이 강하다.

### 하순구(下脣口)

아래 입술이 윗입술보다 두텁게 발달되어 있는 형태다. 자존심과 자기 주장이 강하다. 자신의 생각을 굽히지 않으며, 반항적이고 이기적인 면이 있다. 종종 전직을 하며, 미식가인 경우가 많다.

## 3 입과 운명의 길흉

- 입은 상벌과 시비의 근본이니 입이 무거워서 말을 함부로 하지 않는 것을 구덕(口德)이라 한다.
- 입이 경솔해서 타인의 허물을 함부로 말하는 것을 구적(口敵)이라 한다.
- 입이 모지고 넓으면 수를 누리고, 부를 축적한다.
- 입이 모진 활과 같은 사람은 관록이 많다.
- 입이 옆으로 넓고 두터운 사람은 부자가 된다.
- 입이 바르고 틀어지지 않은 사람은 부자가 된다.
- 입이 두텁고 엷지 않은 사람은 의식이 풍족하다.
- 입이 사(四) 자처럼 생긴 사람은 재산이 풍족하다.
- 입이 뾰족하게 나온 사람은 빈천할 상이다.
- 말하지 않을 때 입을 움직이는 사람은 가난하여 굶기를 밥 먹듯 한다.
- 입이 불을 부는 것처럼 뾰족한 사람은 늙어서 자식 덕을 보지 못하고 가난하다.
- 입이 검붉은 사람은 일에 막힘이 많다.
- 입이 벌어져서 이가 드러나는 사람은 손재한다.
- 입술이 걷히고 이가 드러난 사람은 구설이 많다.
- 입이 커서 주먹이 능히 들어갈 수 있는 사람은 대장이나 장관이 될 상이다.

- 입술이 붉은 사람은 평생 배를 굶지 않는다.
- 입이 너무 작은 사람은 가난하고, 입이 크고 풍후한 사람은 천석의 부를 누린다.
- 사람이 없는데 혼잣말을 하는 사람은 빈천하다.
- 입은 작은데 입술만 큰 사람은 가난하고 요사한다.
- 입이 작고 짧은 사람은 가난하다.
- 입은 붉어야 좋고 입술은 두터워야 좋으며 말소리는 맑아야 좋다.
- 입술이 보이지 않는 사람은 큰 병권을 쥘 상이다.
- 입은 큰데 혀가 얇은 사람은 노래하기를 좋아한다.
- 말하기 전에 입술이 움직이면 음심(陰心)이 있다는 의미다.

## 4 입과 건강

입이 큰 사람은(그림 1 – 표준 크기) 대장의 그릇으로, 영웅호걸 상이라고 한다. 여성의 경우 입이 크면 자신의 사업이나 일을 열심히 하는 실업가 타입이 많다. 반면 입이 작은 사람은 자신이 전면에 나서기보다는 참모로서의 능력을 발휘한다.

입이 두꺼운 사람은 식욕과 성욕 모두 왕성하고, 열정적이다. 반면 입술이

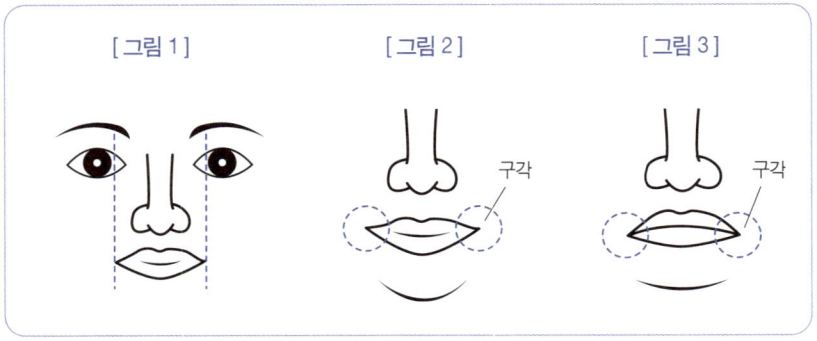

얇은 사람은 명예와 권력을 중시하는 사람이 많다.

　입술은 상하의 균형이 잘 맞고 단단한 느낌이 드는 것이 좋다. 윗입술만 두꺼운 사람 중에는 선천적으로 미각이 발달한 미식가가 많다. 또 마음이 풍부하고 다른 사람에게 애정을 주는 것에 기쁨을 느낀다(그러나 이것이 지나친 경우도 있다). 반대로 아랫입술만 두꺼운 사람은 식욕이 왕성하여 말년에 비만이 될 가능성이 높다. 애정 면에서도 주는 것보다 받는 것을 좋아한다.

　입의 양쪽 부위(구각)가 위로 향해 있는 [그림2] 같은 사람은 항상 모든 일을 좋은 쪽으로 생각하는 플러스적인 사고를 한다. 반대로 입술 끝이 아래를 향한 [그림3] 같은 사람은 모든 일에 관해 불평불만이 많은 마이너스적인 사고를 많이 한다.

# 입술과 운명

## 1 입술의 의미와 운명

입술은 입의 울타리로, 한 번 벌리고 한 번 닫는 데 행복과 불행이 달려 있다. 그러므로 입술은 두텁고 입을 잘 덮어 주어야 좋다. 반대로 입을 가리지 못하고 걷힌 것은 좋지 않다. 대운과 소운은 입과 함께 지배된다.

- 입술이 많이 두터운 남성은 야심이 많고 만족을 모르며, 여성은 성욕이 과해 과부가 되기 쉽다.
- 입술이 지나치게 얇은 남자는 욕심이 적고 진보적이지 못하며, 여성은 부부 관계가 없다.
- 입술이 주사를 칠한 것처럼 붉은 사람은 남녀 간에 부귀하고 애정도 많으며 자녀와의 인연도 좋다.
- 입술이 푸른 사람은 재앙이 많고 요사하기 쉬우며, 입술이 어둡고 검은 사람은 병액이 많다.
- 입술이 불그레한 사람은 행복하다.
- 입술이 희거나 윤기가 있으면 처덕이 많고, 입술이 붉으면 귀한 자식을 둔다.
- 입술이 걷힌 사람은 일찍 죽기 쉽다.
- 입술이 얇고 박한 사람은 간사한 말을 잘한다.
- 윗입술이 얇은 사람은 간사하여 경솔한 말을 잘하고, 아랫입술이 얇은 사람은 가난하여 일에 막힘이 많다.
- 윗입술이 두터운 사람은 충직하다.
- 위·아래 입술이 다 얇은 사람은 정직하지 못하다.

- 위·아래가 서로 붙지 못한 사람은 가난하거나 마음이 검다.
- 위·아래 입술이 고르고 잘 합쳐지는 사람은 부귀하고 마음이 깨끗하다.
- 입술에 검은 사마귀가 있는 사람은 애주가이며 미식가다.
- 입술이 검은 사람은 독약을 먹고 죽을 상이다. 입술은 길고 이가 짧은 사람은 장수한다.
- 입술의 세로 선을 환대문(歡待紋)이라고 하는데, 환대문이 있는 사람은 주변의 환대를 받는다. 아랫입술은 수동을 나타낸다. 아랫입술 한가운데에 세로 선이 한 개 있으면 인기를 한몸에 받는다. 주름이 몇 개 있어도 사람들의 사랑을 받는다. 노인이 되면 많은 세로 주름이 생기는데, 환대문은 아니다.
- 입이 새처럼 나온 사람은 매사에 적극적이다.
- 눈, 코, 입이 큰 여성은 힘이 넘쳐서 과거에는 미망인상이라고 했다. 남편과 자녀의 영역까지 손을 대는 경우가 많다. 성격과 행동을 조절하지 않으면 남편과 자식에게 좋지 않다.

## 2 입술과 건강

- 입술 전체가 흰 사람은 빈혈증이 많다(단, 악성 빈혈은 예외).
- 입술 전체가 지나치게 붉은 사람은 심장의 열량이 과잉된 경우가 많다(심열증).
- 입술 전체에 검붉은 빛이 도는 것은 혈액의 흐름이 나빠서이다(어혈 체질).
- 윗입술만 지나치게 붉은 것은 간장과 담낭에 열이 지나치게 많아서이다(간담열증).
- 아랫입술만 지나치게 붉은 것은 위와 췌장에 열이 지나치게 많아서이다(위비열증).
- 성적으로 흥분하면 윗입술이 일시적으로 건조해질 수 있다(윗입술을 핥는 행위를 한다).

- 배가 고파지면 아랫입술이 일시적으로 마를 수 있다(아랫입술을 핥는 행위를 한다).
- 신장 기능이 쇠약해지면 말할 때 입술 양끝에 타액이 흐르기도 한다.
- 대장암에 걸린 경우 입술 안쪽에 직경 5mm 이하의 보라색 사마귀 같은 것이 나타난다.

## 3 입술의 형태와 건강

### ❶ 상하 입술과 건강 상태

윗입술은 적극성·양성·부성을 나타내고, 아랫입술은 소극성·음성·모성을 많이 나타낸다.

[윗입술]
- 윗입술이 두터우면 정이 많고 다른 사람에게 정을 많이 베푼다.
- 윗입술이 특히 얇으면 정을 받으려고만 할 뿐 주지 않는다.
- 윗입술이 튀어나온 상돌형(上突型)은 적극적이고 설득력이 풍부하며 과묵하다.
- 윗입술이 너무 빈약하고 쑥 들어가 있는 사람은 위장 연동이 부진하거나 식욕이 낮고 소화 장애나 트림, 설사 등으로 고생한다.
- 윗입술이 상대적으로 두껍거나 돌출된 사람은 체열(體熱) 때문에 진액 소모가 많아지거나 항상 배고파하고 가슴이 후끈후끈 달아오르면서 입에서 악취가 나거나 잇몸에서 피가 잘 난다.

[아랫입술]
- 아랫입술이 튀어나온 하돌형은 능청스런 수다쟁이지만 애정에는 소극적인 반면 섹스에는 색광(色狂)에 가까울 정도로 문란하고 관능적인 섹스를 즐긴다.

- 아랫입술에 주름이 많으면 인정이 많고 명기(名器)이다. 하지만 남에게 잘 속아 넘어가는 것이 단점이다.
- 아랫입술이 쑥 들어간 사람은 개성이 없고 독립심이 낮아 항상 남에게 리드를 당한다.
- 아랫입술이 빈약해지면 기하함(氣下陷)이나 복벽유연(腹壁柔軟), 구설허탈(久泄虛脫)을 비롯하여 탈홍이나 내장 하수, 수족 냉증 등이 자주 온다.
- 아랫입술이 상대적으로 많이 두껍거나 돌출되어 있으면 복통이나 변비, 치루(痔漏)를 비롯하여 한열(寒熱)이 있으면서 진땀이 나는 경우가 많다.

### ❷ 입술은 큰데 힘이 없는 사람

입술은 큰데 힘이 없는 사람은 비장이 약하다. 비장이 약하면 소화 기능 장애를 겪는다. 음식을 소화시키는 것이 힘들고 설사를 자주 하며, 많이 먹지 않아도 늘 헛배가 부르기 때문에 속이 더부룩하고 불편하다. 장에서 꾸룩꾸룩 소리가 날 때도 있으며, 트림을 많이 한다.

### ❸ 입술이 비뚤어진 사람

입술이 비뚤어진 사람은 뱃속에 물이 고여 배가 팽창되는 증상(창만증)이 나타나며, 몸이 허해서 오는 허창(虛脹)이나 잘 먹지 못하면서 계속 토하고 설사를 하는 증세가 나타난다. 몸이 부었다 내렸다 하면서 손가락으로 부르면 움푹 들어가고 물렁물렁하다. 실창(實脹) 때는 몸에 열이 나고 목구멍이 마르면서 늘 배가 부르고 속이 아프다. 입술은 생식기와도 관련되어 있기 때문에 입술이 비뚤어지면 여성의 경우 임신에 어려움이 있다. 임신이 되어도 자연유산 등 위험이 따르므로 조심해야 한다.

### ❹ 입술이 두툼한 사람

입술이 두툼한 사람은 무엇이든 가리지 않고 잘 먹는다. 음식을 먹을 때도 빨리 먹어치우는 경향이 있기 때문에 비만이 되기 쉽다. 그로 인해 당뇨나 고혈압 등의 생활습관변에 걸리기 쉽고, 비위가 상해 팔다리나 관절 통증으로 고생하는 경우가 많다. 입술은 혈(血)에 해당하기 때문에 입술이 두툼하면 변비로 고생하거나 혈허성 두통이 생기기도 한다. 특히 아랫입술이 두텁고 크고 튀어나온 사람은 욕정적이다.

### ❺ 입술이 얇은 사람

입술이 얇은 사람은 먹는 것에 관심이 없어 마른 경우가 많다. 그러나 미식가 중에는 얇은 입술을 가진 사람이 많다. 신경성 계통의 질환에 많이 걸린다.

### ❻ 입술이 건조하고 트는 사람

비장에 이상이 있으면 입술이 트기도 하는데, 비장을 튼튼하게 하면 말끔히 치료된다. 입술이 건조하고 트는 사람은 입술뿐만 아니라 생식기 쪽에도 이상이 있다. 입술이 건조하면서 트고 벗겨지는 여성은 대부분 냉대하로 고생한다. 따라서 입술에 혈색이 돌지 않고 자꾸만 마르거나 트는 여성은 화장으로 감추려 하기보다는 생식기에 이상이 없는지를 검사해 봐야 한다.

### ❼ 입술이 계속 마르는 사람

입술이 마르는 것은 몸에 진액이 부족하여 나타나는 증상으로, 두통이나 어지럼증, 관절 통증 등을 수반하며, 감기 비슷하게 가래와 기침이 많아지고 열이 났다 식었다 하는 한열 증상도 나타난다.

### ❽ 입술에 포진이 생기는 사람

입술이 부르트고 쌀알처럼 크고 작은 종기가 무더기로 생기면서 황색의 투명한 진물이나 피가 섞인 혼탁한 액체가 들어 있는 경우가 있을 것이다. 며칠 지나면 가려움증과 통증이 가라앉고 딱지가 생기면서 자연 치료되는데, 이런 현상은 주로 감기나 폐렴, 홍역 등의 호흡기 질환에서 흔히 나타난다.

### ❾ 입술 안쪽이 부르트는 사람

아랫입술 안쪽 점막에 작은 과립(顆粒)이 생기거나 반투명성한 돌기(突起)가 돋아나는 것은 흔히 회충 병에서 나타나는 현상이다. 윗입술을 뒤집어 보아 입술과 잇몸이 맞닿는 부위에 자잘한 돌기나 흰색의 작은 반점이 여러 개 돋아나 있으면 거의 치질이라고 생각하면 된다.

### ❿ 입술이 뒤집히는 현상

윗입술이 위로 뒤집혀서 인중을 덮었다면 비양(脾陽)이 이미 단절되었음을 의미한다. 상한열병(傷寒熱病)에 입이 물고기 입처럼 다물어지지 않고 기출(氣出)되는 것을 돌리지 못하면 사망에 이르게 된다. 또한 환자가 입이 튀어나오면 3일 안에 죽고, 입술이 말리거나 인중이 튀어나와도 곧 죽음을 맞이하게 된다.

입이 눈 길이의 두 배 정도 폭에 이르면 그 사람은 우둔하고, 입을 다물어도 치아가 약간 보이는 사람은 총명하지만 냉담하고 사악한 면이 있다. 큰 입은 관능적이고 방탕한 경향이 있다. 특히 아랫입술이 두텁고 크고 튀어나온 사람일수록 욕정이 강하다. 하지만 윗입술이 더 두텁고 더 뻗어 나와 있는 사람은 지적이고 성격도 온화하다. 입술이 얇고 직선적인 사람은 지성적이지만 냉정하고, 건강이 좋지 않다는 것이 흠이다.

## 4  식록과 건강

인중의 양쪽 부위를 식록이라 하는데, 이곳은(그림1) 주로 하반신의 상태를 판단한다. 식록이 흰 사람은 하반신이 차가워지고 있는 상태이며, 식록이 붉은 사람은 하반신에 열이 있는 상태다. 식록이 거뭇한 사람은 하반신이 약해

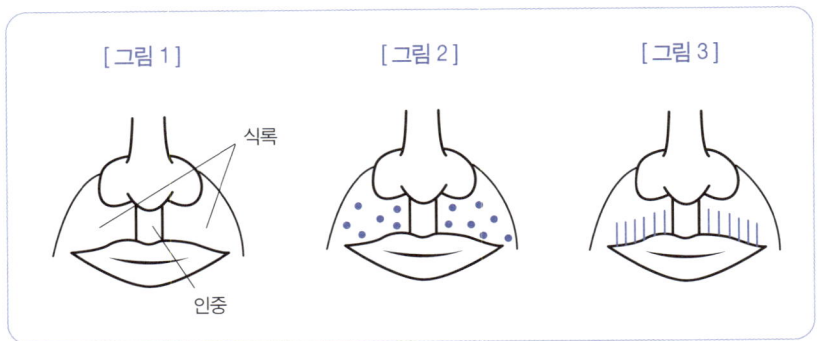

지고 있는 상태이며, 식록이 노란 사람은 하반신의 수분 대사가 나쁜 상태다. 식록이 창백한 사람은 빈혈증이 많으며, 식록에 여드름 같은 염증이 있는 사람은 장 상태가 나쁜 것이다(그림 2). 또 식록 하부에 세로 주름(노인들에게서 자주 볼 수 있다)이 있으면(그림 3) 여성은 여성 호르몬이 부족하고, 남성은 남성 호르몬이 부족하다는 것이다.

## 입 주위에 나타난 의미와 현상

### [입과 턱]

입은 음식을 먹는 곳이자 말을 하는 도구다. 이마의 천중(天中)을 아침에 태양이 솟아오르는 장소라고 하면 턱의 끝은 석양(夕陽)이 가라앉는 장소다. 그러므로 턱 끝이 밝은 색을 띠고 있어야 미래도 밝다고 할 수 있다.

• 식록

코와 입 사이를 식록(食祿)이라고 한다. 먹는 것과 곳간을 살피는 곳으로, 식록에 붉은색 반점이 나타나면 경제가 어려워 손님을 대접하기가 힘들어진다. "곳간에서 인심 난다."는 속담을 떠올리면 될 것이다.

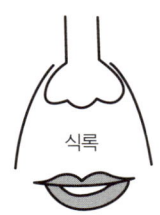

- **턱에 나타난 의미 – 약이 맞지 않거나 맛있는 음식을 먹는다.**

승장(承奬)이란 아랫입술 아래쪽에 있는 부위로, 약을 먹고 있는데 그 약이 몸에 맞지 않으면 이곳이 거뭇해진다. 맛있는 음식을 먹고 난 뒤에는 아랫입술 주변에 윤기가 돈다. 음식을 먹기 전에는 기색선(氣色線)뿐이지만 맛있는 음식을 먹을 때는 기색선에 윤기가 돈다.

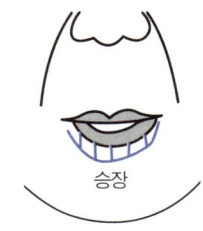

- **턱에 나타난 의미 – 음식을 맛있게 먹고 있다.**

윗입술의 선에 따라서 흰 기색선이 있으면 건강하다는 것을 의미한다. 이 기색선은 1m 이상 떨어진 데서 보아야 잘 보인다.

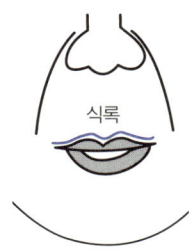

- **턱에 나타난 의미 – 직업이 불안정하다.**

식록에 상처가 있거나 윗입술에 상처가 있으면 직업이 불안정하다. 상처는 자신으로부터의 재앙이다. 성실하게 노력하면서 건강을 돌봐야 피해를 막을 수 있다.

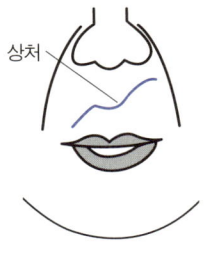

# ⑩ 치아와 운명

## 1 치아의 의미와 운명

치아는 모든 뼈의 정기가 입속에 모여 칼날을 이루어 모든 음식물을 씹어 장부를 편하게 하는 것이다. 그래서 기혈이 왕성하면 치아도 건강하고, 기혈이 허약하면 치아도 약하다. 그러므로 치아는 견고하고 크며 개수가 많아서 빈틈이 없어야 한다. 약하고 가늘고 개수가 적으며 사이가 드문 것은 좋지 않다.

- 치아가 크고 길고 곧으며 희고 많은 사람은 부귀할 상이다.
- 치아가 단단한 사람은 장수한다.
- 치아가 어긋난 사람은 교활하다.
- 치아가 드러난 사람은 폭망(暴亡)하다.
- 치아가 드문드문한 사람은 가난하다.
- 치아가 짧고 이지러진 사람은 어리석다.
- 치아가 마르고 윤택하지 못한 사람은 횡사한다.
- 말할 때 치아가 보이지 않는 사람은 부귀하다.
- 몸은 건강한데 쉽게 낙치되는 사람은 명을 재촉한다.
- 치아가 38개 정도 되는 사람은 왕후가 될 상이다.
- 치아가 36개 되는 사람은 대귀한다.
- 치아가 32개 되는 사람은 복록이 많다.
- 치아가 30개 되는 사람은 보통의 삶을 산다.
- 치아가 28개 이하인 사람은 가난하다.
- 치아가 희고 윤택하면 재운이 왕성하다.

- 치아가 하얗고 반짝반짝 빛나는 사람은 백 번 일을 꾀하면 백 번 성사된다.
- 치아가 누런 사람은 천 번을 구해도 천 번 막힌다.
- 치아가 백옥 같은 사람은 고귀하다.
- 치아가 백은 같은 사람은 청귀(清貴)하다.
- 치아가 석류처럼 많은 사람은 복록이 많다.
- 치아가 칼날 같은 사람은 장수한다.
- 치아가 찹쌀 같은 사람은 장수한다.
- 설안니가 있으면 부모에게 해가 있다.
- 위쪽 이가 보이는 사람은 구설이 많다.
- 왼쪽 치아가 빠지면 중년에 실패를 본다.
- 오른쪽 치아가 빠진 사람은 여자로 인해 실패한다.
- 치아가 톱날처럼 어긋나거나 뻐드렁니인 사람은 14세 전에 한쪽 부모를 잃는 경우가 많다.
- 뻐드렁니를 가진 여성은 남편궁이 좋지 않다. 생이별하거나 사별하는 수가 많다.
- 입을 열 때 치아가 훤히 보이는 사람은 좋지 않다. 특히 부인이나 여성에게는 더욱 금기다.
- 뻐드렁니를 가진 남성은 처궁과 자녀궁이 좋지 않다.
- 뻐드렁니를 가진 남성은 처자궁은 좋지 않아도 출세하는 데 있어 수완과 요령이 좋아 풍파가 많아도 백절불굴하여 성공하는 사람이 많다. 이것을 이른바 귀치라 한다.
- 양의 치아를 가진 사람은 자녀들이 현명하고 통달하게 된다.
- 소의 치아를 가진 사람은 영화를 누린다.
- 쥐의 치아를 가진 사람은 가난하게 살고 일찍 죽는다.
- 태어난 지 100일밖에 안 된 아이가 드문드문 치아가 솟으면 일찍 죽는다.
- 치아가 치밀하게 난 여성은 귀한 벼슬을 하고, 세밀한데 듬성듬성 난 여성

은 남편을 상극한다.
- 앞니 2개는 입에 포함해서 살펴본다. 앞니는 금운과 관련 있다. 예쁜 치아를 2개 갖추고 있어야 좋다.
- 앞니가 큰 사람은 침착하지 못해 급하게 일을 처리한다.
- 앞니 사이가 벌어져 있는 사람은 싫증을 잘 낸다. 서비스업에 적당하다.
- 치아가 앞으로 돌출되어 있는 사람은 적극적이다. 뻐드렁니인 사람은 장단점을 동시에 가지고 있다. 밝고 즐거운 사람이라 함께 있으면 즐거운 반면 적극적이고 상대를 컨트롤하려 하기 때문에 부부 인연이 나쁘다는 것이 단점이다.

## 2 치아와 건강

치아의 윤택과 고조를 통해 위장의 진액이 있고 없음을 알아낼 수 있다. 치아가 건조하면 음액이 손상된 것이고, 치아가 건조하여 돌처럼 보이면 위열이 극심한 것이며, 치아의 빛이 마른 벼와 같으면 신장 전음이 고갈되고 있다는 징조다. 또 치아가 마르고 때가 끼는 것은 신장이 허하고 위장에 열이 있다는 것이며, 치아는 건조하나 때가 끼지 않으면 위와 신의 음액이 고갈되고 있다는 것이다. 또 치아에 누런 때가 끼는 것은 습열이 침습했음을 의미한다. 그리고 잇몸에 푸른 기운이 돌면 납에 중독되었을 가능성이 높다.

치주염에 걸리면 잇몸 색깔이 붉어지거나 진한 보라색으로 변하고 부풀어 오른다. 입 냄새도 나는데, 염증이 심해짐에 따라 구취도 심해진다. 윗니와 아랫니는 경락상으로 구분되는데, 윗잇몸은 족양명 위경에 연결되어 있고, 아랫잇몸은 수양명 대장경과 연결되어 있다.

아래쪽 치아가 아픈 하치통은 금(金)에 해당하는 장부인 폐나 대장이 나빠서 생기고, 이때는 매운맛이 나는 음식을 먹는 것이 좋다. 반대로 위쪽 잇몸이 아픈 상치통의 경우에는 단것을 집중적으로 섭취하면 풍치나 치통이 쉽게 사라진다. 치아 자체가 약해 부스러지는 것은 신장 기능이 약하기 때문으로, 이때는 짠맛이 나는 음식을 먹는 것이 좋다.

신장의 원기가 부족해져서 오는 치아 질환에는 잇몸이 패이고 이뿌리가 드러나면서 흔들리는 증상이 있다. 치아 사이가 자꾸 벌어지는 것은 신장(腎)기능이 약해서이다. 치통 역시 신이 허해서 오는 경우가 많으며, 어혈이나 찬 기운 또는 충치로 인해 치아가 아픈 경우도 있다. 치아에 검은 빛이 도는 것 또한 신장이 좋지 않다는 뜻이다. 치아가 약하거나 없어서 음식물을 잘 씹지 못하면 소화기에 부담을 줄 뿐만 아니라 영양소를 제때에 보충해 주지 못하여 병이 생기고 몸이 허약해지면서 건강에 문제가 생긴다.

치아가 튼튼하여 다 있는 것과 없는 것은 뇌의 활성에 큰 차이가 있으며, 노화를 촉진하는 하나의 조건이기도 하다. 이가 삭거나 치조농루가 되면 치아 자체를 쓰지 못할 뿐만 아니라 병균이 피를 통해 다른 곳으로 옮아가서 여러 가지 다른 병을 일으킨다. 류머티즘이 생기는 원인의 하나를 삭은니와 관련시키거나, 신장 질환·심장병·고혈압·두드러기·신경통을 삭은니와 관련시키는 학자도 있다.

---

### ∞ 여성과 치아

- 치아가 옥수수 알맹이 같은 여성은 다음(多淫)하다.
- 앞니 두 개가 큰 여성은 유두가 상당히 민감하다.
- 덧니가 난 여성은 목덜미가 민감하다.
- 전체적으로 치아가 큰 여성은 겨드랑이가 민감하다.
- 아랫니의 잇바디가 고르지 못한 여성은 유방이 민감하다.
- 아랫니 윗니가 모두 고르지 못한 여성은 넓적다리가 민감하다.

## 심독(心毒)의 상

　심독이란 마음에 독이 있는 것을 말한다. 이런 사람은 조심해야 한다. 일반적으로 말을 할 때 입이 뒤틀리는 사람(마음속에 무리가 있다), 입을 다물어도 치아가 입술 밖으로 나와 있는 사람(옆길로 샌다), 말을 할 때 아랫니만 보이고 윗니는 보이지 않는 사람(음험하다)을 심독이 있다 한다.

# ⑪ 혀와 운명

## 1 혀의 의미와 운명

혀는 안으로는 마음과 원기가 서로 응하여 호령이 되고, 밖으로는 여러 기관을 접하여 방울처럼 울리는 부위로, 정신의 집이자 몸과 마음의 배와 돛대가 된다. 좌우하는 기관이 되고 운명 득실이 달린 것이기도 하다. 혀를 한 번 잘못 놀리면 생사가 달리므로 혀를 함부로 놀려서는 안 된다. 또한 혀는 언어의 표현기가 되므로 그 생김으로 길흉을 판단할 수 있다. 혀는 모지고 길며 단정하고 붉으며 칼날처럼 생겨 무늬가 있으면 부할 상이요, 이와 반대로 둥글고 짧으며 좁고 엷고 빛깔이 누르거나 희고 무늬가 없으면 빈천할 상이다.

- 혀가 좁고 길면 간사한 도둑이요.
- 혀가 두텁고 짧은 사람은 운이 막힘이 많다.
- 혀가 크고 엷은 사람은 쓸데없는 말을 잘한다.
- 혀가 뾰족하고 작은 사람은 욕심이 많다.
- 혀가 코끝까지 닿은 사람은 부귀할 상이다.
- 혀가 단단하기가 손바닥 같은 사람은 대귀할 상이다.
- 혀가 주사처럼 붉은 사람은 대귀한다.
- 혀가 간장처럼 검은 사람은 빈천하다.
- 혀가 붉어 혈색이 좋은 사람은 귀하다.
- 혀가 희어 회와 같은 사람은 가난하다.
- 혀 위에 무늬가 있는 사람은 고귀할 상이다.
- 혀 위에 종문(縱紋)이 있는 사람은 부자가 된다.

- 혀가 윤택하고 입에 가득한 사람은 부자가 된다.
- 혀에 아름다운 무늬가 있는 사람은 조정대관이 된다.
- 혀 위에 검은 점이 있는 사람은 거짓말을 잘한다.
- 혀가 뱀처럼 생긴 사람은 마음에 독기가 있다.
- 말하기 전에 혀를 빼는 사람은 음란하다.
- 말하기 전에 혀를 내두르는 사람은 거짓말쟁이다.
- 혀는 붉으면 좋고 검거나 희면 좋지 않다.

## 2 혀와 건강

혀의 진찰은 혀의 외관으로부터 몸의 이상을 진단하는 방법으로, 중의(中醫) 진단학 중에서 중요한 분야다. 중의 진단학에서 혀는 경혈과 경락을 통해 오장육부와 연결되어 있다고 본다(그림1). 혀 전체가 흰 사람은 빈혈증이 많다(악성 빈혈은 예외). 혀끝이 특히 붉은 사람은(그림2) 심장과 폐에 이상이 있으

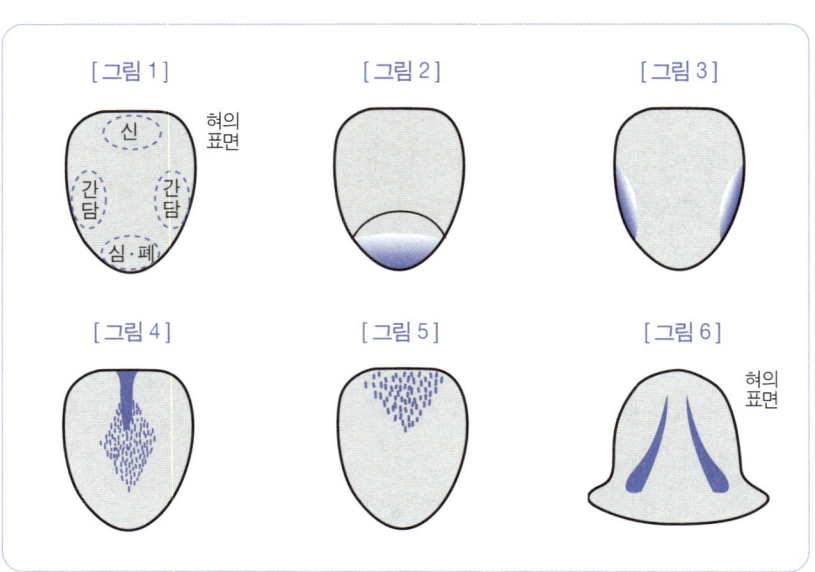

며, 혀의 옆이 특히 붉은 사람은(그림3) 간장과 담낭에 열이 있다(열증).

혀 가운데 부분에 균열이 있는 사람은(그림4) 위와 췌장이 약해지고 있는 중이다(위·비허증). 그리고 혀 안쪽에 균열이 나타나고 있는 사람은(그림5) 신장이 약해지고 있다(신허). 혀의 가장 안쪽에 청자색이나 자흑색의 정맥이 떠오르는 사람은(그림6) 혈액의 흐름이 나쁘다(어혈).

혀는 그 형태가 부드러워야지 뻣뻣하고 굳으면 좋지 않다. 부드러운 것은 기혈과 진액의 영향을 받는 것이고, 뻣뻣하고 굳은 것은 맥락이 영향을 받지 못하거나 풍담이 경락에 침습된 관계를 말한다. 부대하고 종창되는 것의 원인은 담음이 넘치거나 습사가 위에 축적된 것에 있으며, 얇고 야위어 작아지는 것은 심허나 혈허 또는 내열이 기육을 소모시키는 데 그 원인이 있다.

혀가 건조하고 고환이 오그라드는 병은 궐음에 침입한 것으로, 대부분 사망에 이른다. 또 혀가 부어 입안에 가득 차서 움직일 수 없는 것을 목설(木舌)이라고 한다. 혀를 폈다 오그렸다 하는 데 힘이 없는 것은 기가 허해서 그런 것이고, 때로 입 밖으로 내미는 것은 속에 열이 있기 때문이며, 혀가 떨려서 말을 하기가 어려운 것은 심(心)과 비(脾)의 기가 허하기 때문이고, 혀를 내두르는 것이 멎지 않는 것은 간풍이다.

연하고 뚜렷하여 잘 움직일 수 없을 때는 그 증상이 얼마나 오래된 것인지를 살펴야 한다. 증상이 나타난 지 얼마 되지 않았다면 열이 심한 것이 원인일 수 있고, 오래된 것이면 대체로 음액이 소모된 것이 원인일 수 있다. 혀를 내밀고 거두어들이지 못하는 것은 담이 위에 옹체된 것인데, 만일 소아병에 이런 증상이 나타나는 것은 심기가 많이 소모된 것으로 위험하다고 볼 수 있다. 또 소아가 때때로 혀를 내밀고[吐舌] 혀를 놀리는[弄舌] 것은 심장과 비장에 열이 울결된 것으로, 중병 후에 이런 증상이 나타나면 매우 위험하다. 혀를 내밀었을 때 좌우 한쪽으로 휘어 있거나 말을 아둔하게 하면 뇌혈전의 전초 증상이다. 혀 전체가 커졌다면 갑상선 기능 저하 가능성이 있으며, 혀 뒤쪽의 정맥이 붓는 것은 심부전증 가능성이 있다. 혀가 유연하지 못하고 견고

| 혀의 상태 | 건강 상태 | 그림 |
|---|---|---|
| 희미한 분홍색으로 작은 돌기가 있어 거슬거슬하다. | 매우 건강한 상태다. | |
| 작은 돌기가 없고, 미끈미끈한 느낌이 든다. | 허약 체질로, 특히 허리와 하반신이 약하다. | ① 붉은색<br>② 깔쭉깔쭉하면서 매우 붉다<br>③<br>④<br>⑤ |
| 혀 전체가 약간의 보라색을 띤다. | 어혈 체질, 몸에 어혈이 남아 있는 체질 | |
| 혀 전체가 서리가 내린 것처럼 조금 하얗다. | 몸이 전체적으로 차갑다. | |
| ① 혀끝이 매우 붉다. | 구내염(口內炎)을 앓거나 심장에 열이 있고 소장에도 열이 있어 점액변(粘液便)이 발생한다. 하반신, 특히 허리에 한증이 있다. | |
| ② 혀의 옆이 깔쭉깔쭉하면서 붉다. | 간장과 담에 열이 있는 항진 상태(抗進狀態)다. | |
| ③ 혀의 정중앙에 두터운 흰색의 태가 있다. | 소변을 배출하기 어려운 상태다. | |
| ④ 혀의 정중앙에 엷은 황색의 태가 있다. | 위장과 췌장에 열이 있으며, 특히 육류 등을 과식했을 때 나타난다. | |
| ⑤ 혀 안쪽이 약간 검은색을 띤다. | 하반신이 약하다. | |

한 느낌이 들면 풍담(風痰)이 경락을 응체시킨 것이며, 혀를 자유롭게 신축하지 못하는 것은 기허(氣虛)이다. 혀를 입 밖으로 자꾸 내밀고 싶어지면 내열(內熱)이다.

어린이가 혀를 날름날름 하는 것은 심비(心脾)에 열이 울결된 것으로, 심각한 질환에서 자주 볼 수 있다. 또 혀를 내밀 때 한쪽으로 기울어지는 형태에서 만약 자주색의 붉은 혀를 급하게 내밀면 발경(發痙)이고, 붉은 혀를 천천히 내밀면 중풍이다. 혓바늘이 돋아 혀가 가시처럼 깔깔한 것은 열독(熱毒)으로, 심폐에 화가 왕성하고 위에 실열이 있기 때문이다. 흔히 고열이 나거나 폐렴이 있을 때 나타난다.

## 3 혀를 통해 생사를 살피는 방법

생사를 판단하는 것은 전신증에 대하여 결정하는데,《내경》에 자세히 기록되어 있다. 그러나 설진으로 예후를 더욱 정확하게 판단하기 위해 과거 사람들의 경험을 바탕으로 서술하면 다음과 같다.

- 혀가 외막(外膜)을 벗긴 돼지 콩팥과 같거나 경면(鏡面) 같으면 위중한 상태다.
- 혓바늘이 모래처럼 깔깔하고 건조하여 갈라지면 위험하다.
- 혀가 오그라들면서 쭈글쭈글하고 진액이 없으면 위태하다. 홍시(紅柿) 빛과 같아도 위태하다.
- 혀가 구운 백설기처럼 검붉으면서 마르면 위험하다.
- 혀가 번들번들하며 태가 없는 것은 이미 위기가 끊어진 것이니 불치병이다.
- 혀가 말리고 불알이 오그라드는 것도 불치증이다.
- 설근이 뻣뻣하여 잘 돌지 않으면 위태하다.
- 혀의 백태가 눈꽃 조각처럼 일어나는 것은 비장이 냉하여 생기가 진한 것으로 불치증이다.

# 12 관골과 운명

## 1 관골의 의미와 운명

얼굴의 5악 중에서 광대뼈(관골)는 동·서악에 해당한다. 중악인 코를 양쪽에서 보좌하는 신하와 같은 역할을 하기도 한다. 따라서 코가 아무리 잘 갖추어져 있어도 보좌 역할을 하는 광대뼈에 맺힌 데가 없으면 아무 소용이 없다. 얼굴 생김새의 아름다움이라고 하는 관점에서 보면 광대뼈는 얼굴 윤곽을 결정하는 역할을 하는데, 포동포동하게 나와 있거나 패이고 죽은 곳이 있으면 얼굴의 품위가 바뀐다. 상법에서는 광대뼈로 권세와 성품, 사회성 등을 살핀다.

광대뼈는 높고 돌출되어 있으며 살집이 좋은 것이 길(吉)격이다. 높이 돌출되어 있지만 뼈만 돌출되어 있는 형태는 좋지 않다. 얇고 빈약하면 기세가 약하다. 뼈는 양(陽), 근육은 음(陰)을 나타내므로 음양이 적당히 조화를 이루는 것이 좋다.

일반적으로 뺨이 포동포동하고 풍부한 사람은 의지가 강하고 행동력이 뛰어나며 인기와 칭찬에 민감하다. 이와 반대로 빈약한 뺨을 가진 사람은 조용하고 여성적이며 점잖다. 뺨에 살이 너무 많이 붙어 늘어져 버리면 운기도 그만큼 나빠진다. 뺨이 야위어 뼈와 가죽만 남은 사람은 자기 주장이 강하고 성격이 격렬하다. 코가 궁상스럽고 광대뼈만 큰 사람은 남 앞에 나서기를 좋아하고, 남의 일을 살펴 주는 것도 좋아한다.

앞에서도 밝혔듯이 관골은 코를 보좌하는 신하와 같기 때문에 코가 아무리 잘생겼어도 관골이 솟지 않아서 보좌 역할을 다하지 못하면 아무리 훌륭한 성군이라 해도 신하가 어질지 못해 정치를 그르치는 꼴과 같다. 그러므로 코는 약간 부족해도 관골이 좋아야 한다. 이는 비록 임금이 밝지 못해도 신하가 보좌를 잘하면 백성이 편한 것과 같다. 대운은 코와 함께 40~54세까지 지배하고, 소운은 46, 47세 두 해를 지배한다.

- 높이 솟고 살비듬이 좋아야 한다.
- 낮거나 뼈가 불거지면 좋지 않다.
- 높이 솟은 자는 권세가 있고, 낮거나 깎인 자는 무세(無勢)하다.
- 관골의 뼈가 불거지면 고단하다.
- 골이 관골 옆으로 뻗으면 흉악하다.
- 관골이 옆으로 돌출되어 있으면 저항심이 있다.
- 관골이 앞으로 돌출되어 있으면 공격력이 있다.
- 관골이 돌출되어 있고 입 옆의 볼 살이 없는 사람은 사랑보다 신뢰를 중시한다.
- 관골이 크고 코끝(행동력)이 큰 사람은 자신감이 있다. 하지만 이런 사람이 사장일 경우 아랫사람이 성장하지 못한다. 모든 것을 스스로 처리하기 때문이다.

## 2 관골의 형태와 운명

### 옆으로 길게 돌출된 광대뼈

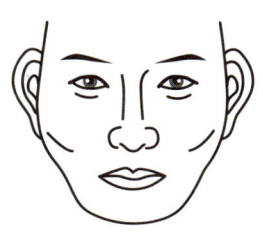

광대뼈가 옆으로 길게 돌출된 사람은 자신을 전면에 내세우는 데 서툴다. 하지만 인내심이 강해 어떤 일을 지지하거나 뒤에서 돕는 일을 잘한다. 이성에 대한 호기심도 강한 편이다. 옆으로 길게 돌출된 광대뼈도 2가지 유형으로 나뉘는데, 광대뼈가 위쪽을 향해 붙어 있는 사람은 학자나 예술가 등에 어울리고, 아래쪽을 향한 사람은 끈질기고 조금 음험한 편이다. 광대뼈가 옆으로 많이 돌출되어 있는 사람은 성격이 흉폭하고 과격하며, 여성의 경우 남편과 이별할 가능성이 높다.

### 앞으로 돌출된 광대뼈

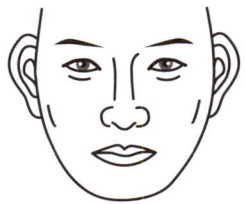

광대뼈가 앞으로 돌출된 사람은 적극적이고 건강하다. 그러나 성격이 급해 경솔한 면이 있으며, 분쟁이나 싸움에 관련되는 일이 많다. 아집에 사로잡혀 완고하고 지기 싫어하는 경향을 보이며, 투쟁심을 먼저 내세우는 타입이다.

### 살집이 좋은 광대뼈

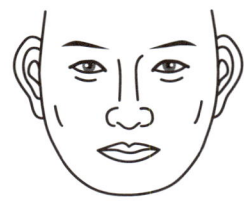

코가 크게 부풀어 올라 있고 좌우 광대뼈가 균형을 이루어 살집이 두꺼운 사람은 재운이 있다. 이마와 턱, 광대뼈가 모두 코를 향해 부풀어 올라 있고 마주보는 듯한 사람은 말년까지 재운이 좋다. 단, 살이 지나치게 많이 붙어서 탄력이 없거나 피부색이 좋지 않은 사람은 예외다.

### 살집이 약한 광대뼈

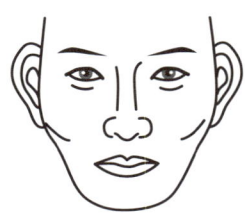

광대뼈는 발달되어 있지만 살집이 얇고 뼈만 눈에 띄는 사람은 적극적이지만 세련되지는 않다. 협조성과 융통성이 없어 유아독존적 사고를 하기 쉽다. 뺨이 한층 더 세로로 돌출되어 있는 사람은 마음이 불안정하고 말싸움이 끊이지 않는다. 타인의 일을 대신 맡아도 돌아오는 이익이 없다.

### 광대뼈와 턱이 발달한 형

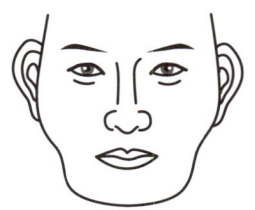

여성의 경우 광대뼈가 발달하고 턱뼈가 나와 있으면 성격이 남성적이다. 의지가 강해서 활동적이므로 가장 역할을 많이 한다. 남편 대신 가정을 책임지는 여성도 많다.

## 3 관골과 질병

얼굴을 통해 오장육부와 인체의 각 기관을 관찰할 수 있는데, 인당은 양 눈썹 사이로, 이곳을 통해 폐 건강을 살필 수 있다. 인당 바로 위는 인후이고, 인당 바로 밑은 심장이다. 눈의 내자(內眥)와 수평을 이루고 있는 콧등이 산근으로, 이곳은 심장 부위다. 그 바로 아래가 간의 부위이며, 간 부위 왼편이 담낭 부위다. 그 밑 코끝 둥근 부위인 준두는 위장 부위이고, 인중은 방광과 자궁 부위에 해당한다.

한편 광대뼈는 어깨 상태에 대한 이상 유무의 반응이 나타나는 부위이기도 하다. 광대뼈 양쪽 귀 앞은 위팔의 반응 부위이며, 그 바로 아래는 손의 반응 부위다. 눈의 내자 위는 유방의 반응 부위이며, 귓불 아래는 등(背)의 반응 부위이며, 하악골 양쪽은 대퇴부의 반응 부위다. 좌우 협골이 교차하는 중간 지점은 무릎의 반응 부위이며, 그 바로 아래는 종아리의 반응 부위이고, 그 바로 아래는 발의 반응 부위다.

입 주위에 있는 큰 주름을 법령(法令) 또는 거분(去分)이라 하는데, 여기는 대퇴부 내측의 상태에 대한 반응을 보이는 부위다. 따라서 뺨 중에서 법령이 뚜렷하면 대퇴부 내측의 근육이 충실하다는 증거로, 정력이 좋다. 그러나 이와 반대로 법령이 뚜렷하지 않으면 대퇴부 내측의 살집이 빈약한 것으로, 초혼에 실패하거나 남편복이 없다.

광대뼈가 지나치게 돌출되어 있으면 어깨가 굽어져서 등과 어깨에 통증이 올 가능성이 높으며, 반대로 이 부위가 지나치게 함몰되어 있으면 어깨가 빈약하다. 이 부위가 좌우 대칭을 이루고 있지 않으면 어깨도 좌우 대칭을 이루지 못한다.

뺨 중에서 광대뼈는 유달리 튀어나왔는데 눈썹 끝과 귀 사이의 태양혈 부위가 살집이 없어 움푹 들어간 사람이 있는데, 이런 사람은 부모운이 좋지 않다. 부모나 형제 때문에 크게 고생한다. 위장 경락이 풍에 손상되면 안면 신경 마비로 한쪽 뺨이 이완되어 구안와사가 된다.

《소문·자열론》에서는 "간에 열병이 있는 사람은 왼쪽 뺨이 먼저 붉어지고, 심장에 열병이 있는 사람은 얼굴이 먼저 붉어진다. 비장에 열병이 있는 사람은 코가 먼저 붉어지고, 폐에 열병이 있는 사람은 오른쪽 뺨이 먼저 붉어진다. 신장에 열병이 있는 사람은 턱이 먼저 붉어진다."고 했다. 즉 왼쪽 관골 아래에 적색이 나타나면 간에 열이 있고, 오른쪽 관골 아래에 적색이 나타나면 폐에 열이 있다. 그리고 좌우 관골에 적색이 나타나면 신에 열이 있다.

뺨이 특히 붉은 여성은 과부가 되거나 남편과 생이별을 할 상이다. 뺨에 살이 없어 쑥 들어간 남성은 신경질적이고 빈한하여 고생을 많이 한다. 또 관골(뺨)에 검은색이 도는 사람은 세상 사람들에게 좋지 않은 평판을 듣는다. 관골 뒤쪽 명문에 살이 통통하고 힘이 있는 사람은 신장도 튼튼하고, 그렇기 때문에 장수한다. 그러나 명문 부위의 살이 오목하게 보이고 성격마저 감정적인 사람은 신장 활동이 약하므로 반드시 몸을 아껴야 한다. 신장이 허해지면 뺨의 노화가 더 빨리 진행되며, 신장이 냉(冷)에 손상되면 뺨에 검은 빛이 돈다. 그리고 신장에 병이 생기면 광대뼈 주위와 이마, 귀 등이 검게 된다. 이마 정중선에 엄지 크기의 흑색이 나타나면 병이 생긴 것이 아니라 급사할 징조라고 하듯 광대뼈에 엄지손가락 크기의 적색이 나타나면 병이 조금 낫는다 해도 반드시 급사하고 만다.

### 볼살

볼살은 사랑받고 싶거나 어떤 사람과 적극적으로 교제하고 싶거나 사교 등의 의미가 있다. 볼살이 풍부하고 솟은 사람은 적극적이다. 이 경우 입의 대소가 문제가 된다. 또 큰 입을 가진 사람은 생각한 것을 그 자리에서 적극적으로 주장한다. 반면 입이 작은 사람은 그 자리에서는 입을 다물고 있다가 뒤에 가서 불평을 한다.

# ⑬ 수염과 운명

## 1 수염과 운명

수염은 남성만이 가질 수 있는 것으로, 산천의 송백과 같다고 할 수 있다. 입 위에 나는 것을 자(髭)라 하고, 입 아래에 나는 것을 수(鬚)라 한다. 자는 녹(祿)이 되고 수는 관(官)이 된다. 또 좌우 뺨에 나는 것을 구레나룻이라 한다.

- 수염이 쑥대처럼 우거지면 좋지 않다.
- 맑고 깨끗하여 약간 드문 것이 귀상이다.
- 수염이 너무 드물어 살이 보이면 좋지 않다. 지나치게 탁해도 천(賤)상이다.
- 구레나룻은 드문 것이 좋고, 빈 것은 좋지 않다.
- 윗수염이 입술을 덮지 못하면 인덕(人德)이 없다.
- 수염이 둘둘 말리면 형벌이 있고, 수염이 윤택하면 말년에 복록이 많다.
- 수염이 뻣뻣하면 성질이 강해서 실패한다.
- 지나치게 유해도 용기가 없어 기회를 잃는다.
- 인중에 수염이 없는 사람은 남의 일만 해 주나 공이 없다.
- 수염이 감실감실한 여성은 중년에 과부가 된다.

## 2 수염과 건강

《황제내경》에 의하면 방광경의 혈기가 충만하면 눈썹이 길고 아름답지만 혈(血)만 많고 기(氣)가 부족하면 눈썹이 보기 싫다고 했다. 대장경의 혈기가 충만하면 코밑 수염이 아름답고, 혈기가 적으면 수염이 없다고 했다. 어찌하여 여성에게는 수염이 없는지에 대해서도 설명하고 있다. 혈기가 왕성해야 털이 나는 법인데, 여성은 기는 많지만 월경 등으로 인해 특히 입 주위의 혈이 부족해서 수염이 나지 않는다는 것이다.

신장의 활동이 약하거나 혈액 순환이 원활하지 않은 사람은 조금이라도 마음속에 고통이 생기면 금세 수염이 붉어진다. 그러므로 평소 건강에 자신 있는데 수염이 붉어졌다면 큰 재화(災禍)가 생기거나 커다란 손재수가 생겨 고생할 수 있다. 검고 가느다란 수염에 푸른빛이 돌면 그 사람이 활력 있다는 것을 뜻하고, 노력에 따라 충분히 성공할 수 있고 건강도 좋다는 것이다.

붉은 빛이 도는 수염은 운이 하강세이며 소망을 달성하기 어렵고 체력도 약해지고 있다는 것을 의미하며, 질병도 없는데 검은 수염이 붉어지기 시작하는 것이 좋지 않은 징조다. 또 수염 끝이 굽고 휘어지면 지금 하고 있는 일이 순조롭게 진행되지 않으며 어려움이 많다는 것을 의미한다. 검은 수염이더라도 약간의 푸른 기운을 띠는 것이 아니라 옻칠을 한 듯 검은색이 돌면 운이 별로 좋지 못하며, 파란이 많고 부인과의 인연도 나빠지기 쉽다.

# 법령과 운명

## 1 법령의 의미와 운명

법령은 말 그대로 법을 맡아 호령하는 기관이니 어린이는 아직 법을 알지 못하므로 법령이 생기지 않고, 대개 20세가 넘어 성년이 되어야 비로소 법령이 생긴다. 법령은 코끝 좌우로부터 입가로 길게 뻗친 금을 이른다. 대운은 입과 함께 55~64세까지 지배하고, 소운은 56세 57세 두 해를 지배한다.

- 법령 선이 입으로 들어가면 굶어죽을 상이다.
- 법령 선이 입 끝을 지나지 못하면 단명한다.
- 법령이 분명치 못한 자는 위법을 할 상이다.
- 법령에 붉은 빛이 윤택하면 사령장을 받고 검으면 파면장을 받는다.
- 법령선을 세력선이라고도 하는데, 자신의 권역을 지키는 세력선이라는 의미다.
- 입이 크면서 술을 지나치게 좋아하는 사람은 좌우 법령선의 범위가 넓다. 범위의 정도가 업무상의 능력이라고 보면 된다. 이 선이 선명하고 분명한 사람은 타인에게는 물론 자신의 일에도 엄격하다.

## 2 법령과 수명

운명은 항상 끊임없이 변화하고 발전한다. 부나 명예에 집착하다 보면 스트레스를 받고, 성공에 집착하다 보면 충분한 휴식을 취하지 못해 건강이 망가지는 경우도 있다. 부를 축적한 만큼 사람들의 질투를 받기도 하며, 이 과정에서 고독감이나 괴로움을 느낄 수도 있다. 50세 이후에는 건강을 가장 중요하게 여겨야 한다.

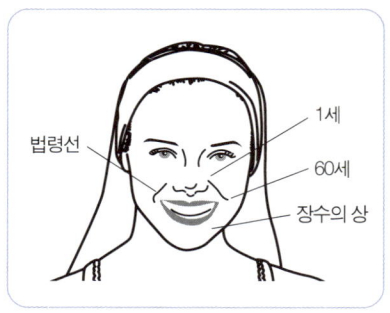

법령선은 사업·직업·권위·수명 등의 성쇠나 장단을 판단한다. 법령선은 선명하고 깊고 팔(八) 자 모양으로 열려 있고 중간에 끊어지지 않아야 길하다. 법령선은 보통 코밑이 1세, 구각이 60세로 붉은 점이나 사마귀, 검은 점, 상처의 흔적을 찾아 그 위치와 크기, 그리고 색의 농담이나 미추(美醜) 등으로 사업운이나 직업운, 권위, 수명 등을 판단한다.

법령선이 나타나지 않거나 불명확한 사람은 매사에 게으름을 피우고 전직을 자주 한다. 여성의 경우 바람기가 많다. 법령선이 검은 점이나 여드름, 사마귀나 상처 등으로 끊어져 있는 사람은 정리해고나 사고 등의 재난이 많다. 법령선이 2개 있으면 여성의 경우 재혼이나 만혼, 불륜의 관상이며, 남성의 경우에는 불륜이나 두 가정을 갖는 상이다. 법령선에 핑크색이 돌면 사업이나 직업, 권위, 수명 등이 양호하다는 것을 의미한다.

## 3 법령선과 사업운

법령선은 사업운과 관련이 많으므로 법령선을 통해 사업운을 살핀다. 법령선은 콧망울 밑에서부터 입 끝으로 향하는 주름을 말한다. 이 주름은 자신의 영역을 지키는 세력선이라 할 수 있다.

**[법령선과 사업운]**

입이 크거나 술을 지나치게 좋아하는 사람은 좌우 법령선의 범위가 넓다. 범위가 넓을수록 사업과 업무에 뛰어나다. 이 선이 선명하고 분명한 사람은 타인에게 엄격하고 자신에게도 엄격하다.

[법령선의 의미]

• 수완가의 인상

성공할 수 있는 인상으로 눈이 가늘고(감정을 드러내지 않는다), 코가 크고(자기 중심적이고 저돌적이다), 입이 옆으로 크며 약간 들어가 있는 듯한 느낌(인정이 없다)의 인상을 가지고 있으면서 법령선이 선명한 사람은 수완이 좋다.

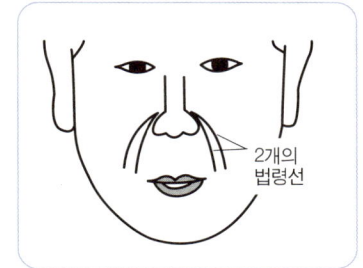

법령선이 2개이면 부업을 갖는다고 하는데, 최하에서 최고까지 있다. 주부의 역할을 하면서 남편이 운영하는 곳에서 일을 도와준다거나 직접 큰 회사를 운영할 수 있다. 법령선이 2개인 사람은 여러 가지 면에서 자신의 능력과 수완을 발휘한다.

[법령선이 없는 사람]

법령선이 없는 사람은 스스로 자신을 지킬 수 없다. 다른 사람의 책임을 추궁하지 않기 때문에 겉으로는 상냥한 사람으로 보이지만 약속을 잘 지키지 않거나 투쟁심과 노력이 부족한 경우가 많다. 또 법령선이 없는 사람은 타인과의 경쟁에서 밀리면 바로 포기해 버리는 경향이 있다.

옛 책에서는 여성에게는 법령이 없는 것이 좋다고 했다. 과거에는 참고 순종하면서 남편을 따르는 것을 여성의 미덕으로 여겼기 때문일 것이다. 그러나 법령선이 없는 사람은 생활 기반을 구축하는 데 많은 시간이 걸린다. 만약 법령선이 없는 사람이 회사의 사장이라면 그 사람 뒤에 실질적인 경영주가 있으며, 경영권이나 운영권은 주어지지 않고 책임만 있을 것이다. 법령선이 없는 사람은 용기를 내어 자신의 주장을 반복하면 법령선이 생긴다.

**[법령선의 색에 나타난 의미]**

법령선이 미색(美色)을 띠며 하얗게 빛나면 모든 일이 잘 풀린다. 전업 주부의 경우 남편의 사업에 만족하면 본인에게도 미색의 법령선이 나타난다. 만약 커피색이 돌면 사업이나 일이 잘 풀리지 않거나 자신의 일에 큰 흥미가 없음을 뜻한다.

# 턱과 운명

## 1 턱의 의미와 운명

턱은 얼굴의 가장 아랫부분에 위치하여 입을 여닫기 위해 움직이는 기관이다. 입에 명령을 내려 움직인다. 즉 부하를 움직이는 사령관의 역할을 하므로 노복궁이라 하며, 현대적인 의미로 부하궁이라고 한다. 5악 중에는 북악에 해당되며, 수성이다. 이마와 뺨, 코와 함께 산맥을 만들어 얼굴을 완성시키는 부분이기도 하다. 얼굴을 위에서부터 삼등분했을 때 상·중·하정에서 하정에 해당하고, 말년운을 나타낸다. 상법에서는 '턱을 통하여 부하를 본다.'고 하지만 현대적인 의미로는 권위와 지위, 리더십을 나타낸다.

턱에는 지고(地庫)라는 창고가 있어서 턱을 통해서도 코처럼 재산의 저축 정도를 볼 수 있다. 턱의 형태를 통해 기질과 자질을 헤아릴 수도 있다. 고서에는 "북악(턱)이 날카롭고 얇은 사람은 말년에 종종 실패를 보며, 고귀한 존재가 되는 것은 거의 있을 수 없다."고 하였다.

## 2 턱의 형태와 운명

### 주걱턱

턱이 앞으로 나와 있는 것을 주걱턱이라고 한다. 대담하고 자기애가 매우 강하다. 권력을 가져 자신의 영역을 지키는 힘은 있지만 타인을 억압해 적을 만들기 쉽다. 노복궁이 부풀어 있지만 넓지 않기 때문에 아랫사람의 도움을 받기가 어렵고 말년운이 좋지 않다.

### 무턱

주걱턱과 반대로 턱이 없는 무턱으로, 인내심이 없고 무슨 일을 해도 곧바로 싫증을 내며 꿰뚫는 힘이 약하다. 또 감성적이고 감정적이어서 감정의 기복도 심하다. 턱이 궁상맞아도 이마가 넓으면 추진력보다 사고력이 뛰어나다. 말년운은 좋은 편이지만 중년에 힘껏 노력하고 사업을 완수하려고 노력해야 한다.

### 둥근턱

둥근턱을 가진 사람은 가정에서 신망이 두텁다. 애정이 깊고 주위로부터 사랑받는다. 적당히 완고하며, 타인을 배려하는 마음도 있어서 세상을 원만하게 살아간다.

### 사각턱

사각턱을 가진 사람은 강한 의사(意思)를 가지고 있다. 명령받는 것을 싫어하고, 자수성가하는 타입이다. 근면하면서도 완고하며, 청렴하고 무뚝뚝한 것이 매력이다.

### 뾰족한 턱

턱이 뾰족한 사람은 감정이 강한 인물에게서 많이 볼 수 있다. 아랫사람을 움직이는 방법을 모르고 고상한 것을 좋아하는 성격으로, 예술가나 학자에게 적합하다. 의지가 약하고, 자신의 좁은 생각에 사로잡히기 쉽다. 비록 많은 사람을 통솔하게 된다 해도 오랫동안 지속하지 못하며, 아랫사람에게 배신당할 수 있다.

### 이중턱

이중턱을 가진 사람은 많은 사람들을 통솔하는 자리에 오른다. 광대뼈와 뺨도 두껍고, 코를 중심으로 5악이 서로 잘 화합하면 더욱 좋다. 애정과 인덕이 있으며, 도량도 넓어 리더에게 적합하다. 재운도 좋고 여유 있는 생활을 영위하며, 말년운도 좋다.

### 나누어진 턱

턱 한가운데가 갈라져 있는 턱을 가진 사람은 본래 턱이 가지고 있는 좋은 운을 모두 가지고 있는 것은 아니다. 그러나 정열적인 기질을 가진 사람이 대부분이어서 한 분야에 몰두하는 경우가 많다. 창작력이 뛰어나고 예능 방면에 소질이 있어 인기가 많다.

## 3 턱과 건강

- 턱 전체의 빛깔이 그을린 듯 거무스름하면 냉(冷)으로 인한 병에 걸릴 상이다.
- 턱이 목욕탕에서 나온 것처럼 맑고 윤기가 있으면 건강하고 좋다.
- 턱에 푸른빛이 돌면 도둑을 맞는다.
- 붉은색이 턱 아래에서 떠오르는 듯하면 불을 조심해야 한다.
- 승장(承漿)의 색으로 식중독이나 복약(腹藥)의 길흉을 본다. 붉은색이나 흑암색이 돌면 약물 중독이나 식중독에 걸릴 상이다.
- 흑색은 독약을 먹고 자살하거나 물에 빠져 죽을 상이니 조심해야 한다.
- 턱에 황미색이 돌면 병자는 좋은 약을 얻어 완쾌한다.
- 비장에 열이 있으면 승장 부위가 붉어진다.

- 지각 부위에 먼지처럼 흑적색이 돌면 화재를 당하거나 오랫동안 질병을 앓게 된다.
- 턱이 빠진 사람은 위장병, 얼굴 윤곽이 아래쪽으로 살찐 사람은 신장병에 걸릴 위험이 있다. 전자는 염분 부족이고, 후자는 염분 과잉이다.
- 턱이 좁고 뾰족하고 사마귀가 있으며 송곳 턱이면 말년에 자식운과 부하운이 없다.
- 주걱턱이 되어 앞으로 나왔거나 큰 흉터가 있으면 성질이 괴팍하다.

### 관상에 나타난 남녀의 차이

| | | |
|---|---|---|
| 눈썹 | 좋은 남성 | 눈썹이 진하면서 길고 윤기가 나며 가지런해 보이면서 굵다. |
| | 좋은 여성 | 눈썹이 길고 부드럽고 가늘고 윤기가 나며 가늘면서 순수하다. |
| | 의미 | 수명, 형제운, 예술적 재능, 성격 |
| 이마 | 좋은 남성 | 뼈가 융기되어 넓고 크며, 혈색이 아름답고 윤기가 나며 요철이나 사마귀, 점이 없다. |
| | 좋은 여성 | 넓고 평평하며, 혈색이 아름답고 윤기가 나며 요철이나 점, 사마귀가 없다. |
| | 의미 | 눈썹과 함께 살펴보아야 하며, 전체적인 운을 알 수 있다. |
| 눈 | 좋은 남성 | 크고 가늘거나 양쪽 눈이 대소의 차이나 기울어진 것이 없고 눈에 힘이 넘친다. |
| | 좋은 여성 | 눈빛이 따뜻하고 둥글림이 있어 작은 눈, 백안이 탁하지 않고 깨끗한 눈 |
| | 의미 | 성격과 성공을 비롯하여 모든 운을 살피는 곳 |
| 코 | 좋은 남성 | 콧대에 요철이 없어야 하고, 콧망울이 길고 풍부하며 윤기가 난다. |
| | 좋은 여성 | 살집이 좋고 코끝이 둥글며 점이나 상처가 없고 윤기가 난다. |
| | 의미 | 금운, 자아의 강약, 생활력, 이성운, 건강 |

| | | |
|---|---|---|
| 입 | 좋은 남성 | 크면서 힘이 있어야 하고 상하 두께가 같으며 약간 엷은 색을 띤다. |
| | 좋은 여성 | 윗입술이 아랫입술보다 약간 두툼하고 윤기가 좋으며 윤택하다. |
| | 의미 | 의지, 애정, 식욕, 금운, 건강, 언어 능력 |
| 귀 | 좋은 남성 | 전체적으로 두툼하고 단단하며 윤기가 나고 상처나거나 함몰된 곳이 없고 크면서 탄력 있다. |
| | 좋은 여성 | 전체적으로 두툼하고 귓바퀴가 둥글며 형태가 좋고 정면에서 봤을 때 귓속심부가 밖으로 드러나지 않고 귓불이 포동포동해야 좋다. |
| | 의미 | 재산, 유전, 건강, 운기, 만년운, 개성 |

# 제4장
# 신체 분과론

목과 운명 / 어깨와 운명 / 등과 운명 / 허리와 운명 / 가슴과 운명 / 유방과 운명 / 배와 운명 / 배꼽과 운명 / 엉덩이와 운명 / 무릎 정강이와 운명 / 팔·다리와 운명 / 음부와 운명 / 손과 운명 / 얼굴과 몸의 점으로 길흉 판단하기

## 01 목과 운명

목은 위로는 머리를 받들고 아래로는 장부로 통하는 곳으로 생명의 근원이 된다. 위로 머리를 받들고 있음은 기둥과 같고, 아래로 사지와 연결된 것은 대들보와 같다.

- 살진 사람은 목이 짧아야 좋고, 야윈 사람은 목이 길어야 좋다.
- 모지고 윤택한 사람은 대귀할 상이요, 둥글고 실한 사람은 큰 부자가 될 상이다.
- 목이 몸에 비해 너무 길거나 짧고 크거나 작으면 좋지 않다.
- 목에 맺힌 뼈가 있는 사람은 가난하지 않으면 재앙이 많다.
- 뒷목이 이중으로 된 사람은 부귀하고, 가늘고 약한 사람은 가난하다.
- 목이 학처럼 길고 흰 사람은 청빈하고, 목이 굽은 사람은 막힘이 많다.
- 목에 후두가 튀어나오면 좋지 않다.
- 남성은 목이 짧아야 좋고, 여자는 목이 길어야 좋다.
- 목이 길면 귀하나 재산이 부족하다.
- 얼굴이 맑고 목이 짧은 사람은 부귀하고, 얼굴이 탁하고 목이 긴 사람은 가

난하다.
- 목이 굽은 사람은 성질이 약하고 가난하다.
- 목이 약간 앞으로 향한 사람은 귀하고, 목이 약간 뒤로 향한 사람은 좋지 않다.
- 목에 맺힌 뼈가 있고 이가 드러난 사람은 객사한다.

# 어깨와 운명

- 어깨가 평평하고 살이 붙어 있으면 좋고, 어깨가 축 늘어지고 살이 없으면 좋지 않다.
- 오른쪽 어깨가 높으면 자수성가할 상이요, 왼쪽 어깨가 높으면 패가망신할 상이다.
- 어깨가 넓고 얼굴이 모질면 대길할 상이요, 어깨는 넓으나 팔이 홀쭉하면 백사(百事)가 불성(不成)이다.
- 어깨는 약간 높아야 성공할 상이다.
- 어깨가 축 처진 사람은 가난할 상이다.

## 어깨 통증과 질병

어깨 부위를 세 부분으로 나누어 설명하면 다음과 같다. 첫째는 쓸개 경락에 연결된 견갑상부다. 쓸개는 심적 스트레스와 연관되어 있기 때문에 이 부위가 손상되기 쉽다. 지압과 마사지를 통해 스트레스를 해소하고 감기와 두통을 치료한다. 두 번째 부위는 어깨뼈 사이의 어깨 중앙 부위다. 최상부는 기침이나 감기, 허파 등에서 생기는 질환에 효과가 있고, 하부는 심장과 순환기 계통에 영향을 미치며 근심이나 걱정, 불면증으로 고생할 때 효과적이다. 세 번째 부위는 소장 경락이 가로지르는 어깨뼈로, 소화와 여성의 난소 기능 등과 연관되어 있다.

## ③ 등과 운명

등이 단정하고 두터운 사람은 대귀하고 등이 얇고 함(陷 = 凹)한 사람은 가난하다.

- 등이 길면 귀하고, 잘록하면 좋지 않다.
- 등이 마치 뒤집힌 거북이 같으면 대귀하고, 두텁고 허리가 둥글면 부귀한다.
- 가슴은 나와 있고 등은 사(四) 자 형태이면 가난하거나 요사할 상이다.
- 등이 깊어서 내 천(川) 자 같은 사람은 빈천하고, 두두룩해서 사방이 같은 사람은 부귀한다.
- 등이 굽고 허리가 곧으면 자녀가 발달하지 못한다.
- 등이 두텁고 가슴이 넓으면 부귀할 상이다.
- 등은 좋은데 가슴이 좁거나 얇은 사람은 노년에 고독하고 가난하다.
- 등줄기에 고랑이 있는 사람은 이름만 있을 뿐 실상은 없다.
- 등이 둥근 여성은 좋은 남편을 만난다.

#  허리와 운명

- 허리가 둥글고 등이 두터우면 부귀하고, 허리가 모지고 등이 얇은 사람은 빈천하다.
- 허리는 위로 등을 안고 아래로는 신경에 통하므로 신경이 허하면 허리가 아프고 신경이 실하면 허리가 건강하다.
- 허리가 곧고 둥근 사람은 부자가 되고, 약하고 가는 사람은 가난하다.
- 등은 좋으나 허리가 약한 사람은 초년은 좋으나 중년에 패가한다.
- 허리와 등이 모두 좋은 사람은 부귀할 상이다.
- 비록 허리가 함(陷)해도 팔이 길면 초년엔 고생하나 말년엔 대길하다.
- 곰의 등, 원숭이의 팔, 이리의 허리 같은 몸을 가진 사람은 대귀할 상이다. 곰의 등은 두텁고, 원숭이의 팔은 몽실몽실하고 이리의 허리는 늘씬하고 둥글기 때문이다.

## 05 가슴과 운명

　가슴은 심장과 폐를 비롯한 모든 기관을 감춘 곳으로, 생명의 원동력이라 할 수 있다. 또한 가슴은 모든 정신의 궁정(宮庭)이 되므로 궁정은 반드시 넓고 두터워야 한다. 좁고 얇으면 좋지 않다.

- 가슴이 넓은 사람은 기운이 강건하고, 가슴이 얇고 좁은 사람은 기운이 약하다.
- 가슴 빛깔이 윤택한 사람은 지혜와 복이 있고, 어두운 사람은 어리석고 박복하다.
- 가슴을 쑥 내밀거나 비틀어진 사람은 가난하고, 평평하고 반듯한 사람은 부귀할 상이다.
- 가슴이 좁고 길면 이루어지는 일이 없고, 가슴에 털이 난 사람은 반드시 성공한다.
- 가슴을 내민 듯 툭 튀어나온 사람은 빈천할 상이다. 움푹 들어가도 좋지 못하다.
- 가슴은 넓고 살이 풍후하면 귀상이고, 얇고 살이 부족하면 천(賤)상이다.

# 유방과 운명

유두는 여성에게 있어 가장 중요한 부위로, 그 빛깔의 흑백과 크고 작음을 살펴 자녀의 현우(賢遇)를 판단한다.

- 유방이 퍼지고 넓으며 붉고 검으며 크고 바르면 부귀를 겸전하고 자녀가 현달하다.
- 유방이 좁고 가늘며 희고 굽으며 아래로 처진 사람은 외롭고 가난하다.
- 유방이 넓은 사람은 늘 밝고, 유방이 좁은 사람은 뜻이 좁아 어리석다.
- 유두가 단단하고 작은 사람은 자녀가 없다.
- 유두가 위로 향한 사람은 귀한 자식을 둔다.
- 유두가 아래쪽으로 향해 있으면 좋지 않다.
- 유두가 겨드랑이 밑에 가까운 사람은 부자가 될 상이다.
- 유두에 검은 점이 있으면 반드시 귀한 자식을 낳는다.
- 유두가 붉으면 귀하고, 희거나 누런색을 띠면 천하다.

## 07 배와 운명

배는 모든 음식을 거두어들이는 창고이자 모든 강물을 받아들이는 바다와 같다. 안으로 위와 장을 감췄으므로 마땅히 두터워야 하고 얇으면 좋지 않다.

- 배가 배꼽 상하로 약간 솟은 사람은 지혜가 있고, 배꼽 아래로 축 처진 사람은 어리석다.
- 뱃가죽이 두터운 사람은 건강하고 부유하며, 뱃가죽이 얇은 사람은 약하고 가난하다.
- 배가 희고 붉고 윤택한 사람은 부귀하고, 배가 검고 누렇고 거친 사람은 빈천하다.
- 배는 두텁고 배꼽은 깊어야 좋고, 배가 얇고 배꼽이 낮으면 좋지 않다.
- 배에 삼(三) 자 무늬가 있으면 대귀할 상이고, 북방 임(壬) 자 무늬가 있으면 극귀할 상이다.
- 40세 이후에 배가 나오면 부하고 장수할 상이요, 40세 이전에 배가 나오면 단명, 요사한다.
- 배는 두터워야 좋고, 얇으면 좋지 않다.

# 08 배꼽과 운명

## 1 배꼽과 운명

배꼽은 힘줄과 맥의 근본이 되고 육부를 거느리는 문이 되므로 배 속에 감춰져야 한다.

- 배꼽이 넓고 깊은 사람은 지혜와 복이 있고, 배꼽이 좁고 얕은 사람은 어리석고 복이 없다.
- 배꼽이 너무 얕은 사람은 국량(局量)이 적고, 배꼽이 들어간 사람은 국량이 크다.
- 배꼽이 작고 나와 있는 것처럼 보이는 사람은 빈궁하거나 요사할 상이다.
- 배꼽에 검은 점이 있는 사람은 사방에 이름을 날릴 상이다.
- 배꼽에 살구 한 개가 들어갈 만한 사람은 큰 부자가 될 상이요, 콩 한 개가 겨우 들어갈 만큼 작은 사람은 기국이 적어서 큰 부자가 되기 어렵다.
- 배꼽이 깊고 넓으며 위로 향한 사람은 귀하고, 좁고 작고 뾰족하고 아래로 향해 있는 사람은 천할 상이다.
- 배꼽이 팽팽한 사람은 건강하고, 배꼽이 흐리멍텅한 사람은 사물에 끈기가 없고 운도 약하다.
- 배꼽의 깊이가 깊은 사람은 마음이 확고하고 노력에 의한 성공도 따른다. 그러나 배꼽이 깊다 할지라도 배꼽 둘레에 힘이 없는 사람은 사업을 끈기 있게 해 나가지 못하고 일도 순조롭게 풀리지 않는다. 단, 노인의 경우에는 예외다.
- 배꼽 모양이 크면 신체도 튼튼하고 마음도 커서 안정을 이룬다. 그러나 반

대로 배꼽이 작은 사람은 사물에 대한 끈기가 부족하고 일도 순조롭지 못하다.
- 배꼽의 깊이가 얕다 해도 어느 시기에 가서는 깊어지는 일이 있는데, 이렇게 되면 그때부터 운기가 좋아진다. 오랫동안 병석에 누워 있던 사람이라면 점점 회복된다.
- 배꼽의 깊이가 얕은 동안에는 운기가 좋아지는 일이 없으며 마음도 안정되지 못한다.
- 배꼽이 아래로 향해 있는 사람은 어떤 일을 해도 오랫동안 지속하지 못하며, 돈도 모이지 않는다.
- 배꼽이 위를 향해 있는 사람은 머리 회전이 빠르다.
- 배꼽이 넓고 깊은 사람은 지혜와 복록이 많고, 배꼽이 좁고 얕은 사람은 어리석고 복록이 없다.
- 남성의 경우 배꼽이 얕으면 의연(衣綠)이 있을 수 없고, 여성의 경우 자식을 생산하기 어려울 뿐만 아니라 키우기도 어렵다.
- 배꼽에 흑(黑)자가 있거나 털이 3~4개 정도 난 사람은 반드시 부귀하고, 자녀도 명성을 떨친다.

## 2 배꼽의 위치와 건강

### ❶ 상향형

배꼽이 위쪽을 향하고 있어 마치 삼각형 모양을 하고 있는 것은 기역(氣逆) 또는 기체(氣滯)의 표현으로, 임상적으로는 폐기(肺氣)나 위기의 상역(上逆), 간기(肝氣)의 과다한 상승, 간기의 울체 등일 때 나타나며 창만(배가 불룩해짐)과 구토를 동반한다. 임상에서 상향형 배꼽은 남녀 불문하고 위나 담낭 질환, 췌장 질환에서 볼 수 있다. 또한 배꼽이 위쪽을 향해 있으면 재주가 많으며, 평생 곤란한 일이 없다. 남에게 고용당하는 것을 싫어하기 때문에 독립된 직업을 택하는 경우가 많다.

### ❷ 하향형

배꼽이 밑으로 내려와 있는 것은 신허(腎虛)나 중기 부족(中氣不足)을 나타내는 것으로, 복벽이 이완되어 무력하고 내장이 하수되어 있다는 증거다. 임상 증상으로는 움직이면 숨이 차고 눈이 아찔아찔하며 복부의 추창감(墜脹感)이 있다. 맥이 허하고 무력하며, 위하수나 간장 및 신장 하수, 자궁 탈출 등에서 흔히 볼 수 있다. 배꼽이 아래로 향해 있는 사람은 그다지 발전하는 일이 없고, 마음도 작아서 고생을 많이 한다. 사람을 부릴 줄도 모르기 때문에 남에게 고용되어 살 사람이다.

### ❸ 우향형

배꼽이 오른쪽으로 기울어져 있으면 기허(氣虛)에 속하며, 흔히 고혈압으로 인한 좌반신 불수 환자에게서 볼 수 있다. 간염이나 십이지장궤양 환자에게서도 나타난다.

### ❹ 좌향형

배꼽이 왼쪽으로 기울어져 있으면 혈허(血虛)에 속하며, 흔히 고혈압으로 인한 우반신 마비 환자에게서 볼 수 있다. 위장 질환이나 변비, 대장유착 등의 경향을 나타낸다.

### ❺ 배꼽의 당김과 질병

배꼽을 중심으로 위로 당기면 장에 문제가 있거나 생리 · 변비 · 전립선 · 심장 과열 · 호흡 · 불면 · 기침 유발 등의 증상과 관련되며, 배꼽을 중심으로 오른쪽 위로 당기면 간과 담낭, 왼쪽 엉덩이 아랫부분, 왼쪽 다리, 장 등과 관련 있다. 오른쪽으로 당기면 왼쪽 신장과 장에 문제가 있으며, 오른쪽 엉덩이

쪽으로 당기면 배꼽 왼쪽 윗부분의 긴장, 췌장, 비장, 왼쪽 신장을 비롯하여 요추 신경통이나 오른쪽 다리 통증 등과 관련 있다. 아래로 당기면 장에 문제가 있으며, 정신적인 문제 · 악몽 · 월경 · 전립선 · 방광 문제와 관련되며, 왼쪽 엉덩이 쪽으로 당기면 배꼽 오른쪽 윗부분의 긴장과 통증, 간 · 담낭 · 십이지장, 그리고 오른쪽 신장에 영향을 미친다. 때때로 요추 신경통이나 왼쪽 다리에 통증이 오기도 한다. 왼쪽 위로 당기면 오른쪽 엉덩이 아랫부분과 오른쪽 다리, 위장, 비장에 영향을 주며, 소화 문제를 유발한다.

#  엉덩이와 운명

엉덩이는 사람이 앉을 때 편안히 앉기 위해 있는 것이니 마땅히 살이 두터워야 한다. 얇아서 뼈가 불거진 것은 좋지 않다.

- 젊은이가 엉덩이에 살이 없으면 큰일을 이루기 어렵고, 늙은이가 엉덩이에 살이 없으면 처자가 먼저 죽을 상이다.
- 쇠약한 이가 엉덩이가 없으면 배운 것은 많으나 성공하지 못할 상이요, 살진 이가 넓고 살이 많으며 배가 크고 배꼽이 깊으면 큰 부자가 되거나 매우 귀(貴)할 상이다.
- 여자가 엉덩이가 크면 도리어 천할 상이다.
- 몸은 큰데 엉덩이가 없는 사람은 늙어서 좋지 않고, 몸은 작아도 엉덩이가 풍후한 사람은 장래에 부를 이룬다.
- 엉덩이가 뾰족한 사람은 흉하고, 두두룩하면 길하다.

## ⑩ 무릎 정강이와 운명

　무릎은 정강이 위와 넓적다리 아래 사이의 관절을 이르니, 사람이 앉고 서고 걷는 데 가장 중요한 곳이다.

- 무릎이 둥글고 윤택하면 길상이요, 무릎이 모지고 거칠면 흉상이다.
- 정강이가 크고 무릎이 뽀족하면 관재(官災)를 많이 당할 상이요, 정강이가 작고 무릎이 뽀족하면 학의 무릎이라 하여 천할 상이다.
- 무릎이 작고 뼈가 부족한 사람은 단명한다.
- 정강이에 털이 난 사람은 길하다.
- 털이 강하고 짧은 사람은 형액(刑厄)이 있고, 털이 부드럽고 긴 사람은 말년에 복이 많다.
- 무릎과 정강이가 뻣뻣한 것은 둘 다 흉상이다.
- 앞 정강이에 털이 나지 않은 사람은 조정에서 벼슬을 하기 어렵다.
- 무릎은 둥글고 정강이에는 털이 나 있어야 좋다.

# ⑪ 팔·다리와 운명

## 1 팔·다리의 의미와 운명

천지자연에 춘하추동과 사시가 있듯 사람에게도 사지가 있어 사시를 형상화하고 있다. 팔과 손은 인군(人君)이 되고 다리와 발은 신하가 되므로 팔과 손은 다리와 발보다 길어야 하고 다리는 팔보다 짧아야 한다. 일반적으로 몸 삼정[身三停]이라 하여, 목에서 배꼽까지를 상정이라 하고 배꼽에서 무릎까지를 중정이라 하며 무릎에서 발까지를 하정이라 한다.

- 팔과 다리가 모두 길면 의식이 족하고, 다리가 팔보다 길면 분주하게 돌아다닐 상이다.
- 상정이 하정보다 길면 귀할 상이요, 하정이 상정보다 길면 천할 상이다.
- 삼정이 평등한 사람은 의식이 풍족하다.
- 등은 곰처럼 두터워야 하고, 팔은 원숭이처럼 몽실몽실해야 하며, 허리는 이리처럼 둥글어야 부귀를 겸전한다.

## 2 다리와 질병

### ❶ 왼쪽 다리가 긴 사람

왼쪽 다리가 긴 사람은 계단을 오르거나 자리에서 일어날 때, 바지를 입을 때 왼쪽부터 먼저 움직인다. 이런 사람은 오른쪽 눈이 작고 오른쪽 시력이 나쁘며, 음식을 씹을 때 주로 왼쪽으로 씹으며, 오른쪽 견비통이나 오른쪽 편두통을 앓는다. 왼쪽 다리를 잘 꼬며, 변기에 앉았을 때도 왼발이 앞으로 나온다. 누울 때도 오른쪽 무릎을 구부리고 다리를 벌리며, 겉저고리를 입을 때 오른쪽 팔부터 끼고 왼쪽 팔부터 벗는다. 이런 사람들은 위나 장 등의 소화기가 약하고, 비뇨 생식기 질환이 있거나 걸릴 가능성이 매우 크다.

### ❷ 오른쪽 다리가 긴 사람

오른쪽 다리가 긴 사람은 계단을 오르거나 자리에서 일어날 때, 바지를 입을 때 오른쪽부터 먼저 움직인다. 왼쪽 눈이 작고 왼쪽 시력이 나쁘며, 음식을 씹을 때 주로 오른쪽으로 씹으며, 왼쪽 견비통이나 왼쪽 편두통을 앓는다. 오른쪽 다리를 잘 꼬며, 변기에 앉았을 때도 오른발이 앞으로 나온다. 누울 때도 왼쪽 무릎을 구부리고 다리를 벌리며, 겉저고리를 입을 때 왼쪽 팔부터 끼고 오른쪽 팔부터 벗는다. 이런 사람들은 천식이나 심장병, 순환기, 기관지 등의 질환에 잘 걸린다.

### ❸ 골반과 다리의 상관 관계

• 신체의 균형과 다리 길이

발이 긴 쪽으로 쉽게 넘어지며, 그 발의 바깥쪽으로 잘 삐며, 둥근 모양의 주위를 돌 때 항상 다리가 짧은 쪽으로 돈다. 뒤돌아볼 때도 다리가 짧은 쪽으로 뒤돌아본다.

• 잠잘 때의 자세와 다리 길이

바로 누워서 다리가 긴 쪽의 무릎을 구부리고 다리를 벌리며, 짧은 쪽 발목 위에 긴 쪽 발을 올려놓는다. 돌아누울 때는 다리가 짧은 쪽으로 돌아눕고, 긴 쪽 무릎을 구부리고 앞으로 내민다. 엎드려서는 다리가 긴 쪽 무릎을 구부려 벌린다.

### ❹ 골반과 다리의 상관 관계

• 왼쪽 골반이 높고 왼쪽 다리가 긴 경우

이런 사람들은 대체로 내성적이고, 균형 상태에 따라 우뇌(右腦) 기능에 문제가 생기며 오른쪽 편두통, 머리 전체 통증, 오른쪽 눈 이상, 오른쪽 귀 이상, 오른쪽 치육염(齒肉炎), 오른쪽 목 통증, 오른쪽 어깨·팔·손 통증, 오른쪽 등 통증, 오른쪽 허리 통증, 왼쪽 대퇴 전면과 무릎, 정강이 통증, 왼쪽 발목과 발등 통증, 오른쪽 대퇴 후면과 무릎, 오금과 종아리 후면과 발뒤축 통증, 왼쪽 골반 관할의 좌골신경통 등이 온다. 그 외에도 구내염이나 잇몸병, 식도 이상, 위장병, 췌장 간장 담낭 소장(십이지장) 대장 신장 방광 질환과 충수염, 항문 질환, 부인과 계통의 질환(생리통이나 생리 불순), 생식기 이상, 식중독으로 인한 두드러기를 비롯하여 왼쪽 골반 균형 이상으로 인한 뇌졸중(중풍)이나 노이로제, 저혈압, 신성(腎性) 고혈압, 당뇨병 초기 증상 등이 생긴다.

• 오른쪽 골반이 높고 오른쪽 다리가 긴 경우

이런 사람들은 외향적이고, 균형 상태에 따라 우뇌(左腦) 기능에 문제가 생기며 오른쪽 편두통, 머리 전체 통증, 왼쪽 눈 이상, 왼쪽 귀 이상, 왼쪽 치육염, 왼쪽 목 통증, 왼쪽 어깨·팔·손 통증, 왼쪽 등 통증, 왼쪽 허리 통증, 오른쪽 대퇴전면과 무릎, 정강이 통증, 오른쪽 발목과 발등 통증, 왼쪽 대퇴후면과 무릎, 오금과 종아리 후면과 발뒤축 통증, 오른쪽 골반 관할의 좌골신경통 등이 온다. 그 외에도 심장의 제병(諸病)이나 부정맥, 혈액 순환 장애, 발열 이상, 폐와 기관지 계통의 이상, 호흡 곤란, 현기증, 두드러기, 피부병을 비롯하여 오른쪽 골반 균형 이상으로 인한 뇌졸중이나 노이로제, 고혈압 등이 생긴다.

### ❺ 무릎 통증과 그 원인

• 무릎 바깥쪽의 통증은 담경 이상으로 인한 것이고, 안쪽 통증은 간경 이상

으로 인한 것이다.
- 무릎 앞쪽이 아프면 비와 위경에 이상이 있는 것이고, 뒤쪽이 아프면 방광경에 이상이 있는 것이다.
- 무릎을 약간 앞으로 구부린 자세로 있으면 무릎을 구부리기가 곤란한 상태를 바로잡아 주고, 슬와근의 죄임과 좌골 신경통으로 인한 통증이 줄어든다.
- 닳은 신발을 새것으로 바꾸면 자세의 균형이 잡히고, 목과 머리를 비롯한 인체 몇몇 부위의 근육 압박이 줄어든다.

### ❻ 관절 부위의 통증과 오장

- 고관절에 통증이 있으면 간과 담의 기능이 나쁘다. 신맛 나는 음식을 섭취하면 좋다.
- 주관절에 통증이 있으면 심장과 소장의 기능이 나쁘다. 쓴맛 나는 음식을 섭취하면 좋다.
- 무릎 관절에 통증이 있으면 비장과 위장의 기능이 나쁘다. 단맛 나는 음식을 섭취하면 좋다.
- 손목 관절에 통증이 있으면 폐와 대장의 기능이 나쁘다. 매운맛 나는 음식을 섭취하면 좋다.
- 다리 관절에 통증이 있으면 신장과 방광의 기능이 나쁘다. 짠맛 나는 음식을 섭취하면 좋다.
- 손가락 관절 및 전신 관절에 통증이 있으면 심포와 삼초의 기능이 나쁘다. 떫은맛 나는 음식을 섭취하면 좋다.
- 허벅지와 장딴지 뒤쪽, 발바닥이 마치 쥐가 나듯 당기는 것은 비위가 좋지 않아서이다.
- 관절이 쑤시고 아프거나 국소적으로 사지의 관절이 아픈 것은 비증(痺症), 즉 신경통이다.

# 음부와 운명

하부란 남자의 음경과 여자의 음문과 남녀의 항문, 즉 음부이므로 남에게 보여 줄 수 없고, 또 볼 수도 없으므로 각자 스스로 판단해야 할 것이다.

- 신두(腎頭)에 검은 점이 있는 사람은 귀한 자식을 둘 상이요, 음문에 검은 점이 있어도 귀한 자식을 낳을 상이다.
- 음경이 모지고 강한 사람은 귀하고, 음경이 작고 유한 사람은 좋지 않다.
- 음부에 털이 지나치게 산란한 사람은 음란하고, 음부에 털이 거의 없는 사람은 자궁이 좋지 않다.
- 음모가 부드럽고 적당히 난 사람은 귀격(貴格)이요, 음모가 뻣뻣하고 농탁 산란한 사람은 음란하고 천하다.
- 남성은 코를 통해 음경을 알 수 있고, 여성은 입을 통해 음부를 알 수 있다.
- 남성의 경우 콧등에 사마귀가 있으면 음경에도 사마귀가 있고, 여성의 경우 입술에 사마귀가 있으면 음부에도 사마귀가 있다.
- 눈썹이 많은 사람은 음부에 털이 많고, 눈썹이 드문 사람은 음부에도 털이 적게 난다.
- 항문에 털이 없는 사람은 빈천하다.
- 대변이 둥글고 짧으며 퉁퉁하고 속히 보는 자는 천격이며, 대변이 모지고 길며 가늘고 오래 보는 사람은 귀격이다.
- 대변이 적은 사람은 귀하고 장수할 상이요, 대변이 많은 사람은 천하고 요사할 상이다.
- 소변이 맑고 구슬을 뿌린 것처럼 보면 귀하고, 소변이 농탁하면 천하다.
- 여성의 소변이 개울물처럼 맑으면 귀하고, 쌀뜨물처럼 탁하면 천하다.
- 대변은 유하고 소변은 맑아야 한다.

## 언더헤어 점

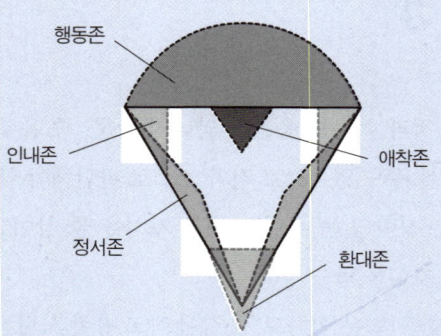

**[행동존]**

행동력이 있고 없음을 나타내는 부위로, 여기에 털이 많다는 것은 곧 '순발력 있는 행동의 소유자'임을 나타낸다. 털이 솟으면 솟을수록 성격이 남성적이고 행동이 공격적이다. 나쁘게 말하면 플레이걸이 되기 쉽다.

**[인내존]**

여기에 털이 없는 여성은 인내심과 치밀함이 부족하므로 주부로서는 적합하지 않다. 가정으로 들어가기 어려운 타입이다.

**[정서존]**

여기에 털이 많으면 정이 깊고 감성도 풍부하다. 반대로 많지 않으면 분노나 슬픔, 기쁨 등의 감정이 불안정해진다.

**[애착존]**

애정과 집착을 나타낸다. 여기에 털이 없으면 숙명적인 궁합 상대와의 결혼은 가능해도 서로 이해가 부족하여 마음을 다쳐 눈물을 많이 흘리게 된다.

**[환대존]**

여기에 털이 있느냐 없느냐로 세상의 변화에 대한 대응 정도를 판단할 수 있다. 털이 있으면 도덕적인 관념이 있지만 없으면 논리나 도덕 관념이 희박하다.

# 손과 운명

## 1 손과 운명

동양에서는 얼굴을 마주보고 머리를 숙이는 인사법을 중요시해서 관상학이 발달했으나 서양에서는 손을 내미는 악수 인사법의 발달로 수상학이 발달했다. 수상 보는 법은 매우 복잡하므로 여기서는 간단하게 전체적인 윤곽만 살필 것이다.

- 손이 부드럽고 두터우며 색이 붉으면 좋고, 손이 뻣뻣하고 얇어서 희거나 검으면 좋지 않다.
- 귀목에 좋은 문채가 있듯 귀인의 손바닥에도 좋은 무늬가 있다. 천인의 손바닥에는 좋은 문채가 없다.

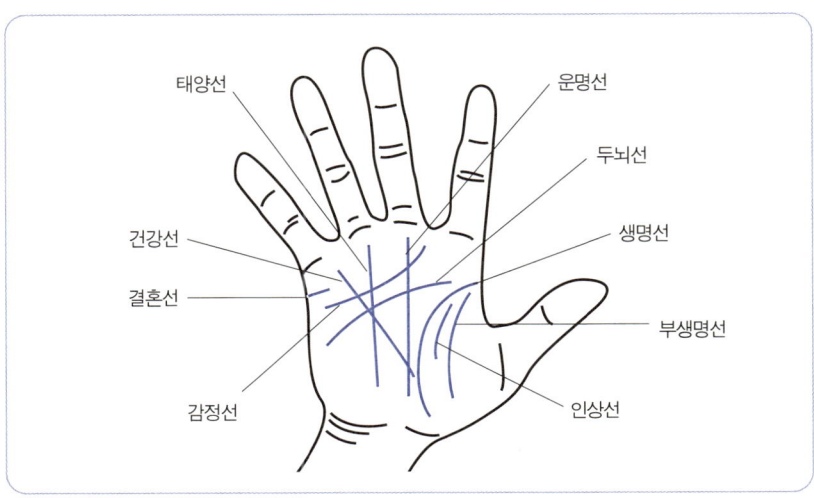

- 손에 세로 금이 많은 사람은 대귀하고, 가로 금이 많은 사람은 천하다.
- 엄지에 흠이 있으면 부모에게 해가 있다.
- 검지에 흠이 있으면 형제에게 해가 있다.
- 가운뎃손가락에 흠이 있으면 자기 자신에게 해가 있다.
- 네 번째 손가락에 흠이 있으면 남성은 처궁(妻宮)에 해가 있고, 여성은 남편에게 해가 있다.
- 새끼손가락에 흠이 있으면 자녀궁(子女宮)에 해가 있다.
- 새끼손가락이 매우 짧으면 자식을 늦게 보고, 새끼손가락이 길면 자식을 일찍 둔다.
- 손금이 가늘고 길며 선이 깊고 분명하며 세로 금이 많은 사람은 부귀하고, 손금이 넓고 짧으며 선이 얕고 분명치 못하며 가로 금이 많은 사람은 빈천하다.
- 감정선(또는 천문)이 가늘고 길면 성질이 온화하다.
- 감정선이 중간에 끊어지지 않고 선이 분명하면 부부간에 애정이 많다.
- 감정선이 중간에 끊어지거나 톱날처럼 생긴 사람은 다정다감하여 예술적 소질은 있으나 신경질적이기 때문에 원만한 가정을 이루기는 힘들다. 생이별을 하는 경우도 있다.
- 두뇌선(또는 인문)이 길고 가늘며 끊어지지 않고 분명하면 영리하다.
- 두뇌선이 산란하면 신경질을 잘 부린다.
- 두뇌선이 길면 영리하고, 두뇌선이 짧으면 둔하다.
- 두뇌선이 손바닥을 지나면 천재라는 말을 듣고, 두뇌선이 손바닥 중앙을 지나지 못하면 어리석다는 말을 듣는다.
- 생명선(또는 지문)이 길고 가늘어 선이 분명하면 건강 장수하고, 생명선이 짧고 넓어서 선이 희미하면 건강이 좋지 않다. 건강하더라도 요절하거나 단명한다.
- 태양선(또는 고부문)이 수경선(손목) 부근에서부터 무명지까지 뻗어 올라간

사람은 초년부터 말년까지 명예가 높고 여러 사람의 존경을 받는다.
- 태양선이 손바닥 중앙에서부터 뻗어 무명지까지 올라간 사람은 초년에는 지위나 명예가 별로 없지만 중년부터 이름을 날린다.
- 태양선이 천문에서부터 무명지까지 뻗은 사람은 초·중년보다 말년에 이름을 날린다.
- 운명선(또는 천희문)이 손목 부근에서부터 가운뎃손가락 부근까지 반듯하게 뻗은 사람은 크게 성공하여 부귀할 상이다.
- 운명선이 중간중간 끊어진 사람은 직업을 여러 번 바꾸기 때문에 성공이 더디다.
- 여성의 경우 운명선이 길고 분명하면 사회적 활동이 강해서 성공을 거두나 가정적으로는 불행한 사람이 많다. 대개 독신으로 살거나 남편이 있다 해도 자기 주장이 강해 남편을 지배한다.
- 금성대(또는 횡재문)가 있는 사람은 대체로 돈을 잘 벌고 그만큼 잘 쓴다. 성욕도 왕성하여 이성을 좋아한다.
- 결혼선(또는 처첩문)은 모든 사람에게 있다. 이것으로 보아 모든 사람에게는 하늘이 부여한 결혼할 권리가 있다고 생각된다.
- 결혼선이 끊어지지 않고 가늘고 분명한 사람은 부부간에 백년해로하고 잘 산다.
- 결혼선이 한 개밖에 없는 사람은 본부나 본처 외에는 애정을 갖지 않고 행복하게 산다.
- 결혼선이 옆으로 Y자형으로 된 사람은 생이별할 상이다.
- 결혼선이 중간에 명확히 끊어진 사람은 남녀 간에 사별할 상이다.
- 자녀선(또는 남녀문)은 결혼선 위로 세로 진 금이다.
- 자녀선이 끊어지지 않은 사람은 자녀가 많다.
- 자녀선이 중간에 끊어진 사람은 자식을 꺾이고, 자녀선이 거꾸로 Y자형으로 된 사람은 생이별한다.

- 자녀선이 통지고 크면 아들을 낳을 것이고, 자녀선이 가늘고 작으면 딸을 낳을 것이다.
- 아들이 많을 것인지, 딸이 많을 것인지는 가늘고 굵은 선의 다소를 보아 판단하면 된다.
- 한 개의 선명한 부생명선(또는 상속문)이 있으면 상속을 받을 상이다. 일반적으로 장남에게 이 선이 있다. 차남인데도 이 선이 있는 사람은 형이 있어도 자신이 장남 역할을 하게 된다.
- 부생명선이 여러 개 있는 사람은 대개 이성과의 교섭이 잦다.
- 직각선(또는 천안문)이 있는 사람은 제육감(第六感)이 매우 빠르다.
- 수경선(手莖線, 손목의 주름)은 분명할수록 좋다.
- 손이 엷고 뻣뻣하면 가난하고, 손이 두텁고 푹신하면 부하다.
- 발이 두텁고 부드러우며 깨끗하면 좋고, 발이 얇고 단단하며 냄새가 나면 천하다.
- 발바닥에 가는 금이 있고 세로 금이 많은 사람은 부귀할 상이요, 발바닥에 금이 없는 사람은 평생 가난하다.
- 손과 발이 향기로우면 좋은 상이다.
- 손톱이 불그레하면 귀할 상이고, 손톱이 검으면 천할 상이다.
- 손톱이 창백하면 귀(貴)하긴 하나 가난하다.

## 2 간단하게 손금 보는 법

### ❶ 수상 보는 법

손금을 볼 때는 손 전체의 인상을 보고 난 뒤에 세세한 부분을 관찰해야 한다. 즉 손 전체를 먼저 살핀 뒤 기본인 생명선·지능선·감정선의 3대선을 살피고, 그 밖의 중요한 선, 손의 형태, 손가락으로 차례대로 살펴야 하는 것이다. 특히 손의 형태와 3대선이 중요하다. 손금은 하나의 선인 만큼 얽매이면 잘못된 결과가 나오는 경우가 있다. 선을 볼 때는 반드시 다른 선과 아울러 종합적으로 판단해야 한다.

손금을 볼 때는 손 전체의 형태나 볼륨, 질감, 혈색, 선을 종합적으로 살핀다. 남녀 모두 좌우 양손을 비교 조합해서 살피며, 오른손으로는 좌뇌, 왼손으로는 우뇌를 살핀다. 오른손잡이는 왼손이 선천운이고 오른손이 후천운이며, 왼손잡이는 왼손이 후천운이고 오른손이 선천운이다. 손의 대소(大小)는 신장에 비례한다.

- 손이 큰 사람은 섬세해서 아주 세세한 것에까지 신경을 쓰고 내향적이다. 금전적으로도 검소한 편이다. 손이 두껍고 탄력이 있는 사람은 영웅적 기질이 있다.
- 손이 작은 사람은 대범하고 대담하다. 여성의 경우 외향적이고 교제를 좋아한다. 직업을 가진 여성에게 적합하다.
- 손이 두꺼우면서 탄력이 있는 사람은 활기차고 낙천적이며 삶에 적극적이고 체력도 좋다.
- 손은 두껍되 탄력이 없는 사람은 계획성이 없고 노력하기를 싫어하며 인내심이 부족하다. 정에 쉽게 이끌린다.
- 손이 얇은 사람은 의지력은 약한 반면 지적이다.
- 손을 내밀 때 크게 펼쳐서 내는 사람은 개방적이고 적극적이며 담력이 있다. 행동파이지만 덜렁대는 편이다.
- 손을 내밀 때 손가락을 붙여서 내미는 사람은 사리 분별에 밝고 예의 바르며, 주의력이 깊으며 건실한 일에 적합하다.
- 손을 움츠려 내미는 사람은 경계심이 강하고 겁이 많으며 사람을 믿지 않고 작은 일을 고집하여 큰 일을 놓치는 경우가 많다. 폐쇄적이고, 구두쇠가 많다.

### ❷ 유년법(流年法) 살피는 방법

손금을 볼 때 최고의 비법으로 여겨지는 것이 유년법이다. 유년법이란 운명이 변화하는 시기를 선의 변화로 보는 방법으로, 쉽게 말해 그 사람의 인생에 있어 "몇 살에 어떤 일이 일어났는가?"를 살피는 것이다. 그러나 관상가에 따라 1~15년 정도의 오차가 있기 때문에 그 해석이 매우 미묘하고, 그런 만큼 손금 전문가들 역시 여러 가지 설을 주장하고 있다. 여기서는 운명선의 경우를 예로 들어 여러 사람의 설을 소개하고자 한다.

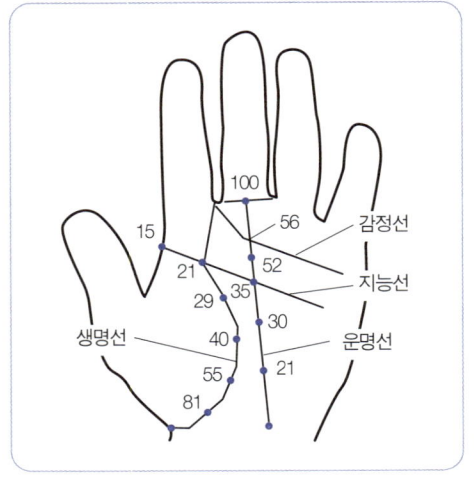

- 손목선으로부터 시작하는 위치가 0~15세(15년간).
- 손목선으로부터 중지 밑까지의 중간 부분이 30~35세(5년간).
- 표준적인 경사, 두뇌선과 운명선의 교차점이 35세.
- 표준적인 경사, 감정과 운명선의 교차점이 49~56세(7년간).
- 중지의 밑부분이 90~100세(10년간)에 해당한다.

유년법은 손금 전문가에 따라 최고 15년의 차이가 나는데, 이는 사람들의 사고방식이 다르기 때문이다. 세월이 경과하는 것은 같아도 손금에 나오는 연령 간격은 연대에 따라서 젊을 때는 넓고, 나이를 먹는 만큼 좁아진다. 즉 젊은 10~20대의 1년과 40~50대의 1년은 매우 다르다는 것이다. 그리고 이렇게 젊을 때 느끼는 시간의 속도와 나이를 먹은 뒤 느끼는 시간의 속도는 그대로 선(유년)에 영향을 준다. 바로 이것이 유년법을 이해하기 어려운 이유 가운데 하나다. 즉 각각의 활동 폭을 나타내기 때문에 사람에 따라서 같은 연령의 1년이라도 활동 상태에 따라 길이가 다르게 느껴진다.

[생명선 유년을 취하는 방법]
1. 집게손가락의 밑폭을 취해 거기서부터 수선(垂線)을 내린 지점이 21세다.
2. 생명선의 시점을 15세로 하고 그 중간점을 18세로 한다.
3. 기준이 되는 15세부터 21세까지의 폭을 기준으로 각각의 지점을 29 · 40 · 55 · 81세로 한다.
4. 각각의 중간 지점을 살펴 한층 더 세세하게 연령을 산출할 수 있다.

[운명선 유년을 취하는 방법]
1. 손목과 중지 밑의 중간점을 30세로 한다.
2. 각각 그 1/4 지점을 21세, 52세로 한다.
3. 각각의 중간점을 좀 더 자세히 나누어 연령을 적용한다. 표준적인 운명선을 가지는 경우 지능선과의 교점을 35세, 감정선과의 교차점을 56세로 기억해 두면 좋다.

### ❸ 손의 색을 살피는 법

- 손이 흰 사람은 감수성이 풍부하고 섬세하다. 예술적 재능은 있지만 재운은 없다.
- 손이 검은 사람은 정신력과 근성으로 자신의 길을 스스로 개척하고 실리적인 일에 몰두한다.
- 부드러운 살결의 손을 가진 사람은 감수성이 매우 충부하고 사소한 일에도 신경을 쓴다. 반면 자기 멋대로 일을 처리하고 아이 같은 경향이 있다.

- 거친 살결의 손을 가진 사람은 집념이 강하다. 한 번 믿으면 끝까지 믿는다.
- 적당히 윤택이 있고 마른 손을 가진 사람은 컨디션이 좋다. 혈색이 나쁜 경우에는 피로나 결핵, 변비, 생리 불순에 주의해야 한다.
- 손에 기름기가 도는 사람은 신경 쇠약이나 결핵, 피로 등에 주의하고 과도한 성생활을 피해야 한다.
- 손이 항상 축축한 사람은 간과 비장이 약해서 지치기 쉽다.
- 손에 윤기가 도는 사람은 운세가 향상하고 대인관계도 원만하다. 이러한 손을 가진 여성은 현모양처감이다.

## 3 손의 형상과 질병

### ❶ 원시형 손

원시형 손의 특징은 손가락이 굵고 짧으며, 손바닥은 크고 사각형이며 살이 많고 짙으나 손금은 복잡하지 않다. 손가락의 첫 번째 마디와 두 번째 마디가 연결된 관절 배면에 있는 주름살인 삼약문(三約紋)은 깊고 복잡하며, 손등에는 푸른 핏줄이 뚜렷하게 불거져 있다. 원시형 손을 가진 사람은 일반적으로 몸이 건강하고 성격 또한 쾌활하나 성질이 급하고 화를 잘 낸다. 중년 이후에는 고혈압이나 호흡기 질환에 걸리기 쉬우므로 주의해야 한다.

### ❷ 사각형의 손

사각형의 손은 근골이 두껍고 단단하며 손가락을 제외한 손바닥이 마치 정사각형 모양을 나타내며 삼약문이 비교적 얕다. 체력이 좋고 정력이 왕성하며 신체 발육이 양호하다. 뇌혈관 질환에 조심해야 한다.

### ❸ 통통한 손

통통한 손은 손가락의 굵기가 고르고 손바닥은 둥글고 대소어제(大小魚際)

의 하단과 손목이 연결되는 부분이 뚜렷하지 않고 선이 둥글다. 손바닥과 손등의 피부는 유연하고 부드러우며, 손바닥은 두툼하고 잔주름이 적고 피부는 백색을 띠거나 창백하다. 대체로 건강한 편이지만 간 질환과 뇌혈관 질환을 조심해야 한다.

### ❹ 주걱형 손

주걱형 손의 특징은 손가락 끝부분이 손가락보다 굵고 뭉툭하여 마치 밥주걱 같으며, 근골은 단단하고 손바닥은 두텁고 사각형이다. 건강은 대체로 양호한 편이지만 성질이 급하므로 고혈압이나 당뇨병을 조심해야 한다.

### ❺ 대나무 마디형 손

손가락이 길고 손가락 마디가 돌출되어 마치 대나무 마디처럼 생겼다 하여 붙은 이름이다. 손등에 혈관이 겉으로 드러나도 손바닥은 장방형을 이루며 적백육제(赤白肉際)가 뚜렷하고 살은 적고 잔금은 많다. 이런 손을 가진 사람은 호흡기 계통의 기능과 정력이 약하고 신경 쇠약 경향을 나타내며, 생식 계통의 기능도 원활하지 못하다.

### ❻ 원추형 손

원추형 손의 특징은 손가락이 둥글면서 끝이 뾰족하고 피부는 부드럽고 탄력 있으며 손톱은 반들반들하다. 피부는 백색을 띠며 적백육제는 발달하지 않았으며, 손등의 핏줄은 선명하지 않고 삼약문은 얕고 손바닥은 사각형이다. 비장과 위 기능이 약해 소화기계 질환에 걸리기 쉽다. 중년 이후에는 풍습성 질환에 조심해야 한다.

### ❼ 연약한 손

이 형의 특징은 손가락 끝부분이 구불구불하고 뾰족하며 손바닥 두께가 얇고 살이 적으면서 손등의 뼈가 뚜렷하게 나타난다. 색깔이 창백하고 원형이며 대소어제가 모두 발달하지 못했다. 환경에 대한 적응력이 뛰어나고 인내심도 좋은 편이다. 호흡기 계통의 질환에 항상 조심해야 한다.

### ❽ 혼합형 손

일반적으로 대나무 마디형과 사각형, 원추형 등이 혼합된 형태로, 그 모양이 일정하지 않은 것이 특징이다. 다섯 개의 손가락은 흔히 한 종류 이상의 손가락형을 겸하고 손바닥은 사각형을 나타내며, 적백육제는 비교적 발달해 있고, 손바닥은 두텁고, 손등의 핏줄은 약간 두드러진 편이다. 환경에 대한 적응력이 뛰어나고 인내심도 좋은 편이다. 호흡기 계통의 질환에 항상 조심해야 한다.

### ❾ 오적골형 손

이 형은 다섯 손가락을 한데 모아서 쭉 폈을 때 마치 오징어 등뼈 모양과 비슷하다고 하여 붙여진 이름이다. 손바닥에 잔주름이 많아 대소어제가 손바닥의 양쪽 가장자리에 나타날까 말까 할 정도다. 피부색은 창백하며 손바닥은 삼각형을 이루고 있다. 출생 시 체중 미달이었던 사람의 경우에 이런 손가락을 가진 사람이 많다. 출생 후에도 편식 등으로 저항력이 약해 만성 설사나 위장병 등으로 고생하는 경우가 많다.

### ❿ 변이형 손

여러 가지 형태의 기형 손을 말하는데, 손가락이 결여되었거나 많은 경우 또는 손등이나 손바닥이 울퉁불퉁한 기형의 손, 기타 손가락의 부분적인 변이 등으로 활동에 장애가 있는 경우다.

## 4 손가락의 형태와 질병

### ❶ 손가락의 명칭과 운명

• 무지(拇指 : 엄지)

무지(拇指)는 지배력·성쇠운·건강도 등을 나타낸다. 표준보다 긴 사람은 지배력이 강하고 사람들 가운데 중심이 되거나 물질운을 타고난다. 무지의 길이는 인지(人指)의 기절(基節)의 1/2까지가 정상이다. 무지에 흉터(홈)가 있거나 틀어지면 부모에게 해롭다.

• 인지(人指 : 식지, 집게)

인지는 야심이나 자존심을 나타낸다. 인지가 긴 사람은 자존심이 강하고 독단적인 성향이 있다. 인지는 중지(中指)의 끝마디의 1/2까지가 정상이다. 인지에 홈이 있거나 틀어지면 형제에게 해가 있다.

• 중지(中指 : 장지, 토성지)

중지는 경계심이나 주의력 등을 나타낸다. 중지가 긴 사람은 신경이 예민하고 사소한 일에도 곧잘 깊은 고민을 하는 경향이 있다. 중지에 홈이 있거나 틀어지면 자기 자신에게 해가 있다.

• 약지(藥指, 무명지)

약지는 미적 감각이나 승부운, 형제자매 등을 나타낸다. 약지가 긴 사람은 미술이나 예능 방면에 재능이 있는 반면 도박에 손을 대기 쉽다. 약지는 중지의 끝마디 3/4까지가 적당하다 약지에 홈이 있거나 틀어지면 남성의 경우 처에게 해가 있고 여성의 경우 남편에게 해가 있다.

• 소지(小指)

소지는 내면적인 성격을 나타낸다. 소지가 긴 사람은 혈통이 좋고 기민하며 표현력도 뛰어나다. 소지는 약지의 중절(中節)까지가 적당하다. 소지에 흠이 있거나 틀어지면 자녀에게 해가 있다. 소지가 지나치게 짧으면 자식을 늦게 보고, 소지가 길면 자식을 일찍 둔다.

### ❷ 손가락의 형태와 질병
- 손가락 끝이 네모진 사람은 신경통이나 담석에 걸리기 쉽다. 대체로 건강하나 정서 불안이나 조급증 등으로 화를 잘 낸다.
- 손가락 색깔이 어두우면 신경 쇠약이나 담석증일 가능성이 있고, 손바닥에서 땀이 많이 나면 감기나 호흡기 질환에 걸리기 쉽다.
- 손가락 끝이 주걱 모양인 사람은 산성 체질로, 심장병·고혈압·뇌일혈·당뇨병 등에 걸리기 쉽다.
- 손가락 끝이 원추형인 사람은 흉부 질환에 걸리기 쉽다. 감기에 걸리면 인후 통증을 동반한다.
- 손가락이 가늘고 긴 사람은 비위가 약하고 정서가 불안한 경향이 있다. 편식을 잘하고, 우울증이나 갑상선 기능 저하증을 앓는다.
- 손가락 마디가 고르지 않고 울퉁불퉁 대나무 마디처럼 생긴 사람은 호흡기나 비뇨기계 질환에 걸리기 쉽고 생식기의 기능도 약하다.
- 손가락 끝이 뾰족하고 관절이 돌출되어 마치 도마뱀 머리와 비슷하게 생긴 사람은 심장이나 호흡기 계통의 질환에 걸리기 쉽다.
- 북채형의 손가락을 가진 사람은 만성 호흡기 질환이나 순환기 질환에 잘 걸린다.
- 손가락의 중간 관절이 유난히 크고 끝이 뾰족하여 마치 다리미처럼 생긴 사람은 신경계 질환에 걸리기 쉽고 뼈가 약하며, 귓병에 잘 걸린다.
- 손가락이 짧고 굵으며 손바닥 길이와 가운뎃손가락의 길이의 비례가 2/3에

미치지 못하는 사람은 몸이 건강하고 힘이 세지만 고혈압이나 간장병, 신장병에 걸리기 쉬우므로 항상 조심해야 한다.
- 손가락이 한쪽으로 굽은 경우 보통 새끼손가락이나 둘째손가락에 그런 경향이 많은데, 이런 사람은 유전병이나 생식 기능 장애가 올 수 있다.
- 손가락 마디에 연분홍색이나 노란빛이 돌면 몸이 건강하다는 증거다.
- 손가락 마디에 붉은색이 돌면 열성 질환의 징조이고, 창백한 빛이 돌면 질병의 전조다.
- 손가락 마디에 청색이나 자주색, 남색, 암흑색이 돌면 병의 전조다.
- 손가락 마디에 횡선이 나타나면 병에 걸린다.

### ❸ 다섯 손가락의 형상과 오장(五臟)의 기능

- 엄지

엄지손가락을 통해 인체의 유전적 소질의 뇌수 기능을 예측할 수 있다. 일반적으로 엄지손가락이 둥글고 길면서 마디 길이가 고르면 건강하다고 본다. 엄지손가락이 너무 굵으면 간화(肝火)가 동(動)하기 쉬워 성격이 과격하고 화를 잘 내며, 엄지손가락이 지나치게 납작하면 건강이 좋지 않거나 신경질적이고 인내심이 부족하다. 엄지손가락이 구불구불하면 신경 쇠약일 가능성이 있으며, 두 번째 마디의 주름이 복잡하게 얽혀 분명하지 않으면 두통이나 불면증으로 고생할 가능성이 높다. 마디가 짧으면서 잘 굽혀지지 않는 증상은 고혈압성 두통 환자나 심장병 환자 또는 중풍 환자에서 많이 볼 수 있다.

- 검지

검지는 윤곽이 둥글고 뚜렷하면서 각 마디의 길이가 균등하거나 끝으로 갈수록 점점 짧아져야 정상이다. 검지의 외형이 곧고 가운데 손가락과 잘 밀착되면 간담의 기능이 양호하다고 할 수 있다. 검지의 첫 마디가 지나치게 길면 건강이 좋지 않고, 두 번째 마디가 지나치게 굵으면 칼슘 섭취가 불량하여 골격이나 치아가 약한 것이며, 세 번째 마디가 지나치게 짧으면 신경 정신성 질환에 걸리기 쉽다. 또한 검지가 마르고 창백하면 간담 기능이 약하여 쉽게 피로해하거나 정신이 맑지 못하다. 또 손가락 끝마디가 굽고 주름이 얽혀 있으면 간담 질환으로 비위의 기능이 약해져 소화가 안 된다.

검지에 이상이 나타나면 위장·간장·비장·췌장 등에 문제가 있음을 의미한다. 특히 검지 밑뿌리가 넓고 발달되어 있는 사람은 대식가이므로 소화기 장애에 신경 써야 한다.

• 중지

중지를 보면 심장 및 혈관의 기능을 판단할 수 있다. 중지는 둥글고 길고 손가락 마디가 고르고 피부가 부드러워야 건강이 양호하고 원기가 충분하다. 중지가 창백하고 가늘면 심장 기능이 약하거나 빈혈이 있고, 손가락이 구불구불하거나 손가락 끝이 납작하면 심장과 소장 기능이 원활하지 않다. 손가락 세 마디 가운데 중간 마디만 지나치게 길 경우 정력이 약하고 인내심이 부족하며, 칼슘 대사 기능 이상으로 뼈가 약하고 치아가 일찍 망가진다. 특히 중지는 다섯 손가락의 중심으로, 다른 손가락과 균형을 이루는 것이 정상이다. 그렇기 때문에 유별나게 가운뎃손가락만 길 경우 칠정울결(七情鬱結 : 희, 로, 애, 락, 애, 욕, 오가 가슴에 응어리져서 막혀 있는 증상. 한의학에서 말하는 스트레스)이 되기 쉽다.

손등 쪽의 가운데 손가락 끝에서 셋째 마디 끝까지의 길이가 손바닥 길이보다 짧으면 젊어서는 건강하나 늙어서 폐 질환이나 신장 질환에 걸릴 가능성이 있으므로 조심해야 한다. 또 중지만 유별나게 긴 사람은 심장 질환과 뇌혈관 질환을 조심해야 한다. 손가락 길이와 손바닥 길이가 같으면 심신(心身)과 음양(陰陽), 기혈(氣血)이 균형을 이룬 것으로, 대부분 정신과 육체가 모두 건강하다. 중지에 이상이 나타나면 심장이나 혈관 등 순환 기관과 신장에 이

상이 있다는 것을 의미한다.

• 무명지

무명지는 비뇨 생식기 및 근골 계통과 밀접한 관련이 있다. 일반적으로 무명지는 둥글고 건장하며 손마디의 길이가 고르고 곧고 굽음이 없으며, 가운데 손가락 끝마디의 중간을 약간 넘고 손가락 마디의 주름이 뚜렷한 것이 정상이다. 무명지가 지나치게 짧으면 원기가 부족하며 체력이 허약하고, 무명지가 창백하고 가늘고 작으면 신장 및 생식 계통의 기능이 왕성하지 못해 고생한다. 또 손가락 마디의 주름이 문란하면 전체적으로 체력이 저하된 것으로, 만약 임신부라면 칼슘 등을 충분히 보충해야 한다.

무명지 둘째 마디 옆 가장자리에 나타나는 주름을 병액문, 즉 병주름이라 하는데 만약 이 주름이 나타나면 건강 상태가 좋지 않다는 것을 의미한다. 건강 상태에 따라 주름이 많아지거나 적어진다. 무명지에 이상이 있으면 시각 중추 신경을 비롯한 신경 계통에 이상이 있다는 것을 뜻한다.

• 소지

소지를 통해 소화기 및 생식기 계통의 기능을 판단할 수 있다. 일반적으로 소지는 다섯 손가락 가운데 굵기가 가장 가늘고 곧으며, 길이는 무명지의 끝마디와 같거나 조금 길다. 소지의 피부색이 창백하면서 지나치게 가늘면 소화 및 흡수 장애가 있거나 대변이 시원치 않고 설사를 자주 하게 된다. 또 소지가 굽어 있다는 것은 폐활량이 적다는 것을 의미한다. 소지의 마디 주름이 문란하면 체력이 약한 것이고, 안쪽으로 굽거나 손바닥 피부가 건조하면 소화 및 흡수 기능이 좋지 않다.

소지에 이상이 있으면 생식기와 폐에 이상이 있다. 또 손가락이 큰북의 북채 모양을 띠면 폐결핵의 징조다. 오른손 손가락에 푸른 줄기가 생기면 상행결장에 숙변이 정체된 것이며, 왼손 손가락에 푸른 줄기를 띠면 하행결장에 숙변이 정체된 것이다. 열이 나고 시침과 콧물이 나며 눈이 붉으면서 눈물이 흐르고 손끝이 냉하면 홍역의 징조다.

### ❹ 오지와 경락과의 관계

- 엄지손가락은 경락상 폐와 관련이 있다.
- 둘째손가락은 경락상 대장과 관련이 있다.
- 셋째손가락은 경락상 심포와 관련이 있다.
- 넷째손가락은 경락상 삼초와 관련이 있다.
- 다섯째 손가락은 경락상 심장과 소장과 관련이 있다.

# 14 얼굴과 몸의 점으로 길흉 판단하기

얼굴이나 몸에 있는 점은 의학적으로 볼 때 생명에 지장이 없는 피부의 양성 종양으로, 피부 색소가 침착(沈着)된 것이 반점 형태로 나타난 것이다. 관상학에서는 "얼굴에 있는 점은 이로운 점이 거의 없고 몸에 있는 점은 해로운 점이 거의 없다."고 했다. 그러나 얼굴에 점이나 사마귀가 있다고 해서 모두 나쁜 것은 아니다. 일반적으로 좋지 않다고 확률적으로 논한 것일 뿐이다.

## 1 얼굴의 점

좋은 부위에 있는 점이나 사마귀라 할지라도 그 빛깔이 칠(漆)처럼 검고 윤택해야 길하다. 검붉은 빛을 띠면 그 점이 갖고 있는 특징에 구설과 시비가 더해진다고 할 수 있다. 백색 사마귀가 있으면 우환과 형액(刑厄)이 가중되고, 황색 사마귀가 있으면 하던 일이 중간에 실각(失脚)되는 흉이 도사린다. 얼굴에 나타나는 점이 여성에게 미치는 영향은 다음과 같다.

- 1 : 이마를 3등분하여 맨 윗부분에 점이 있는 경우, 남성에게는 길하지만 여성에게는 흉하여 특히 남편운이 좋지 않다. 점이 가운데 있을 경우 남성은 길하여 윗사람의 원조로 곤란을 극복하는 반면 여성은 강한 개성 때문에 오히려 고생하게 된다.
- 3 · 5 : 학문이나 예술로 성공한다.
- 4 : 교제에 능하다.
- 10 : 미간은 성공 아니면 실패를 의미한다. 두 눈 사이에 점이 있을 경우 남성은 보증인으로 인해 큰 손해를 볼 수 있고, 여성은 결혼운이 없다. 콧등의

### 얼굴의 점

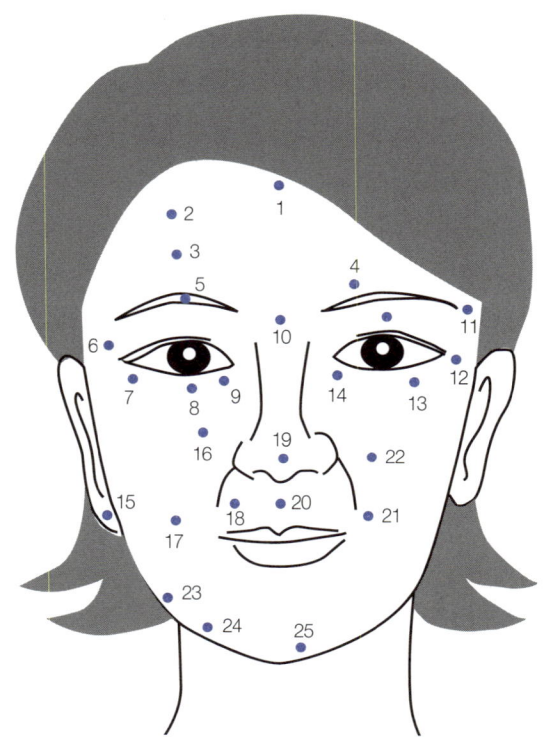

1. 재혼, 재취
2. 결혼 실패
3. 재물점
4. 복점(福點)
5. 부귀
6. 부정출입 (不貞出入)
7. 간통
8. 호색(好色)
9. 극자(剋子)
10. 음란
11. 부정출입
12. 간통
13. 남편과의 불화
14. 풍파
15. 총명
16. 가난, 풍파
17. 고독
18. 가난
19. 금전흉
20. 장수(長壽)
21. 구설 시비
22. 고독
23. 수액(水厄)
24. 모든 일이 용두사미
25. 남편과의 불화

점은 사고나 질환을 의미한다.
- 12 : 정이 많아 그로 인해 고통 받는다.
- 19 : 남성의 경우 일시적인 성공을 할 수 있고, 여성의 경우 남편을 대신하여 돈을 벌게 된다. 콧망울에 점이 있으면 금전 출입이 심하다.
- 20 : 장수 및 자식운을 의미한다. 입술에 점이 있으면 음식 걱정이 없고 말재주가 있다. 그러나 유혹에 쉽게 빠질 수 있다. 그 밖에 눈썹꼬리에 점이 있으면 경제적 고통 없이 살 수 있고, 발바닥에 점이 있으면 암에 걸리기 쉽다. 콧마루 측면에 점이 있으면 수입이 좋고, 목덜미에 점이 있으면 일용품에 걱정이 없다.
- 25 : 턱 부분이 살아 있으면 말년이 길하고, 죽어 있으면 흉하다.
- 눈과 눈썹 사이에 점이 있으면 벼락 출세를 할 수 있다.

이중 젊은 남녀가 꼭 알아두어야 할 점은 6과 7, 11과 12다. 눈초리 부위에 있는 점들로, 얼굴의 좌우와 남녀를 불문하고 매우 흉하다. 이 점은 애정 생활에 파란과 곡절을 야기할 뿐만 아니라 결혼 전에 복잡한 이성 관계나 결혼 후 비밀 애정 행각 등을 조장한다. 특히 여성의 오른편에 이들 점이 있으면 남성이 여성에게 불만이 있는 징조이고, 왼편에 있으면 여성이 남성에게 불만이 있어 제2의 애정 행각을 하게 된다.

## 2 몸의 점과 길흉

몸에 있는 점은 얼굴에 있는 점에 비해 의미는 약하지만 잠재된 성격을 점칠 수 있다. 또 옷에 가려지는 점은 대부분 행운점이다. 그 특징을 살펴보면 다음과 같다. 흉한 점은 가능하면 제거하는 것이 좋은데, 작은 점은 전기 소작법을 이용하고 큰 점은 성형외과에 가서 피부 이식을 하면 된다. 점을 뽑은 뒤에는 흉터가 생기면 안 되므로 흉터가 생기지 않게 조심해야 한다.

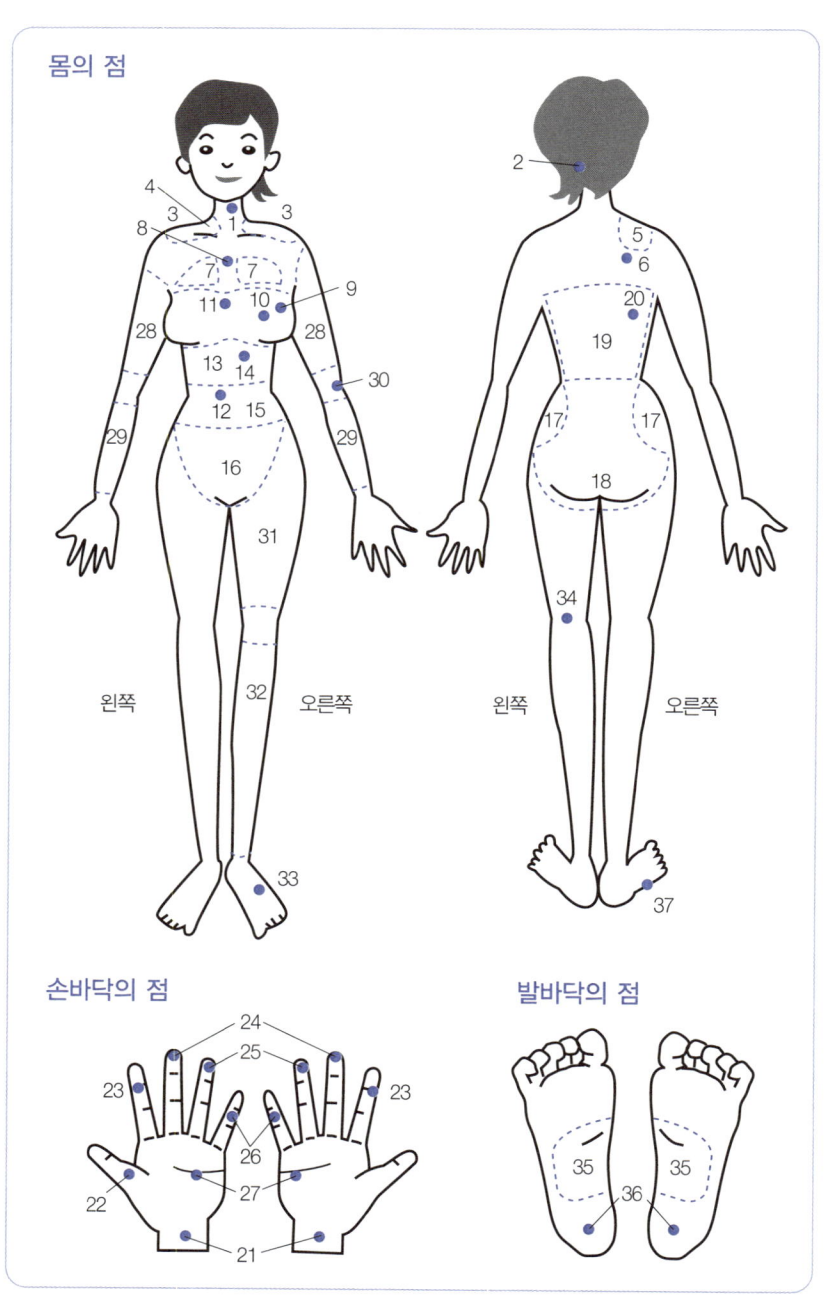

1. 언쟁 점(연인이나 부부간에 트러블이 많다.)
2. 다른 사람에게 이용당하기 쉬운 점
3. 타인에게 신뢰를 얻는 점
4. 겁쟁이 점
5. 중매 결혼 점
6. 명랑 쾌활 점
7. 자식복 점
8. 스트레스 유발 점
9. 인내 점
10. 성격이 자상한 점
11. 고집 점
12. 건강 점
13. 저축 점
14. 불륜 부정 점
15. 만혼 점
16. 배우자 덕을 볼 점
17. 만혼 점
18. 재주가 많은 팔방미인 점
19. 사교성이 많은 점
20. 감수성이 예민한 점
21. 리더십이 강한 점
22. 구두쇠 점
23. 신뢰받는 점
24. 오해 점
25. 직장 운이 좋은 점
26. 과거에 집착하는 점
27. 건강이 나쁜 점
28. 행동파 점
29. 센스가 뛰어난 점
30. 애정에 이상이 있는 점
31. 끈기가 많은 점
32. 소망 성취 점
33. 수완이 뛰어난 점
34. 이별 점
35. 행운 점
36. 유산 상속 점
37. 방랑 점

# 제 5 장
# 얼굴의 여러 가지 형태

○형 = 영양질 / □형 = 근골질 / ▽형 = 심성질 / 유자형 / 갑자형 / 신자형 / 전자형 / 동자형 / 원자형 / 목자형 / 용자형 / 왕자형 / 풍자형 / 사상의학으로 본 얼굴 형태와 질병 / 오행과 얼굴의 형태와 질병

앞에서도 밝혔듯이 사람의 얼굴은 천태만상으로, 똑같은 사람이 하나도 없다. 그러나 이 수많은 얼굴들을 하나하나 분별하기 곤란하므로 동양에서는 열 가지 글자 형을 따서 '유(由)·전(田)·갑(甲)·신(申)·목(目)·용(用)·왕(王)·풍(風)'으로 구분한다. 서양에서는 더 간단하게 세 가지 형을 따서 '○형·△형·□형'으로 나누어 성질과 직업을 판단한다. 이것을 동양의 10문자형으로 비교하면 ○형은 원(圓) 자에 해당하고, □형은 전(田) 자나 동(同)자에 해당하고, △형은 갑(甲)자에 해당한다. ○형을 영양질이라 하고, □형을 근골질이라 하며, △형을 심성질이라고 한다.

## 01
○형 = 영양질 營養質

○형은 그림에서 보는 것처럼 얼굴이 둥글고 살비듬이 좋으며 빛깔이 연홍색으로 불그레하며 항상 미소를 띠고 있다. 귀 아래쪽에 살이 많이 붙어 있으며, 색이 붉고, 코는 현담(懸膽)처럼 생기고 머리카락이 부드럽다. 이런 사람은 정력이 풍부해서 활동력이 강하다. 다소 변덕이 심하다는 것이 결점이

지만 수완이 좋다. 대체로 은행이나 회사의 중역, 사장 중에 영양질의 얼굴을 가진 사람이 많다. 이런 사람은 통솔력이 좋고 배짱이 크며 경제 관념이 철저하기 때문에 상업을 하면 재산가가 되기 쉽다. 또한 의학이나 예술, 기타 어떤 방면의 일을 해도

인기를 독점하기 때문에 평생 재운이 좋다. 관상학상 가장 좋은 형이라 할 수 있다.

영양형인 사람들은 어릴 때부터 청년기까지는 매우 발육이 좋다. 그러나 위장이 튼튼하다고 해서 과식을 하면 위 확장이나 소화 불량이 생길 수 있으므로 식사량을 일정하게 조절해야 한다. 또 이런 유형의 사람들은 식도락을 즐기는 습관이 있어 자주 어깨가 뻐근하고 변비에 걸리곤 한다. 과로하면 현기증이나 이명 증상이 오고 머리가 무겁고 숨이 막혀 심장이 뛰기도 한다. 특히 심장병이나 뇌일혈, 동맥경화, 당뇨병 등에 조심해야 한다.

영양형인 사람들은 일반적으로 기름기가 많은 돼지고기, 쇠고기, 전골류, 뱀장어, 튀김류 등을 좋아하는데, 이보다는 채소와 나물, 과일 등 식물성 식품을 많이 먹는 것이 질병 예방에 도움이 된다.

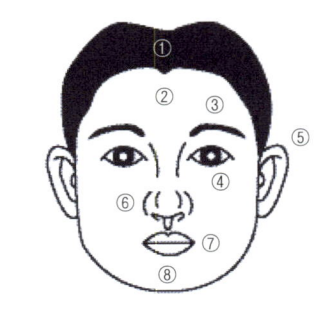

### 얼굴의 특징
1. 머리카락은 부드럽고 모발이 많다.
2. 이마는 부드럽고 둥글다.
3. 눈썹은 진하고 완만한 곡선을 이룬다.
4. 눈은 작고 둥글다.
5. 귀는 환형(丸型)이다.
6. 코는 보통 높이로, 넓고 코끝이 둥글다. 콧망울은 부드럽다.
7. 입술은 두껍고 보통 크기다.
8. 턱은 둥글고 두툼하다.

##  형 = 근골질 筋骨質

□형은 그림에서 보는 것처럼 얼굴이 모지고 근골이 발달되어 있다. 활동적이고 정력적이어서 잠시도 가만히 있지를 않는다. 대개 군인이나 정치가로 출세하는 이가 많고, 운동가의 소질이 풍부하다. 대개 여성은 영양질이 많은 반면 남성은 근골질이 많다.

마음은 공정하고 솔직해서 좋으나 지나치게 적극적이어서 일을 함에 있어 시작은 크되 끝은 흐지부지한 용두사미격이 되기 쉽다. 이런 사람은 대개 코가 높고 힘차게 생겼으며, 뼈가 많고 살이 부족하기 때문에 큰 재산가는 될 수 없다. 토목이나 건축 일을 하거나 생산 공장 등을 경영하면 어느 정도 재산을 모을 수 있다. 또 직업으로 군인을 선택하면 고급 장성이 될 수 있다.

근골형인 사람들은 비교적 건강하다. 하지만 그렇기 때문에 때로 과로한 업무나 운동, 과음을 하게 되어 결핵이나 늑막염, 심장병, 급성 간염, 폐렴 등에 걸릴 가능성이 높다. 류머티즘성 신경통 같은 신경계 질환을 앓기 쉽다.

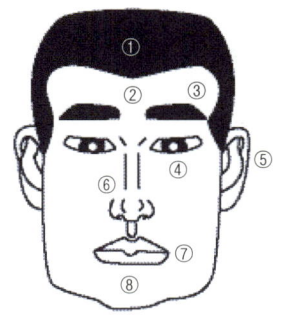

### 얼굴의 특징
1. 머리카락은 굵고 강하다.
2. 이마는 모나고 좁다.
3. 눈썹은 굵고 진하고 일직선이다.
4. 눈은 움푹 들어가 있다.
5. 귀는 각형이다.
6. 코는 콧날이 쭉 뻗어 있고 콧망울이 길고 단단하다.
7. 입은 크고 입술 두께는 보통이다.
8. 턱은 각져 있다.

# ③ △형 = 심성질 心性質

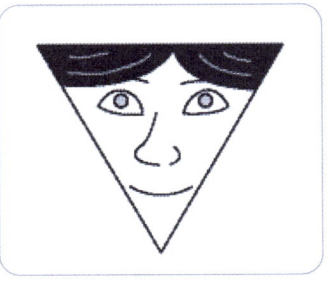

△형은 그림에서 보는 것처럼 하관과 귀보다 머리가 훨씬 발달해 있다. 두뇌가 발달했기 때문에 관찰력은 풍부하나 모든 일을 너무 심각하게 생각하므로 때로는 신경질을 부린다는 것이 결점이다. 또 이런 체질은 건강 문제로 늘 고민한다. 이런 유형은 상업가나 정치가보다는 교육자나 종교가 등의 직업을 선택하는 것이 좋다. 또 기술 방면의 일을 하면 좋다. 특히 학계로 진출해서 학문을 연구하거나 저술을 하면 당대에는 비록 청빈하더라도 후세에 이름을 떨칠 수 있다.

이런 사람들은 결핵이나 폐렴 등의 호흡기 질환과 류머티즘 같은 뇌신경계 질환에 걸리기 쉽다. 위장병이나 불면증, 노이로제 등에도 주의해야 한다. 특히 어린 아이들은 편식을 하거나 색깔과 냄새를 가려 음식을 먹으므로 요리법에 신경을 쓰는 것이 중요하다.

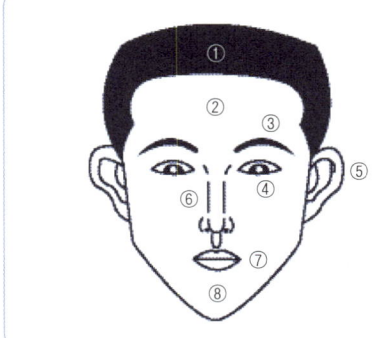

**얼굴의 특징**
1. 머리카락은 가늘고 적다.
2. 이마는 넓고 높다.
3. 눈썹은 가늘고 부드럽다.
4. 눈은 작고 가늘다.
5. 귀는 역삼각형이다.
6. 코는 작고 가늘고 높다.
7. 입은 작고 입술은 얇다.
8. 턱선은 날카롭다.

# 유자형 由字形

由자형은 턱은 넓고 풍후하나 이마가 매우 좁고 뾰족하다. 이는 땅은 넓고 하늘이 좁은 격이니 하늘은 아버지를 형상하고 땅은 어머니를 형상하므로 대개 아버지가 일찍 죽거나 살았다 해도 부모덕이 박해서 학업을 닦을 수 없고 초년(15세까지)에 고생이 막심하고 고향을 떠나서 26세부터 활동하여 성공할 상이다.

간문과 와잠이 윤택하면 만년에 처자복이 많아 행복하게 살 수 있다. 그러나 와잠이 좋지 못하면 만년에 의식은 풍족하나 자손이 부족해서 걱정이 되는 수가 있다. 여자는 재취의 상이요, 초혼은 실패한다. 코의 형태가 좋으면 50세까지 상당한 재산을 저축할 수 있을 것이다. 오행으로는 화(火)형에 가까우며, 체질상으로는 태양인과 소양인에게서 볼 수 있다.

유자형의 얼굴을 가진 사람은 대부분 성급하지만 활동적이다. 행동력은 있지만 침착성이 없고, 사고력도 별로 좋지 않다. 하지만 결단력이 뛰어나 위기상황에서도 순간적으로 결단력을 발휘한다. 예의를 갖추고 있으며 정(情)은

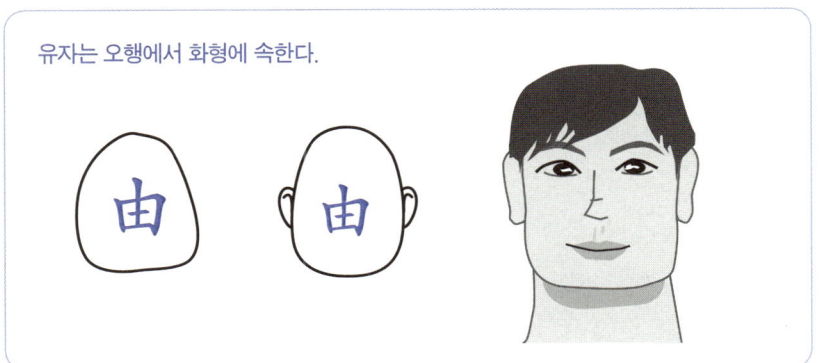

유자는 오행에서 화형에 속한다.

있지만 성급하기 때문에 사교적이지는 않다. 또 초년에 부모의 조력을 얻을 수 없는 경우가 많다. 체질상으로는 건강하게 태어난 사람이 많다. 성장하면 고향을 떠나서 자수성가하는 편이며, 중년기에 안정을 찾아 말년에 이르러 발전하는 상이다. 코의 형태가 좋은 사람은 중년에 상당한 재산을 저축하고, 눈초리와 눈 아랫부분이 윤택한 사람은 처자복을 타고나 말년에는 행복한 생활을 누릴 수 있다.

유자형인 사람은 자기 주장이 강하고 합리적인 리얼리스트로, 이마(관록궁)가 궁상스럽기 때문에 관계(官界)보다는 상업 쪽의 일을 하는 것이 좋다. 여성의 경우 화술이 뛰어나므로 강사처럼 말을 많이 하는 직업을 갖는 것이 좋다. 그러나 소화기 계통과 내장 기관이 발달해 있는 경우가 많아 비만인 사람이 많으므로 고혈압이나 심장병, 당뇨병 등을 조심해야 한다. 서두르기보다는 착실하게 하나씩 운을 펼쳐 나가는 것이 좋다. 천 리 길도 한 걸음부터라는 마음으로 살다 보면 좋은 일이 생길 것이다. 하지만 필요 없는 걱정을 사서 하면 오는 복도 달아나 버리는 법. 마음의 여유를 가져야만 복이 스스로 굴러 들어 올 것이다.

# 갑자형 甲字形

甲자형은 이마는 넓고 좋으나 턱이 쭉 바른 것을 말한다. 이것은 하늘은 넓고 땅은 좁은 격이니 하늘은 아버지요, 땅은 어머니와 같으므로 대개 아버지 한 명에 어머니가 두세 명이 되는 수가 있다.

갑(甲)이라는 글자처럼 이마는 넓고 좋지만 턱으로 갈수록 점점 가늘어지는 역삼각형에 가까운 얼굴을 말한다. 오행으로는 목형에 속하고, 서양에서는 신경질이라고 한다. 얼굴 형태만으로 판단하는 것은 불가능하지만 사상체질로는 소음인이나 태양인 중에 많다. 역삼각형의 얼굴을 가진 사람이 모두 같다는 것은 아니고 대체로 그렇다는 것이다. 특히 입이 작고 뺨에 살이 적은 사람은 거의 들어맞는다. 비교적 유복한 가정에서 태어났으므로 아버지가 첩을 얻는 경우가 많고, 계모나 서모가 없다 해도 양자나 양녀로 들어가 다른 부모를 섬기게 될 수도 있다.

솔직하고 산뜻한 성격이지만 성급하고 신경질적인 면이 결점이다. 정신력에 비해 체력이 약간 떨어지는 면이 있다. 감수성이 예민하고, 예능 방면에서

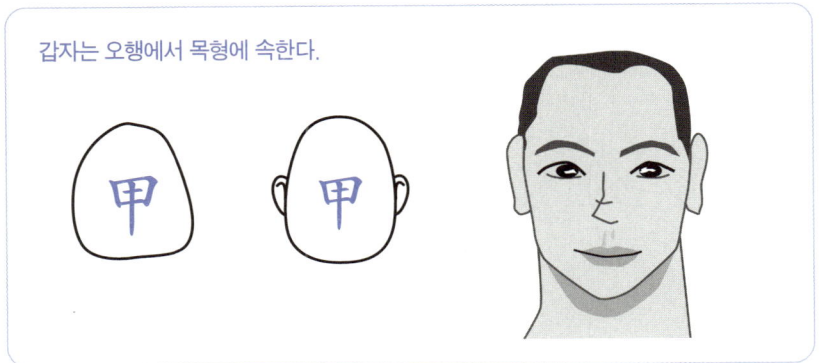

갑자는 오행에서 목형에 속한다.

성공할 가능성이 높다. 생각은 많이 하지만 실행력은 약하고, 시작은 거창하지만 뒤로 갈수록 힘이 빠지는 경우가 많다. 머리는 좋고 꼼꼼하지만 내성적인 면이 강하고 별로 사교적이지 않다. 자기 자신은 물론 타인에게까지 완벽함을 요구하기도 한다. 초년기에는 운이 좋지만 말년에는 운이 별로 좋지 않다.

직업은 예능인이나 문학가, 작가 등을 하면 성공 가능성이 있다. 음악이나 패션 분야의 일도 권할 만하다. 초년기에는 학업운의 좋은 점과 성격의 치밀함을 살리는 것이 좋다. 특히 초년에는 부모덕으로 학업을 닦을 수 있다. 얼굴이 청수하면 중귀(中貴) 이상은 할 수 있고, 상업보다 관계가 낫다.

그러나 머리로 생각하는 것을 몸이 따라가지 못하는 경우가 많기 때문에 신경성 질환이나 스트레스성 질환에 걸릴 가능성이 높다. 신경 쇠약이나 신경성 위염, 불면증, 두통 등에 특별히 조심해야 한다. 또 꾸준한 운동으로 힘을 스태미나를 기르는 것이 중요하다. 공상이나 창조에 집착한 나머지 고독해지는 경우가 있으므로 친구나 인생 선배 등과 상담하는 것이 좋다. 또 지나치게 신중한 나머지 기회를 놓치는 경우도 있으므로 전문가의 조언을 듣고 판단을 내려야 한다. 적극성과 인내 두 가지를 명심할 것. 초년과 중년운은 좋으나 50세가 넘으면 청빈하다.

# 신자형 申字形

申자형은 중정만 발달하고 상정과 하정이 부족한 것을 이른다. 이마가 뾰족하여 좁고 턱이 송곳처럼 마르고, 코와 광대뼈만 발달한 형태다. 이마가 부족하니 초년 고생이 많을 것이요, 부모궁이 죽었으니 육친의 덕이 없다.

자수성가하여 30세가 넘어서 늦게 만난 젊은 아내가 자녀를 생산하여 웃음으로 꽃을 피우고 재산도 점점 늘어 간다.

체질상으로는 소양인이나 소음인 중에 많다. 이마와 턱은 홀쭉하고, 눈은 약간 올라가 있는 것이 일반적이다. 그러나 얼굴에 긴장감이 있어 세련된 느낌은 없다. 이마가 아름답지 않기 때문에 초년 운은 원만하지 않고, 부모궁(액의 1월각)이 좋지 않으면 부모덕도 볼 수 없다. 단지 중앙이 발달한 사람은 장년이 된 뒤에 일을 이루는 경우가 많다.

하지만 고생을 많이 한 보람이 있어 의지가 강하고 백절불굴하여 50세까지 사는 재미가 무던하다. 그러나 고생도 팔자인 법. 뜻밖의 재난으로 하루아침에 망하는 수가 있으니 화재를 조심하고 부동산을 사 두는 것이 좋다. 여성은

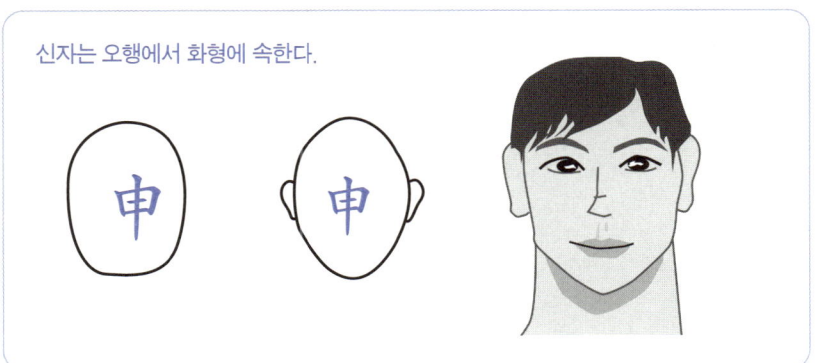

신자는 오행에서 화형에 속한다.

초혼에 실패하고 재가할 상이다.

　이런 사람은 광대뼈와 코가 확실하여 자신감이 높고 자만심이 있다. 야무지고 의지도 강하지만 거친 면도 있다. 왕성한 활동력으로 전진해 가기는 하지만 심사숙고하는 스타일은 아니다. 인내와 끈기가 부족하고, 완고하고 차가운 면이 내재되어 있는 경우가 많다. 하지만 백절불굴의 정신으로 전진하는 성격인 덕분에 중년운은 좋지만 말년운은 좋지 않은 경우가 많다. 그러므로 중년기에 고생해 얻은 것은 소중히 해야 한다. 조혼보다는 만혼이 좋다.

　자아가 강하고 평범하게 사는 것에 만족하지 않고 각고의 노력으로 큰일을 이루므로 리더십을 발휘하여 정계나 실업계에서 두각을 나타내는 사람이 많다. 뚜렷한 목표만 세운다면 어떤 분야에서라도 성공할 수 있을 것이다. 대신 과로에 의한 스트레스성 질환이나 신경성 질환에 조심해야 한다. 정력 감퇴를 포함하여 방광 기능에도 문제가 생길 수 있으며, 술이나 도박에 빠지기 쉬우므로 특별히 조심해야 한다.

　특히 30세 이후에 운이 열리므로 이 시기에 의식을 집중하고 승부를 거는 것이 중요하다. 모은 재산은 부동산에 투자하는 것이 좋고, 만일의 경우에 대비해 보험에 들어 두는 것이 필수다. 자아가 지나치게 강하므로 타인의 말을 무시하여 원망을 사지 말아야 한다. 상대를 배려하는 것으로 덕을 얻을 수 있다. 하지만 하정(턱)이 궁상스러워 말년운이 좋지 않기 때문에 웃는 일로 입과 턱의 근육을 기르는 것이 좋다. 인내력을 갖춰 시종 일관의 자세를 가지는 것도 중요하다.

## 전자형 田字形

얼굴이 네모지게 모난 얼굴을 말한다. 얼굴 네 귀퉁이가 튼튼하고 살집의 균형이 잡혀 있으며, 삼정을 세 부분으로 나눴을 때 각각의 비율이 균등하고 오악(이마·코·좌우 광대뼈·턱)이 균형을 이루고 있으면 좋은 상이다. 이렇게 균형을 이르고 있으면 중량감이 있다. 또한 근골질로 대체로 일생 동안 의식이 풍부하다.

전자형은 반적으로 뼈가 많고 살이 적어 야위긴 했어도 골격은 발달되어 있다. 전자형의 얼굴에 이마와 광대뼈, 턱뼈 부분에 살집이 붙어 원(圓)자형에 가까운 것을 동(同)자형이라고 한다. 전자형과 원자형이 혼합된 동자형의 얼굴을 가진 사람은 성격이 남성적인데, 음과 양의 조화를 이루고 있어 전자형보다 언행이 부드럽고 온화하며 관직이나 상업에도 인연이 있다. 그러나 같은 전자형이라 해도 살이 많이 찐 사람은 재산가가 될 수 있는 반면 살이 부족하고 뼈가 억센 사람은 팔자가 세다.

또한 밭에 흙이 두터워야 곡식이 잘되듯 눈이 좋은 사람은 중귀(中貴) 이상

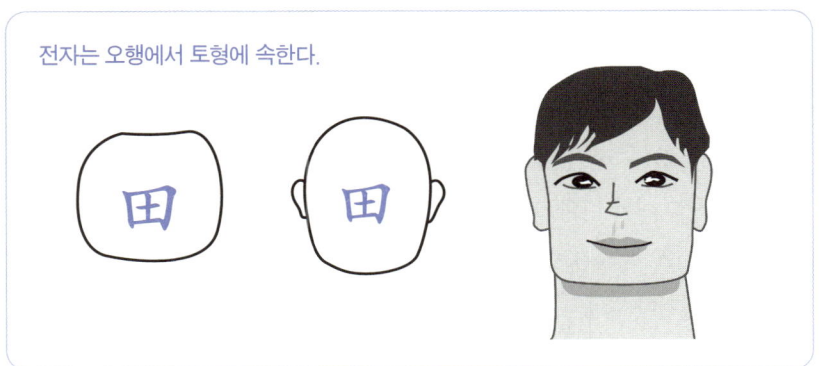

전자는 오행에서 토형에 속한다.

은 할 수 있다. 대개 아들이 많은 것이 특징이며, 40세 전후에 크게 성공할 것이니 가능하면 부동산을 구입해 놓는 것이 좋다. 동산은 손해 보기 쉬우므로 조심해야 한다.

게다가 전형적인 행동가 스타일로, 행동은 그리 민첩한 편은 아니지만 적극적이고 실행력이 좋으며 체력과 에너지가 풍부하다. 하지만 감정적인 면에서는 약간 둔하고, 우아한 면은 부족하다. 체면이나 명예를 존중하기 때문에 칭찬받는 것을 좋아한다. 의지가 강하고 개척 정신과 경쟁심, 승부욕이 강한 남성상이라고 할 수 있다. 단, 자기 주장이 강해서 융통성과 배려가 부족하기 때문에 적을 만들기 쉽다.

전자형의 얼굴을 가진 여성은 남성적이고 시원시원한 성격인지라 책임감도 있고 일도 잘해 낸다. 오기가 있어서 일단 무엇인가 하겠다고 마음먹으면 강한 성취 욕구를 발휘한다. 결혼 여부에 상관없이 사회 활동을 하는 것이 좋고, 결혼은 약간 늦게 하는 것이 좋다. 초·중년에는 우여곡절이 있긴 하지만, 말년에는 그만큼 경사스러운 일이 많아진다. 현대 여성에게 특히 인기 있는 상이다.

전자형으로 오관이 좋은 사람은 고위 관직에 임명되며, 관리직이나 군인, 경찰 등에게서 많이 볼 수 있다. 체력과 의지가 강하기 때문에 스포츠 선수로 성공하는 사람도 많다. 살집이 좋은 사람은 자산가가 대부분이며, 살집의 얇은 사람은 건축업이나 해운업, 광산업 등과 인연이 있다.

하지만 건강하다고 해서 건강에 지나친 자신감을 가지면 금물이다. 특히 말년에 신경통을 조심해야 한다. 과음이나 과식, 과도한 성욕에 의한 간 질환도 조심해야 한다. 중년 이후 비만이 되기 쉬우므로 고혈압이나 뇌졸중, 심장 질환에도 주의해야 한다. 기가 부족하면 호흡기계 질환이나 폐 질환, 장선 질환(狀腺疾患)에 걸리기 쉬우므로 주의가 필요하다. 특히 여성은 호르몬의 흐름이 나빠지거나 복통·요통이 일어날 수 있으므로 조심할 것. 부종이나 자궁 혹이 생길 수도 있다.

전자형은 자신이 생각한 만큼 고집하고 타인과의 조화를 중요시하지 않기 때문에 이 점을 가슴 속에 새기고 주의해야 한다. 자칫하면 독재자라는 인식을 줄 수도 있기 때문이다. 동산에 투자하면 손해를 보므로 가능하면 부동산에 투자하는 것이 좋다. 또 타인을 염려하는 마음을 갖는 것이 개운의 비결이다. 권위형 리더십만이 리더십이 아니라 참가형 리더십도 있다는 것을 명심할 것. 적극적인 성격이므로 여기에 풍부한 감정 표현력까지 갖추면 금상첨화일 것이다.

# 08 동자형 同字形

동자형은 육부가 풍만하고 오악이 잘 솟아 있으며 근골질과 영양질이 혼합된 얼굴형을 말한다. 원래 근골질이란 골다육소(骨多肉小)해서 오행으로 따지면 금국금체(金局金體)에 속하지만 동자는 금국토체(金局土體)에 속하므로 골육이 잘 균합된 것을 이른다.

어려서는 부모 덕에 의식 걱정 없이 살고, 30세 전에 기초를 세운다. 그러나 마음이 독하지 못해 보증을 서 준다거나 동업을 하다 실패하는 수가 있다. 반면 성격이 온화하고 강유(剛柔)를 겸하고 있어 관계나 상계를 막론하고 모두 성공할 수 있다. 덕이 있어 칭찬을 많이 받으며 처자궁도 좋고 80세까지 장수하는 상이다. 여성도 남성과 같은 운명이다.

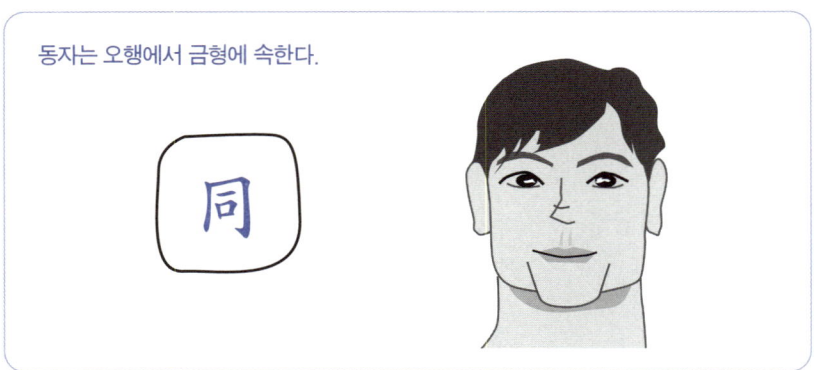

동자는 오행에서 금형에 속한다.

##  원자형 圓字形

원자형은 얼굴이 둥글고 눈·입·귀 모두 살결이 붉으며 체질이 원만하다. 오행상으로는 토국목체(土局木體)에 속하고 성질은 영양질과 똑같다.

필자의 경험에 의하면 얼굴이 모진 사람은 대개 고향에 뿌리내리고 사는 이가 많고, 얼굴이 둥근 이는 타향으로 가서 사는 이가 많다. 공은 둥글어서 멀리 나가는 반면 모진 것은 잘 나가지 않기 때문인 것으로 보인다. 이런 사람은 자수성가하여 상당한 재벌가가 될 수 있다.

회사의 중역이나 은행 간부들 중에는 대개 원자형이 많다. 관록을 먹더라도 사업 관청이 훨씬 좋다. 그러나 얼굴이 아무리 원만하더라도 눈이 둥글고 살이 지나치게 많이 찐 사람은 행복하게 살다가도 뇌일혈로 급사하는 수가 있다. 또 얼굴이 원형이라고 해서 모두 같은 것은 아니고 골격에 붙어 있는 살집이 좋은지 나쁜지, 피부에 탄력이 있는지, 피부 안에 숨어 있는 피부 색은 어떠한지, 피부 바깥쪽으로 보이는 피부색은 어떠한지 등을 함께 살펴야 한다.

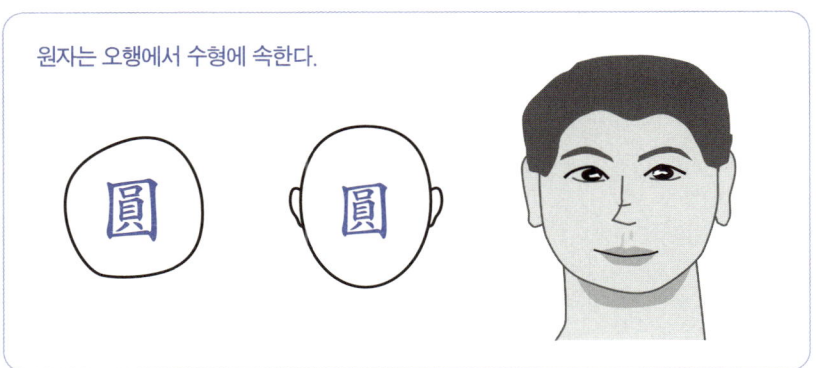

원자는 오행에서 수형에 속한다.

원자형의 얼굴을 가진 사람은 얼굴이 나타내듯 인품 또한 온후하고 낙관적이다. 상냥하고 친절해서 상대와 자연스럽게 친해질 수 있으며, 사고력과 대응력이 뛰어나 장사에 수완을 발휘한다. 타인과 별로 싸우지 않고 포용력이 있지만 약간 변덕스럽고, 박식하면서 다재다능하지만 목표나 기량이 부족한 것은 흠이다. 본능적인 요소가 강하고, 음식에 대한 욕구와 성욕이 강하기 때문에 제멋대로 하는 경우도 있다. 자칫하면 향락에 빠져 에너지를 소진하는 경우도 있으므로 주의해야 한다. 여성 중에서는 애교가 많은 사람에게서 이러한 얼굴형을 많이 볼 수 있다.

원자형의 사람은 다정다감하면서 부드러운 행동과 말씨를 가지고 있으므로 서비스업에 적합하다. 그중에서도 음식점이나 선술집을 하는 것이 좋다. 사회적 지위가 높아지면 다른 사람을 통솔하는 힘도 생긴다. 외교관이나 관리직에도 적합하다. 남 앞에 나서서 인기를 끄는 직업, 예를 들면 연예인들에게서도 자주 볼 수 있다. 보험이나 증권 등의 세일즈나 마케팅 분야의 일을 해도 좋다.

건강 면에서는 특히 비만에 주의해야 한다. 뇌일혈이나 중풍에도 조심하고, 영양 섭취가 많아 당뇨병에 걸리는 경우도 많으므로 식습관에 주의를 기울여야 한다. 생활 면에서는 목표를 세워 매진하는 것이 중요하다. 원만하고 낙천적인 것은 좋지만 확고한 목표와 강한 의지가 없으면 아무것도 얻을 수 없다는 점을 주의할 것.

# 목자형 目子形

얼굴이 길고 좁아 외씨 같은 얼굴형을 목자형이라고 한다. 목자형인 사람은 20세 전에는 부모덕으로 비교적 원만하게 사나 20세 이후로는 부모의 유산을 날려 버릴 상이다. 마음은 총명하나 도량이 없고 신경질을 잘 부린다. 자식은 2~3형제를 두나 큰 덕이 없고, 80세까지 사는 경우가 많다.

여성은 시어머니와 시누이의 꼴을 보지 못해 늘 불평이 많고, 남편궁은 생이별을 했다가 다시 만나거나 상처하게 된다. 자식은 많이 생산하나 제대로 키우기 어렵고 꺾이는 수가 많다.

목자형은 보기에는 그럴싸하나 얼굴이 좁은 만큼 마음도 좁고 기국이 크지 못해 크게 성공하기는 어렵다. 동물에 비유하면 말의 형상에 가깝고, 오행상으로는 목형인에 가깝다.

목형인은 야윈 것이 좋은 상이다. 뼈가 바르고 눈썹과 눈이 아름다우면 영광을 향수할 수 있다. 말의 형상을 가진 사람이라도 운명이 정반대로 나타나는 경우가 있는데, 얼굴 생김새가 청수하면서 품위가 있는 사람은 비교적 드

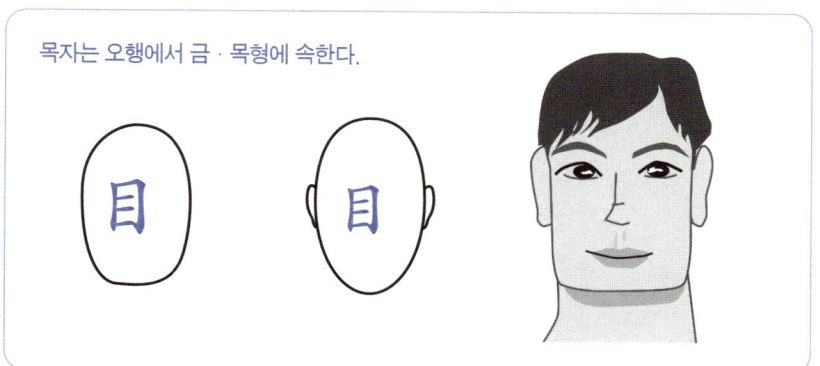

목자는 오행에서 금·목형에 속한다.

물고 고귀하다. 얼굴 생김새가 혼탁해서 속된 사람은 재운도 별로 좋지 않고 일생 고생하는 경우가 많다.

두뇌가 총명하고 재치가 있으며 성품이 온유하고 선량한 편이나 한 번 화내면 매우 무섭고 상당히 신경질적이다. 그 때문에 약간 까다로워 보이기도 한다. 우울증이 되는 경우도 있으므로 주의할 것. 하지만 의지가 강하고, 자신이 좋아하는 분야에서 끈질기게 발전해 나가는 타입이다. 여성의 경우 고독한 사람이 대부분으로 일생 독신으로 사는 경우도 많다. 아니면 결혼을 해도 남편과 떨어져 사는 경우가 많다. 초년이나 중년에 비해 온화한 말년을 보내는 경우가 많다.

특히 목자형의 얼굴을 가진 사람들 중에는 조각가나 공예가가 많다. 얼굴에 희미하게 붉은 기운이 도는 사람은 학문이나 예술 분야에서 두각을 나타낸다. 또 대체로 건강한 편이지만 신경성 질환에 걸릴 수 있으므로 유의할 것. 신경성 위염이나 두통, 불면증에 시달리는 경우가 많다.

운을 높이긴 위해서는 자신이 좋아하는 분야에 뼈를 묻는 것이 좋다. 직업을 자주 바꾸거나 직장을 자주 옮기면 주위의 평판도 떨어지고 길이 차단되는 경우가 있으므로 가능하면 한 곳에서 꾸준히 일하는 것이 좋다. 또 비록 자신의 마음에 들지 않는다 해도 큰 도량을 가지고 그것을 받아들이는 지혜가 필요하다. 웃음에 인색하지 않으면 말년운이 좋아질 것이다.

#  용자형 用字形

용자형은 언뜻 보기에는 동자형과 같으나 동자형은 얼굴이 반듯한 반면 용자형은 얼굴이 고르지 못하고 울퉁불퉁하다. 초년 25세까지는 고생이 많으나 중년부터 50세까지 약 25년간은 상당히 성공할 상이다. 그러나 재앙이 많고 여러 번의 실패를 거듭하는 힘든 상이다. 특히 코가 굽고 입이 틀어진 사람일수록 심하다.

일찍 고향을 떠나 타관에 가서 성공하나 50세가 넘으면 말년운이 좋지 못해 상처하기 쉽고, 자식운도 박하여 재산도 날려버리는 수가 많다. 여성의 경우도 마찬가지다.

수명은 잘살면 일찍 죽고 가난하면 오래 산다. 용자형은 대개 신자형과 운명이 거의 같다. 중년에 덕을 많이 베푸는 것이 좋다.

용자는 오행에서 혼합형에 속한다.

## ⑫ 왕자형 王字形

　왕자형은 얼굴이 방정하나 뼈만 솟고 골이 통 없는 것을 말한다. 천창과 지고가 함하고 골다육소(骨多肉小)하여 큰 부를 이루기 어렵다.
　천창이 공을 맞았으니 부모의 유산을 상속받아도 다 날려 버리고 자수성가해서 평생 걱정이 없을 상이다.
　고향을 떠나서 살아갈 상이며, 농촌에 살면 몰라도 도회지에 살면 적어도 열두 번은 이사를 해야 할 상이다. 처궁이 박하고, 자손을 두더라도 늘 자식 걱정이 많다. 큰 부자는 되지 못하고 의식만 족한, 말하자면 권도살림에 불과하다.
　여성은 일찍 결혼하면 실패하고 재취로 갈 상이며, 평생 고독하다. 고독하지 않으면 31세에 요사하기 쉽다.

# 풍자형 風字形

풍자형은 천정이 모지고 넓고 턱이 비어지고 살이 많고 좌우 관골이 좁다. 이런 사람은 사교술이 좋아서 고관이나 큰 실업가들을 이용할 수 있으나 오래가지는 못한다. 약간 투기성이 있고 방탕하다.

초년에는 부모 덕에 학업을 닦을 수는 있으나 관록을 오래 먹지 못하고 변동이 잦아 가난해진다. 평생 떠돌이 생활을 할 뿐 정착성이 부족하다.

여성은 대개 화류계로 흐르기 쉽고, 가정을 이루고 산다 해도 팔자가 세서 자식이 있으면 남편이 없고 남편이 있으면 자식이 없다. 남편과 자식을 똑같이 보전하기는 극히 어려운 상이다.

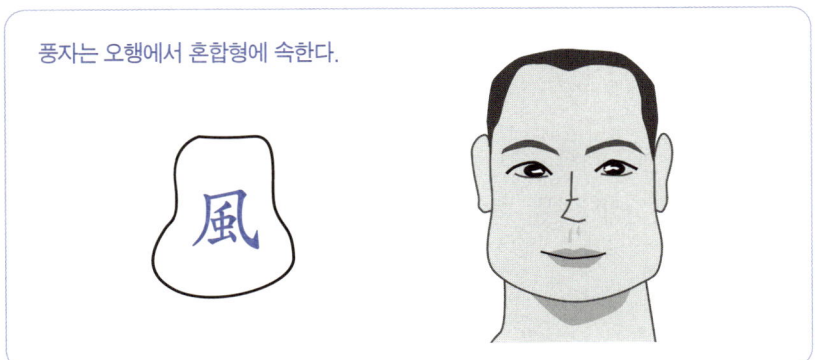

풍자는 오행에서 혼합형에 속한다.

#  사상 의학으로 본 얼굴 형태와 질병

## 1 태양인

• 신체 판단

체구는 단정한 편이나 상체에 비해 하체와 허리가 약해 보인다. 몸은 대체로 마른 편이고, 깔끔한 인상에 눈에 광채가 있다. 폐 기능은 좋은 반면 간 기능은 약하다[肺實肝虛]. 오래 앉아 있거나 오래 걷지 못하며, 소변이 많고 청각이 특히 발달되어 있다. 여성 중에는 건강해도 간 기능이 약하고 옆구리가 협소하고 자궁 발육이 부진하여 임신을 하지 못하는 경우도 있다.

간은 음장(陰臟)에 속하며 생식기를 주관하기 때문에 간이 허할 경우 자궁 발육이 부진해질 수 있다. 또한 임신은 하되 다산(多産)은 하지 못하는 경우도 있다.

• 얼굴 특징

태양인의 인상은 번듯하고 활발해 보인다. 머리골과 이마가 툭 불거져 있고 귀가 크며 잘생겼다.

• 태양인의 질병

태양인은 체질적으로 간장 기능이 약해서 간장 질환에 걸릴 가능성이 높다. 소화 불량(신트림)이나 식도 경련, 식도 협착, 불임, 안질, 각약(脚弱) 등을 조심해야 한다.

## 2 태음인

• 신체 판단

체격이 크고 근육과 골격이 발달되어 있으며 키가 크고 비대한 사람이 많다. 특히 손발이 크고 허리가 굵으며 상체보다 하체가 충실하다. 의젓하고 무게가 있어 보인다. 간 기능은 좋은 반면 폐나 심장, 대장, 피부 기능은 약하며[肝實肺虛] 땀을 많이 흘린다. 후각이 특히 발달되어 있다. 여성의 경우 눈매의 자태는 없으나 인상이 시원시원하다. 대체로 무게가 있고 후덕해 보이나 미인은 적다. 겨울에는 발이 잘 튼다.

• 얼굴 특징

원형 또는 타원형이고 눈·코·입·귀가 크고 입술은 대체로 두툼하다.

• 태음인의 질병

태음인은 체질적으로 폐와 심장 기능이 약해서 호흡기 질환과 심장 질환에 잘 걸린다. 급성 폐렴, 기관지염, 천식, 심장병, 고혈압, 중풍, 습진, 종기, 두드러기, 알레르기, 대장염, 치질, 변비, 노이로제, 감기, 맹장염, 장티푸스, 가스 중독, 황달 등에 조심해야 한다.

## 3 소양인

• 신체 판단

상체에 비해 하체가 약하며, 특히 다리가 가늘다. 살이 찐 사람은 드물다. 가슴 주위가 발달되었으며 경쾌해 보이나 가벼워 보이는 인상이다. 걸을 때 항상 먼 곳을 보고 걷는다. 비위(脾胃)의 기능은 좋은 반면 신장 기능은 약하고 몸에 열이 많다. 소화력이 좋고 땀이 별로 나지 않는다. 시각이 특히 발달하였다. 남성의 경우 정력 부족인 경우가 많고, 여성은 신장 기능이 약해 다산하지 못하는 경우가 많다.

• 얼굴 특징

머리가 앞뒤로 나오거나 둥근 편이며, 표정이 밝다. 턱은 뾰족한 편이고 입은 별로 크지 않으며 입술은 얇다. 특히 눈매가 날카롭다.

• 소양인의 질병

소양인은 체질적으로 신장 기능이 약해서 신장 질환에 잘 걸린다. 신장염이나 방광염, 요도염, 조루증(정력 부족), 불임, 습관성 요통, 협심증, 주하증(여름을 몹시 타는 증상) 등에 조심해야 한다.

## 4 소음인

• 신체 판단

상체에 비해 하체가 발달되었으며 살과 근육은 비교적 적으나 골격은 굵은 편이다. 키와 몸집은 대체로 작지만 몸매가 균형 잡혀 있다. 얌전하고 온화한 인상을 풍기며, 미남 미녀가 많다. 신장 기능은 좋은 반면 비위 기능은 약하다. 허약 냉성 체질이라 땀이 많이 나지 않는다. 미각이 특히 발달되어 있고 피부가 부드러우며, 여성의 경우 겨울철에도 손발이 잘 트지 않는다. 무의식 중에 한숨을 잘 쉰다.

• 얼굴 특징

용모가 오밀조밀 잘 어우러져 있다. 눈, 코, 입이 그다지 크지 않고 입술은 얇으며 눈에 정기가 없다.

• 소음인의 질병

소음인은 체질적으로 비위가 약해서 소화기 질환에 잘 걸린다. 소화 불량으로 인한 위염, 위하수, 위산 과다, 상습적인 복통, 급 만성 위장병, 우울증, 신경 질환, 수족 냉증, 멀미, 설사 등을 조심해야 한다.

# ⑮ 오행과 얼굴의 형태와 질병

## 1 목형

• 신체적 특징과 얼굴형

《영추 · 음양 25인》에 의하면 "목형인은 상각(上角)에 속하고 창제(蒼帝)와 흡사하다. 안색이 푸르고 머리가 작고 얼굴이 길다. 어깨와 등이 크고 몸이 곧곧하며 손발이 작다. 재주가 많고 정신 노동을 많이 하며 힘은 적다. 근심이 많아 일에 매달린다. 봄과 여름은 잘 견디지만 가을과 겨울은 잘 견디지 못한다. 가을과 겨울에 질병에 잘 걸린다. 족궐음간경(足厥陰肝經)에 속하며 온화하고 점잖다."고 했다.

다시 말해서 목형인 얼굴은 아래로 내려올수록 조금씩 넓어지면서 전체적으로 보았을 때 달걀처럼 갸름한 형태를 띤다. 또한 나무의 가지와 잎사귀가 무성하듯 목형인은 어깨와 등이 크다. 나무의 성질이 본래 곧은 것처럼 몸은 꼿꼿하다. 또 나무의 잔가지와 뿌리가 작게 갈라지는 것처럼 손발은 작다. 이것은 나무의 본체로 말한 것이다. 나

무는 쓰임에 따라 다양하게 이용되는 만큼 목형인인 사람은 재주가 좋다. 그러나 잘 흔들리는 만큼 힘은 부족하다. 나무가 항상 바람에 흔들리듯 목형인도 근심이 많고 일에 시달린다. 또 봄과 여름에는 무성하고 가을과 겨울에는 시들어 떨어지듯 목형인은 봄과 여름에는 건강하고 가을과 겨울에는 약하다.

• 목형인의 질병

목형인은 혈에 관련된 질병에 걸리기 쉽다. 혈허에 의한 두통이나 생리 불순

이 오기 쉬우며, 어혈로 인해 병이 생긴다. 따라서 목형인 여성은 어혈이 잘 풀어지도록 산후 조리에 특별히 신경 써야 한다. 특히 밤이 되면 증상이 더 심해지고 낮에는 가벼워지므로 주의해야 한다. 또한 목(木)은 간과 담을 지배하고, 눈·목·고관절·편도선·근육·발·손톱·발톱 등의 신체 기관을 담당한다. 그렇기 때문에 간과 담 기능이 저하되거나 나빠지면 간암, 간염, 담석증, 늑막염, 편두통, 백태, 입이 씀, 목 쉼, 편도선염, 가래, 근육통, 근육 경련, 쥐, 손발톱 이상, 탈장, 잠꼬대, 사시 등의 질환이 생기기 쉽다.

• 사주로 보는 목 체질의 질병

사주에 木(甲·乙, 寅·卯)이 많이 있으면 인정이 많고 담력이 세며, 간이나 담, 신경 계통이 튼튼하다. 그러나 사주에 목이 부족하거나 허약하고 상해 있으면 인정이 부족하고 간이나 담, 신경 계통이 좋지 않다.

## 2 화형

• 신체적 특징과 얼굴형

화형인은 《영추·음양 25인》에 의하면 "상징(上徵)에 어울리며, 적제(赤帝)와 비슷하다. 안색이 붉고 잇몸이 넓고 얼굴이 뾰족하고 머리가 작고, 어깨와 등 그리고 대퇴부와 복부의 발육이 좋다. 손발이 작고 걸을 때 땅을 안정되게 밝는다. 빨리 걷고 걸을 때 흔들거린다. 어깨와 등 근육이 풍만하고 기가 있으며, 믿음이 부족하고 걱정이 많으며, 사리에 밝다. 얼굴이 좋고 마음이 조급하며 오래 살지 못하고 갑자기 요절한다. 봄과 여름은 잘 견디지만 가을과 겨울은 견디지 못한다. 가을과 겨울에 질병이 발생한다. 경락상으로는 수소음심경에 속하고 마음이 빈 듯하다."라고 하였다.

다시 말해서 화형인은 얼굴이 역삼각형 모양으로, 머리가 좋고 예민하며, 예술적이고 정열적이며 폭발적이지만 뒤끝이 없다.

• 화형인의 질병

화형인은 신경이 예민한 까닭에 칠정(七情 : 기뻐하고, 성내고, 근심하고, 사색하고, 슬퍼하고, 놀라고, 무서워하는 것)에 쉽게 마음이 상하여 병이 오는 경우가 많다. 그래서 신경성 질환으로 고생하는 사람이 많다. 허리와 다리가 잘 아프고 가슴이 두근거리는 증상으로 힘들어하는 사람도 많다.

화(火)는 심장과 소장, 인체의 주관절·얼굴·상완·혀·피·혈관·주격뼈 등을 담당한다. 그렇기 때문에 심장과 소장에 이상이 있으면 심장 통증이나 숨이 차고 목이 마른 증상·부종·땀·여드름, 심장성 고혈압, 주관절통, 견갑골통, 상완통, 좌골 신경통, 혀 이상, 말 더듬, 심포삼초증, 하혈, 생리통, 습관성 유산, 딸꾹질 등의 질환이 생기기 쉽다.

• 사주로 보는 화 체질의 질병

사주에 화(丙·丁·巳·午)가 많은 사람은 예의가 바르고 항상 명랑하며, 거짓이 없고 바른 말을 잘한다. 그러나 성질이 조급한 것이 흠이다. 만약 사주에 화가 부족하거나 허약하고 손상되어 있으면 예의가 부족하고 항상 근심과 걱정이 많으며, 정신력이 부족하고 심장과 시력이 약하다.

## 3 토형

• 신체적 특징과 얼굴형

토형인은 《영추·음양 25인》에 의하면 "상궁(上宮)에 속한다. 상고시대 황제(黃帝)와 흡사하다. 안색이 노랗고 얼굴이 둥글며 머리가 크다. 어깨와 등이 예쁘고 배가 나와 있으며 다리와 정강이가 잘생겼다. 손발이 작고 육질이 많아서 상하가 균형을 이룬다. 걷는 자세가 안정되어 있으며, 모든 일에 믿음을 준다. 남을 잘 위하고 권세를 좋아하지 않으며, 사람과 쉽게 사귄다. 가을과 겨울은 잘 견디지만 봄과 여름은 잘 견디지 못한다. 봄과 여름에 병이 잘 생긴다. 경락상으로는 족태음비경에 속하고 진실되다."라고 하였다.

다시 말해서 얼굴에 각이 지지 않고 동그란 사람은 대개 통통하게 살이 찌고 기색이 밝다. 명랑하고 낙천적이어서 심각하게 생각하거나 고민하는 일이 별로 없다. 움직이기를 싫어하는 경향이 있으며 눕기를 좋아한다.

### • 토형인의 질병

토형인은 습(濕)이 많은 체질이라서 몸이 잘 붓는다. 류머티즘 관절염이 오기 쉬우며, 허리와 등이 아플 때도 많다. 특히 누설(몸 밖으로 영양분이 빠져나가는 증상)이 잘되어 당뇨병으로 고생하는 경우가 많으므로 당뇨병에 주의해야 한다.

토(土)는 비장과 위장의 장부를 주관하고, 배·무릎·대퇴부·입·입술 등을 담당한다. 그렇기 때문에 비장과 위장에 이상이 있으면 위궤양, 위염, 췌장암, 위산 과다, 속 쓰림, 위하수, 전두통, 입과 입술 이상, 구취, 하치통, 구완와사, 무릎 통증, 당뇨병, 식욕 이상, 비만, 눕기를 좋아함, 트림 등의 질환이 생기기 쉽다.

### • 사주로 보는 토 체질의 질병

사주에 토(戊·己·辰·戌·丑·未)가 많으면 성품이 후중하고 신용이 있으며 신앙이 독실하고 미각이 발달하며 위장이나 비장, 허리가 튼튼하다. 그러나 사주에 토가 부족하거나 허약하고 상해 있으면 성품이 후중하지 못하고 신용이 떨어지며 위장과 비장, 허리가 약하다.

## 4 금형

### • 신체적 특징과 얼굴형

금형은 《영추·음양 25인》에 의하면 "상상(上商)에 속한다. 백제(白帝)와 흡사하다. 얼굴이 모나고 안색이 희고 머리가 작다. 어깨와 등이 작고 배가 작다. 손발이 작고 뼈가 발꿈치 밖으로 나온 것처럼 보인다. 뼈가 가볍다. 몸이 청렴하며 마음이 급하고 고요하며 날래다. 관리직에 적합하다. 가을과 겨울은 잘 견디지만 봄과 여름은 견디지 못한다. 봄과 여름에 병이 생긴다. 경락상으로는 수태음폐경에 속하고 결단성이 있다."고 하였다.

금형인 사람은 얼굴이 각진 듯 보인다. 이런 사람들은 한 마디로 부지런한 노력가라고 할 수 있다. 또한 체질적으로 기를 많이 지니고 있기 때문에 항상 부지런히 일하고 끊임없이 노력해야 한다. 그렇게 하여 기를 소모해야만 심신이 편안해진다.

• 금형인의 질병

금형인 사람들은 기가 실하거나 허한 데서 오는 기병을 많이 앓는다. 특히 남성보다 여성에게 많이 발생한다. 기병이란 기가 원활하게 운행하지 못해서 생기는 병으로, 기가 울체되면 가슴이 더부룩하면서 아프고 배와 옆구리, 허리에 통증이 온다. 간혹 이유 없이 혼절하거나 목에 가래가 많이 끼고 몸 전체가 붓기도 한다. 여성의 경우 기가 울체되면 자궁에 혹 같은 것이 잘 생긴다. 폐는 기를 간직하는 곳이기 때문에 기가 부족하면 천식이 오거나 숨 쉬기가 곤란해지며 기운이 빠진다. 대소변이 시원찮거나 갑상선 질환, 치질, 불면증 등에 걸리기도 한다.

금은 폐와 대장을 주관하고 피부·코·체모·하완·가슴·항문·손목 관절 등을 담당한다. 금형인 사람들은 폐렴, 폐암, 대장염, 대장암, 맹장염, 직장암, 치질, 치루, 코피, 콧물, 비염, 축농증, 재채기, 기침, 해수천식, 손목 관절, 하완통, 상치통, 각종 피부염, 설사 등의 질환이 생기기 쉽다.

• 사주로 보는 금 체질의 질병

사주에 금(庚·辛, 申·酉)이 많으면 의리가 있으나 첫인상이 냉정해 보여 많은 사람들과 교제하기가 힘들다. 폐와 대장, 기관지가 튼튼하다. 사주에 금이 부족하거나 허약하고 손상되어 있으면 의리가 부족하며, 폐와 대장, 기관지가 약하고 치질에 잘 걸린다.

## 5 수형

### • 신체적 특징과 얼굴형

수형인은 《영추 · 음양 25인》에 의하면 "상우(上羽)에 속한다. 흑제(黑帝)와 흡사하다. 안색이 검고 얼굴이 평평하지 않다. 머리가 크고 턱이 각져 있다. 어깨가 작고 배가 크며 손발을 잘 움직인다. 걸을 때 몸을 흔든다. 꽁무니까지 길이가 길어서 등이 길다. 남을 공경할 줄 모르고 잘 속여서 죽임을 당할 수 있다. 가을과 겨울은 잘 견디지만 여름과 봄은 견디지 못한다. 봄과 여름에 병에 잘 걸린다. 경락상으로는 족소음신경에 속하고 자신을 비하한다."고 하였다.

다시 말해서 수형은 얼굴 형태가 삼각형으로, 여성 같은 기질을 갖고 있다. 수형의 남성은 주변 사람들에게 여자 같다는 소리를 들을 정도로 매사에 꼼꼼하고 성실하다. 지나치세 꼼꼼해서 다소 소심해 보이기도 한다.

### • 수형인의 질병

수형인의 사람은 사근사근하고 참을성이 많으며 비밀이 많다. 수는 신장과 방광을 주관하고 뼈 · 골수 · 힘줄 · 귀 · 허리 · 이빨 · 머리카락 · 음부 · 발목 등의 기관을 담당한다. 신장과 방광에 이상이 있으면 신부전증, 방광염, 소변 빈삭, 후두통, 눈알이 빠질 듯한 증상, 귀 질환, 중이염, 요통, 종아리 근육통, 발목 관절통, 신장성 고혈압, 뼈 골수 힘줄 이상, 골수염, 식욕 부진, 잦은 하품 등의 질환이 생기기 쉽다.

- 사주로 보는 수 체질의 질병

사주에 수(壬・癸, 亥・子)가 많으면 머리가 영리하고 지혜가 뛰어나며 성품이 원만하고 신장이나 방광 계통이 튼튼하고 청각도 발달되어 있다. 그러나 사주에 수가 부족하거나 허약하고 손상되어 있으면 이중 인격자가 되기 쉽고, 신기가 부족하여 신장이나 방광 계통이 허약하여 질병이 끊이지 않는다. 사주에 수기가 지나치게 과다해도 음흉해진다는 것을 주의해야 한다.

## 제6장
# 물형론

물형론 살피는 법 / 각 형상별 특징

## 01 물형론 살피는 법

앞에서 사람을 천지의 형상에 비유해서 설명했다. 여기서는 한 걸음 더 나아가 금수(禽獸)에 비유하여 운명을 말하고자 한다. 사람과 짐승이 꼭 같을 수는 없으나 얼굴 생김새와 마음 쓰는 것, 그리고 행동을 살피면 어느 정도 짐승과 같은 점을 발견할 수 있다. 위대한 정치가나 큰 사업가들은 대개 물형이 제대로 된 사람이 많다. 반면 빈곤한 사람들은 물형이 제대로 된 사람이 없다.

물형은 관상가보다도 매일 만나는 친구끼리 더 잘 알 수 있다. 예를 들어 "저 친구는 미련하기가 곰 같아."라든가 "자네는 입이 뾰뾰한 것이 꼭 돼지 같군." 등이다. 사실 물형을 제대로 잡으려면 최소한 4일 정도는 숙식을 함께 하면서 음식 먹는 것, 성질부리는 것, 잠자는 것, 심지어 소변보는 것을 잘 살펴야 한다. 그러나 이것은 아침 저녁으로 만나는 사이가 아닌 이상 불가능하다. 그래서 여기서는 언뜻 보아 첫인상을 근사하게 잡는 법을 밝힌다.

- 얼굴이 준수하고 위의가 당당하여 원만하게 생긴 상을 용형이라 한다.
- 얼굴이 청수하고 목이 길며 풍채가 훌륭한 자를 기린이라 한다.
- 얼굴이 돈후하고 코끝이 풍대하며 코허리가 죽고 구레나룻이 있는 자를 사

자라 한다.
- 얼굴이 둥글고 이마가 모지고 눈이 무섭게 생긴 자를 범이라 한다.
- 코가 특별히 길고 몸이 비대한 자를 코끼리라 한다.
- 얼굴이 붉고 앉으면 잘 놀고 손장난을 잘하는 사람을 원숭이라 한다.
- 몸이 비대하고 신체가 건강하고 피부가 검은 자를 곰이라 한다.
- 눈이 검푸르고 얼굴이 갸름하고 턱이 뾰족하고 걸음이 빠른 자를 사슴이라 한다.
- 눈은 호랑이와 같으나 얼굴이 약간 긴 자를 승냥이라 한다.
- 얼굴이 늘 불그레하고 술을 잘 먹는 자를 성성이라 한다.
- 얼굴은 고우나 간사한 자를 여우라 한다.
- 머리가 짧고 턱이 쪽 빠진 자를 노루라 한다.
- 입이 뾰족하고 입술이 틀어지고 두텁고 턱이 없는 자를 돼지라 한다.
- 얼굴이 돈후하고 눈이 큰 사람을 소라 한다.
- 얼굴이 길고 천창이 함하며 이가 굵고 코가 긴 자를 말이라 한다.
- 눈치가 빠르고 뼈 있는 고기를 좋아하며 눌은밥을 좋아하는 자를 개라 한다.
- 수염이 여덟 팔(八) 자로 나고 눈이 둥글고 노란 자를 염소라 한다.
- 귀가 크고 길며 건장한 자를 노새나 당나귀라 한다.
- 얼굴이 단정하고 모양이 고운 자를 봉이라 한다.
- 귀가 쫑긋하고 입술이 잘록하고 눈알이 보라색을 띠는 자를 토끼라 한다.
- 얼굴과 몸이 쇠약하고 목이 길며 모양이 청수하고 손발이 긴 자를 학이라 한다.
- 키가 크고 언뜻 보면 학과 같으나 고상한 태도가 없는 자를 해오리라 한다.
- 얼굴이 작고 몸이 비대하고 모양이 아름다운 자를 공작이라 한다.
- 얼굴은 작고 검으나 아름답고, 친구들을 만나면 가장 인기 있고 새로운 소식을 잘 알려주는 자를 까치라 한다.

- 얼굴과 신체가 왜소하고 맥없이 바쁜 사람을 참새라 한다.
- 입술이 연지를 칠한 것처럼 붉고 몸이 날래고 모양이 아름다운 자를 제비라 한다.
- 입이 퍼지고 눈이 위로 열린 자를 기러기라 한다.
- 등이 굽고 미골이 약간 솟은 자를 거북이라 한다.
- 얼굴이 뒤로 젖혀지고 눈이 툭 비어지고 등이 구부정한 자를 두꺼비라 한다.
- 눈이 둥그렇고 흰 창이 사방으로 보이고 눈을 뜨고 자는 자를 물고기라 한다.
- 눈이 툭 비어져서 살기가 차고 혓바닥을 날름거리는 버릇이 있는 자를 뱀이라 한다.

고서에 보면 용에 대한 말이 많으나 현대 과학에서는 용의 실재를 부인하고 있다. 용은 일종의 가상물로, 극히 귀한 것을 비유한 것으로 보인다. 이 물형법은 원래 달마대사가 창안한 것으로, 진희이(陳希夷) 선생이 저술한 《신상전편》과 《상리형진》에 수록되어 있다. 《신상전편》에는 물형이 50종이고, 《상리형진》에는 30종이다. 그러나 《신상전편》에는 중복된 것이 많고, 《상리형진》에는 차서가 혼란하고 해석이 착란하여 이해하기 곤란하여 이를 종합 정리하여 다음과 같이 32종을 추려서 필자의 견해를 말하고 다음 원문을 의역 소개한다. 그림과 설명뿐인 원문에 필자가 제목을 붙였다. 또 그림에 대해서는 《상리형진》에서 등사했으나 모두 두건을 씌워 놓은 것을 벗겨 버렸다. 수염이 없어야 할 자가 수염이 있고, 꼭 있어야 할 자가 없는 경우가 있다. 필자가 화가였다면 얼마나 좋았을까? 이 책을 저술하면서 그림을 그릴 줄 모르는 사실이 얼마나 안타까웠는지 모른다. 그러므로 독자들께서는 물형을 잡을 때 그림만 중요시하지 말고 본문 해석에 치중해 주기를 바란다.

## 02 각 형상별 특징

### 1 용의 형상 푸른 용이 여의주를 희롱하는 상

- 수염이 길고 아름다우며
- 두골의 좌우 상부가 나오고
- 얼굴이 길고
- 코가 높고
- 눈이 둥글고 눈방울이 약간 솟았으며
- 귀가 높이 솟고
- 인당 골이 천중까지 뻗고
- 신체가 장대하고
- 사람을 누르는 위의가 있으며
- 골격이 정수하고 행동이 출중하다.
- 용형은 어느 지명을 막론하고 다 좋다.

극히 드문 상으로, 극귀할 상이다. 얼굴이 아무리 훌륭해도 수염이 없으면 진짜 용형이라 할 수 없다. 옛날 중국 한나라 고조 황제는 봉의 눈에 용의 코를 가졌었다고 한다. 그런 그가 30세 전에 많은 고생을 하다 만년에 천자가 된 것은 초년에 수염이 자라지 못했으나 만년에는 수염이 훌륭히 자랐기 때문이라고 한다.

## 2 기린의 형상 기린이 밭둑을 걷는 상

- 머리가 넓고
- 눈썹이 거칠고
- 목이 길며
- 이마가 높이 솟고
- 귀가 크고
- 얼굴이 청수하여 언뜻 보아서는 학형과 같으나 학보다 퉁퉁하다.

이러한 상은 대귀한다. 산(山)·목(木)·송(松)·임(林)·운(雲)이 있는 지명에 살면 더욱 좋다. 수수(水)·화(火)·정(井)·천(川)·야(野)자가 들어 있는 지명은 좋지 않다.

## 3 사자의 형상 수풀에 나는 사자 상

- 코끝이 풍후하고 산근이 끊어지고
- 윗수염이 적고 아래 수염이 더부룩하게 많고
- 눈썹이 까맣고 많으며
- 머리가 모지고
- 이마가 넓고 철(凸)하며
- 광대뼈가 솟고
- 신체가 장대하다.

길지(吉地)와 기지(忌地)는 기린과 같다. 직업은 사법관이 좋고, 사업을 해도 부자가 될 수 있다.

## 4 호랑이의 형상 수풀에 나는 호랑이 상

- 이마가 모지고
- 입이 크고
- 소리가 웅장하며
- 귀는 작고
- 눈이 크고 빛이 사람을 쏘아보며
- 행보가 위의가 있고
- 풍채가 당당하다.

    필자의 경험에 의하면 호랑이형인 남성은 문무겸전하고 부귀할 수 있으나 여성은 결혼 후 삼 년 내에 상부하여 과부가 되는 경우가 많다. 남녀 간에 호랑이 눈을 가진 사람은 일찍 아들을 키우지 못하고 대개 아들이 적다. 길지는 산(山)·임(林)·송(松)·동(洞)·영(嶺)이며, 흉지는 금(金)·수(水)·화(火)·정(井)·해(海)이다.

## 5 코끼리의 형상 밀림을 걸어가는 코끼리 상

- 코가 특별히 길고
- 눈이 구슬처럼 둥글고 윤기가 있으며
- 이마가 넓고
- 얼굴이 길고
- 말투가 정중하고
- 위의가 있다.

    이런 상은 부귀한다. 길지는 사자와 범과 같고 흉지도 같다.

## 6 원숭이의 형상 밤을 까먹는 원숭이 상

- 얼굴이 붉고
- 이마가 넓고
- 눈썹은 많으나 거칠고
- 수염이 적고 머리카락이 드물며
- 얼굴에 비해 귀가 뾰족하고.
- 여자를 보면 웃는 얼굴을 짓는다.

　이런 상은 성질이 급하고 색을 좋아하는 것이 결점이지만 재주가 비상하고 수단이 좋아서 부귀를 누린다. 길지는 산(山)·율(栗)·송(松)·임(林)이며, 좋지 않은 땅은 해(海)·수(水)·천(川)·강(江)이다.

## 7 곰의 형상 양지 끝에 곰이 누워 있는 상

- 등이 둥글고
- 체격이 장대하며
- 피부가 매우 검고
- 우둔한 듯한 첫인상을 풍긴다.

　이런 상은 영리하지는 못하나 재운이 좋아 부를 축적할 수 있다. 특히 물불 가리지 않고 잘 싸우기 때문에 군인이 되면 큰 성공을 할 수 있다. 길지와 흉지는 호랑이와 같다.

## 8 사슴의 형상 봄에 풀밭을 거니는 사슴의 상

- 걸음이 빠르고
- 눈빛이 푸르며
- 얼굴이 약간 길고
- 경치를 좋아한다.

   이런 상은 일생을 청한(淸閑)하게 산다. 길지와 흉지는 곰과 같다.

## 9 승냥이의 형상 숲 속에 숨은 승냥이 상

- 눈이 무섭게 광채가 있고
- 털이 많으며
- 호랑이와 같으나 얼굴이 약간 길다.

   이런 상은 청수하면 법관으로 출세할 수 있고, 혼탁하면 도리어 형벌을 당한다. 길지와 흉지는 사자와 같다.

## 10 성성이의 형상 술에 취해서 누워 있는 성성이 상

- 머리카락이 밤송이처럼 꼿꼿이 섰고
- 얼굴이 언제나 붉고 살이 많고
- 눈썹이 눈에 바짝 붙고 눈이 깊으며
- 귀가 크고 코도 높다.

   이런 상은 술만 보면 사족을 못 쓰는 성격 탓에 낭패를 당하는 경우가 많다.

재운과 관운은 좋은 편이다. 길지와 흉지는 사자와 같다.

## 11 여우의 형상 늙은 여우가 뼈를 희롱하는 상

- 얼굴은 고우나 마음이 좋지 못하고
- 감언이설을 잘하여 남을 속이며
- 시골이 크고
- 성질이 급하고 색을 좋아한다.

이런 상은 거짓말을 잘하기 때문에 신용을 잃어 결국엔 패가한다.

## 12 노루의 형상 산과 들에 닿는 노루의 상

- 머리가 짧고 뾰족하며 얼굴이 높고
- 손발이 작고 걸음이 빠르다.

이런 상은 큰 벼슬은 할 수 없다. 마의 선생은《신의부》에서 "노루 머리와 쥐 눈이 어찌 벼슬을 구하랴?"고 했다. 필자 역시 머리가 뾰족한 고관은 지금껏 보지 못했다. 길지와 흉지는 사자와 같다.

## 13 돼지의 형상 산돼지가 밭에 내려오는 상

- 귀가 크고 얼굴이 좁고
- 잠을 잘 때 숨을 불고
- 음식에 청탁을 가리지 않고
- 머리는 넓으나 목이 짧고

- 이마는 평평하나 눈이 깊고 광채가 없으며
- 뺨은 두두룩하나 입이 뛰뛰하다.

　이런 상은 재운은 좋으나 욕심이 많아서 수전노라는 별명을 듣기 쉽다. 길지와 흉지는 독자들의 상상에 맡긴다.

## 14 소의 형상 풀밭에 누운 소의 형상

- 체격이 장대하고
- 눈이 검고 머리통이 넓고
- 광대뼈가 나오고
- 입은 두텁고 크나 폭이 좁고
- 걸음이 느리다.

　이런 상은 평생 의식은 풍족하나 노력이 많고 성격은 충직하나 재치가 부족해서 타인에게 이용당하기 쉽다. 직업은 농업이 가장 좋다. 길지는 초(草)·태(太)·두(豆)·야(野)·옥(屋)이며, 흉지는 수(水)·화(火)·정(井)·천(川)·해(海)이다.

## 15 말의 형상 말이 방울을 흔들며 달리는 상

- 얼굴이 길고
- 사고(四庫)가 깊으며
- 이가 크고 허리가 길고
- 방귀를 잘 뀐다.

말 형상도 여러 가지다. 얼굴이 청수하고 고상하면 천리준마라 하여 대귀하고, 얼굴이 혼탁하여 속되게 생겼으면 짐을 싣거나 밭을 가는 말이라 하여 평생 노고가 많다. 길지와 흉지는 소와 같다.

## 16 개의 형상 개가 도둑을 지키는 상

- 머리가 크고
- 눈동자가 약간 누렇고
- 얼굴 하관이 빨고
- 귀가 높이 솟아 있으며
- 신경질을 잘 부린다.

이런 상은 눈치가 빠르고, 자신에게 잘해 주는 자에게는 은혜를 잊지 않고 갚는다. 반면 자기를 미워하는 자는 상대조차 하지 않는다. 고관의 비서나 참모가 적합하고 사교술이 능란하여 타인의 호감을 얻어 성공하기 쉽다. 길지는 남문통 내외, 동문 내외, 서문 내, 외북문가이고, 흉지는 도살장 부근이다.

## 17 염소의 형상 풀밭에서 우는 염소의 상

- 팔(八) 자 수염이 나고
- 눈이 노랗고 사람을 쏘아본다.
- 턱이 뾰족하고
- 머리를 흔드는 버릇이 있으며
- 다리가 짧다.

이런 상은 청수하면 귀와 부를 누리나 대개 성질이 불량하다. 길지와 흉지는 소와 같다.

## 18 당나귀의 형상

모든 점이 말과 같으나 귀가 말귀보다 큰 것이 특징이고, 운명과 성질은 말과 같으나 성질이 더 급하고 말보다 빠르다. 쓸데없이 바쁜 사람이다.

## 19 토끼의 형상 토끼가 달을 바라보는 상

- 이마가 둥글고
- 눈썹이 적으며
- 귀가 크고 쫑긋하며
- 통통하고
- 눈이 연홍색이다.

이런 상은 첫인상이 좋아서 귀여움을 받으나 남성의 경우 호색하기 때문에 여난을 당하기 쉽고, 여성은 유혹에 빠지기 쉽다. 직업은 관록이 좋은데, 특히 의학을 전공하면 빨리 성공할 수 있다. 길지는 초(草) · 갈(葛) · 임(林) · 수(火) · 암(岩)이며, 흉지는 사자와 같다.

## 20 봉의 형상 대나무 숲에 길든 봉의 상

- 머리가 길고
- 코가 높으며
- 눈썹과 눈이 길고
- 목이 길고

• 몸에 살이 많지 않다.

이런 사람은 부귀할 상이다. 원래 봉은 죽실(竹實)을 먹는데, 밀과 죽실은 모양이 같기 때문이다. 길지는 죽(竹)·실(實)·오(梧)·동(桐)·산맥(山麥)·각(閣)이다.

---

◎◎ **附** 해오리해 – 오리가 물고기를 엿보는 상

모든 점이 학과 같으나 고상한 맛이 없고 음식에 청탁을 가리지 않는다. 길지는 해(海)·천(川)·강(江)·수(水) 등이고, 흉지는 금(金)이다. 학은 관운이 좋으나 해오리는 관운이 부족하고 평생 분파(奔波)하고 청빈하다.

---

## 21 학의 형상 소나무 위에서 춤을 추는 학의 상

- 머리가 둥글고
- 이마가 넓으며
- 얼굴이 야위고
- 목이 길고 맺힌 뼈가 있으며
- 키가 크고 스타일이 좋다.

필자의 경험에 의하면 학의 형상을 지닌 사람들은 남성의 경우 관운은 좋으나 재운이 부족하고, 여성은 고독한 사람이 많다. 직업은 대체로 관록이 좋다. 사업을 한다면 깨끗하고 신선한 업종을 선택하는 것이 좋다. 고상하고 음식을 함부로 먹지 않으며, 질을 따지고 육식보다 채식을 좋아하고 신선한 생선과 과일을 좋아한다. 길지는 산(山)·임(林)·송(松)이고, 흉지는 금(金)이다.

## 22 앵무새의 형상 <sub>말 잘하는 앵무새의 상</sub>

- 눈은 작으나 길고
- 이마와 목은 짧으며
- 코끝이 풍원하고
- 글씨를 잘 쓰고
- 걸음이 빠르다.

이와 같은 사람은 대개 말을 잘하고 사교술이 좋아 맨주먹으로 자수성가할 상이다. 이마가 짧아 초년 고생은 있으나 40세 후에 귀인의 추천을 받아 발할 상이다. 직업은 변호사나 목사, 웅변가 등이 좋으며, 길지는 산(山) · 임(林) · 죽(竹) · 송(松)이고, 흉지는 별로 없다.

## 23 공작의 형상 <sub>궁중에서 춤추는 공작의 상</sub>

- 얼굴이 작고
- 살이 많으며
- 의복의 사치를 좋아하고
- 더운 음식을 좋아한다.

이와 같은 사람은 얼굴보다 몸이 좋아 성공할 것이다. 길지는 화려한 주택 또는 궁정이며, 흉지는 누추한 곳이다 관리자나 실업가가 적합하다.

## 24 까치의 형상 <sub>기쁜 소식을 알리는 까치의 상</sub>

- 얼굴이 작고

- 눈동자가 검으며
- 걸음이 빠르다.

　이런 상은 친구에게 반가운 소식을 잘 전해 주고 사교성이 뛰어나다. 인상이 좋으면 까치이고, 검으면 까마귀라 한다. 길지는 수(水)·야(野)이며, 흉지는 금(金)·화(火)·궁(弓)이다. 직업은 신문이나 잡지 기자, 통신 기자, 외교관 등에 적합하다.

## 25 참새의 형상 굶주린 새가 벌레를 찾는 상

- 얼굴이 작고
- 신체가 허약하고 작으며
- 눈동자를 사방으로 내두르고
- 깜짝깜짝 놀란다.

　이런 사람은 평생 식소사변(食小事變)하여 큰 부자는 되지 못할 상이다. 길지는 야(野)·임(林)·산(山)·충곡(冲, 穀)이고, 흉지는 금(金)·화(火)이다.

## 26 제비의 형상 잠자리를 쫓는 제비 상

- 입술이 붉고
- 턱이 윤택하며
- 몸이 가볍다.

　길지는 수(水)·해(海)·천(川)·강(江)이며, 직업은 물과 관련된 일을 하는 것이 좋다. 여성은 대개 기생이 많다.

## 27 매의 형상  하늘을 나는 매가 토끼를 차는 상

- 머리가 모지고
- 이마가 둥글며
- 입이 낙수처럼 휘어지고
- 코끝이 구부정하니 아래로 휘어졌으며
- 눈동자가 붉고 성질이 급하다.

　이런 사람이 얼굴이 청수하면 대귀하나 수양이 부족하면 이기심이 많아서 상종하기 어렵다. 직업은 군인이나 공장주, 사법관이 좋다. 길지는 산(山)·송(松)·임(林)·목(木)·도(島)이며, 흉지는 해(海)이다.

---

### 附 기러기 – 모래밭에 날아오는 기러기 상

- 눈이 활개하고
- 입이 퍼졌다.

　길지는 해(海)·사(沙)·월(月)·남(南)이며, 물과 관련된 일이나 주류업, 어업을 하는 것이 좋다.

---

## 28 거북이의 형상  거북이 물결을 희롱하는 상

- 이마가 모지고 평평하며
- 눈썹이 거칠고 눈이 크며
- 몸이 크고 코가 솟았고
- 목이 평평하고 발이 짧으며

• 등이 굽었다.

길지는 수(水)・해(海)・강(江)・사(沙)・파(波) 등이며, 흉지는 화(火)・상(桑)이다. 물과 관련된 직업을 선택하는 것이 좋다.

## 29 쥐의 형상 겨울에 집에 든 쥐의 상

- 눈이 둥글고 검은 창이 많고 흰자위가 적으며
- 입이 뾰족하고
- 신체가 작고
- 이가 세밀하고 안으로 들어갔다.

이런 상은 평생 의식은 족하나 이기심이 많아서 상종하기 어렵다. 농업이나 창고업, 정미업을 하는 것이 좋다.

## 30 두꺼비의 형상 장마 중에 나온 두꺼비 상

- 얼굴이 젖혀지고 눈알이 솟고
- 이가 드러나고 수염이 드물며
- 얼굴에 주근깨가 많고
- 호흡이 빠르다.

이런 상은 처음 보기에는 별로 신통치 않으나 재복은 좋다. 우산 장사를 하는 것이 가장 좋다.

## 31 물고기의 형상 맑은 강물에 물고기가 노는 형상

- 머리가 뾰족하고
- 눈을 뜨고 자며
- 눈의 흰 창이 사방으로 보인다.

　이런 상은 횡액으로 죽는다. 길지는 수(水)·강(江)·해(海)·천(川)이고, 흉지는 전(田)·화(火)·균(鈞)·강(綱)이다.

## 32 뱀의 형상 뱀이 똬리를 튼 상

- 눈이 동그랗고 작으며 살기가 있고
- 입술이 엷고 혀가 길며
- 혓바닥을 날름거리는 버릇이 있다.

　이런 상의 남성은 상처(喪妻) 또는 상자(喪子)하고, 여성은 상부(喪夫)하거나 자식을 많이 상한다. 뱀형은 사람을 해치는 상이므로 상종할 수 없다.

## 제7장
## 운을 높여 주는 관상 메이크업

복을 부르는 메이크업 / 관상 메이크업의 포인트 / 애정운을 높이는 메이크업 / 재운을 높이는 메이크업 / 직업운을 높이는 메이크업

# 01 복을 부르는 메이크업

관상학은 풍수나 사주, 동양 의학과 뿌리를 함께하는 것으로, 오행설(五行說)에 기초를 두고 있다. 서양의 관상은 얼굴을 통해 그 사람의 성격을 읽어 내기 위한 것이지만 동양의 관상은 성격뿐만 아니라 그 사람의 장래를 예측하는 데 중점을 둔다. 얼굴에 상처가 나면 외과적인 수술을 통해 운을 상승시키지만 외과 수술을 받지 않아도 눈썹을 정돈하거나 메이크업을 하는 것만으로도 운세를 바꾸는 것이 가능하다. 관상의 원리를 잘 알고 있으면 메이크업을 통해 자신감을 얻고 운도 상승시킬 수 있다는 것이다. 특히 여성의 경우 눈썹 메이크업만 잘해도 인기를 얻거나 재운을 트게 하거나 애정운을 높일 수 있다.

어떤 사람에 대해 외관과 일치하지 않는다거나 첫인상과 다르다는 느낌을 종종 받을 것이다. 자신이 생각했던 첫인상과 한 상대의 인상과 실상이 어긋날 때 특히 그렇다. 이는 본질을 표정으로 표현하거나 그것을 간파하는 눈이 이미 갖춰져 있기 때문이다.

그렇다면 성격이나 행동, 경험이 어떻게 눈썹이나 얼굴에 나타나는 것일까? 성별·연령·신장·골격·외관의 변화·환경·가족 관계·일(업무), 그리고 인생에서 우리는 운명에 관련된 문제에 관계되어 있다.

　얼굴로 말하면 눈썹에서부터 그 사람의 성격과 생각, 감정, 사업, 운세를 살필 수 있다는 말이다. 단순한 눈썹이지만 눈썹에 숨겨진 심오한 뜻과 의미를 발견하여 단점과 장점을 파악하는 것으로 약점을 보강하여 사람들에게 호감을 살 수도 있다.

　눈썹 모양을 바꾸거나 메이크업을 통해 결점을 보충하면 수양(修養)이 높아져 자연스럽게 악운을 떨쳐낼 수도 있다. 눈썹 메이크업은 개운과 많은 연관이 있다. 그렇기 때문에 단지 얼굴에 2개의 눈썹을 그려 넣는 것이 아니라 얼굴의 형태와 연령, 경험, 직업, 신분, 개성에 맞춰 아름답고 운세가 좋아지는 눈썹 메이크업을 하는 것이 중요하다. 눈썹 모양을 바꾸는 것만으로도 운이 좋아지고 자신감이 높아지기 때문이다.

# 관상 메이크업의 포인트

## 1 표준 얼굴이란?

표준 얼굴 생김새(골든페이스・프로포션)이 목적은 아름다움의 추구다. 골든페이스나 프로포션은 레오나르도 다빈치 등이 많은 사람의 얼굴을 계측하여 사람 얼굴의 이상적인 밸런스, 즉 프로포션(비율)을 수학적으로 분석한 것이다.

- 눈을 기본으로 한 비율
1. 눈의 가로 폭과 세로 길이의 비율이 3 : 1이다.
2. 양쪽 눈과 눈의 간격이 눈의 가로 폭과 동일하고, 좌우 미간의 간격도 동일하다.

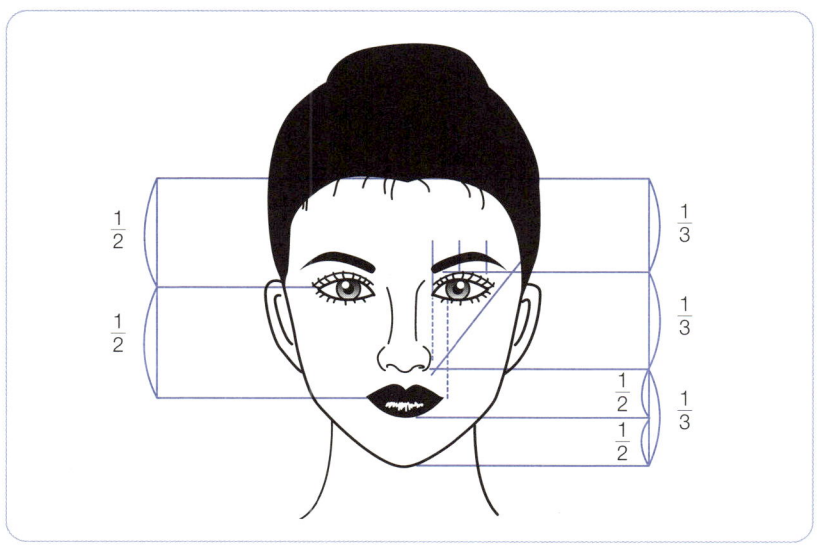

3. 얼굴의 가로 폭은 눈의 가로 폭의 5배다.
4. 눈초리에서 비근까지의 길이와 콧등에서 코끝까지(코의 길이)의 길이가 동일하다.
5. 눈시울 바로 위에 미간이 위치한다.
6. 눈시울과 미간, 콧방울의 구석이 일직선으로 연결된다.
7. 눈초리와 콧방울의 구석을 묶는 연장선상에 눈썹 꼬리가 위치한다.

• 코를 기본으로 한 비율
1. 코끝에서 미간까지의 길이가 이마 언저리로부터 턱 맨끝(얼굴 길이)의 1/3 길이다.
2. 코끝에서 미간까지의 길이와 코끝에서 턱의 맨끝까지 길이가 동일하다.
3. 코끝에서 미간까지의 길이와 이마 언저리로부터 미간까지의 길이가 동일하다.

• 입술을 기본으로 한 비율
1. 입술이 코끝과 턱의 맨끝의 한가운데에 위치한다.
2. 입술 양단과 좌우 눈동자(홍채)의 안쪽을 각각 묶은 선이 수직이다.

이에 해당하는 얼굴을 '미인의 얼굴'이라 하는데, 이러한 얼굴을 찾기는 매우 힘들다.

## 2 개운 메이크업의 포인트

먼저 메이크업의 포인트가 되는 부분을 설명하면 다음과 같다.

① T존 : 이마의 좌우나 상하에는 지성이 나타나고, 콧날에는 건강운이 나타난

다. 이 둘로 구성되는 T존이 깨끗하면 기품이 있다. 더러워지기 쉬우므로 여기서부터 세안을 시작하여 지저분한 것을 씻어 내야 한다.

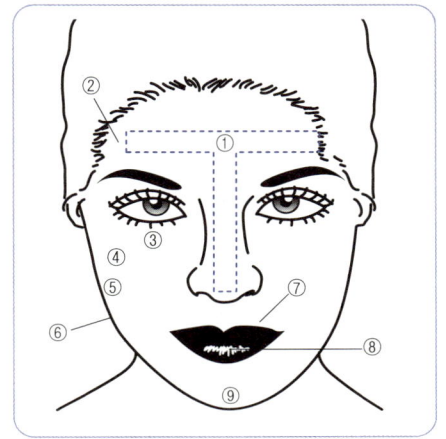

② 미산(眉山) : 미산의 위치는 얼굴을 길게 보이게 하거나 얼굴에 가로 폭을 갖게 할 때 중요하다. 미산의 포인트와 미간 위치를 조정하면 밝고 서글서글하게 보일 수도 있고, 엄숙함을 강조하여 신경질적으로 보일 수도 있다. 눈썹 꼬리도 이와 같이 상하에 변화를 줌으로써 상냥한 얼굴을 연출하거나 짜증내는 듯한 얼굴을 만들 수 있다.

③ 눈밑(와잠 부위) : 나이가 들면서 생기가 줄어든다. 기미와 주근깨를 커버하는 것으로 젊음과 건강을 강조할 수 있다.

④ 광대뼈 : 광대뼈가 적당히 튀어나와 있으면 체력을 타고 난 사람이다. 윤기나는 붉은 빛은 건강함을 상징한다.

⑤ 뺨 뒤쪽 : 날카로운 생김새를 만드는 중요한 포인트다.

⑥ 얼굴 라인 : 맥이 풀린 듯한 느낌의 얼굴을 입체감을 가지게 하여 샤프한 인상으로 바꿔 준다.

⑦ 윗입술의 윤곽 : 입술은 얼굴에 악센트를 주는 부위로, 전체적인 이미지를 크게 변화시킨다. 특히 윗입술 라인은 중요한 포인트가 된다.

⑧ 입술의 중앙 : 입술 가운데 부분이 포동포동한 것은 여성의 매력을 연출하는 중요한 포인트다.

⑨ 턱 끝 : 의외로 놓치기 쉬운 부분이지만 입가의 인상을 좌우한다. 밝게 하여 상쾌한 입매를 연출하는 것이 중요하다.

# 애정운을 높이는 메이크업

## 1 섹시한 매력을 발산하는 메이크업

- 눈썹[眉] : 엷은 색조로 그리되 눈초리 쪽의 미산으로 향해 올라가듯이 커브를 그린다. 각을 만들지 말고 눈초리에서 내린다.
- 눈[目] : 살짝 내려서 둥근 눈에 눈동자가 빛나게 한다. 위쪽에 따뜻한 색을 발라 직관력이 뛰어나고 생활력이 있어 보인다.
- 입술 : 상하 같은 면적으로 윤곽을 바르게 하고, 구각이 위를 향한 앙월구(仰月口, 미소와 재주, 밝음과 정열을 상징하는 입술) 형태로 그린다.
- 색 : 눈초리는 아주 약하게, 귓불과 귀 쪽은 연한 붉은색으로 바른다.

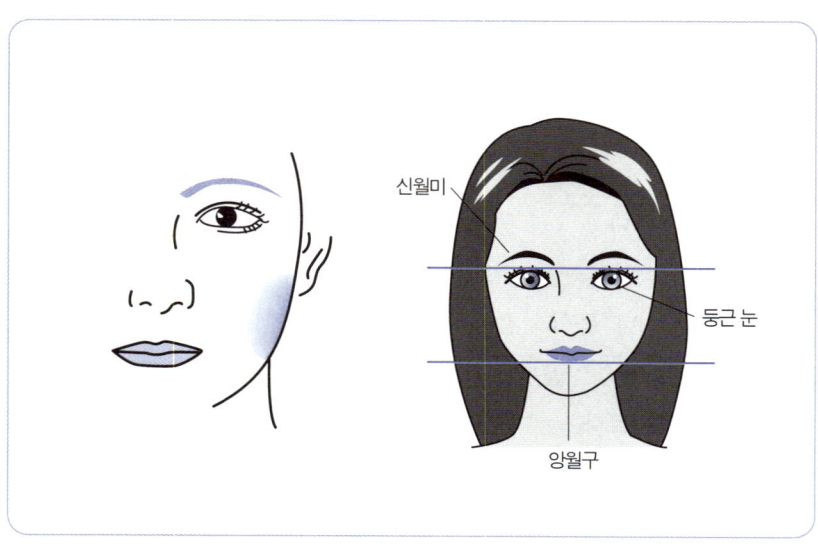

## 2 연인이나 남편과의 애정운을 높이는 메이크업

- 눈썹 : 엷은 색으로 곡선이 있는 초승달 모양(깊은 애정, 친형제에게 상냥하고, 조상덕을 본다)으로 그린다.
- 눈 : 눈초리가 길게 째진 듯 약간 내리고, 눈초리가 깊은 느낌이 들도록 (사교적이며 자기 주장이 약하다) 그린다.
- 입술 : 크고 두텁게 상하 동일한 면적으로 물결치듯 그린다.
- 색 : 눈초리에서 귀까지, 즉 뺨과 귓불 부위를 밝은 혈색이 돌게 그린다.

#  재운을 높이는 메이크업

## 1 금운(金運)을 높이는 메이크업

- **눈썹** : 미산(眉山)을 눈 중앙 부위로 끌어 올려 직선으로 눈초리에 길게 연결하여 ∧자가 되도록 그린다(젊고 노력하는 이미지와 금전 감각이 뛰어나다는 인상을 준다).
- **눈** : 눈초리가 길게 째져 위로 약간 향한 듯하게 그린다(경쟁심이 강하고 행동력 있는 사람이라는 인상을 준다).
- **입술** : 상하 동일한 면적으로 두툼한 느낌을 갖게 하고, 아랫입술은 직선으로 四자 형태(자부심이 강하고 총명하며, 지위나 부를 얻는다)로 그린다.
- **색** : 눈초리와 귀에서 뺨으로 혈색(血色)이 돌도록 그린다.

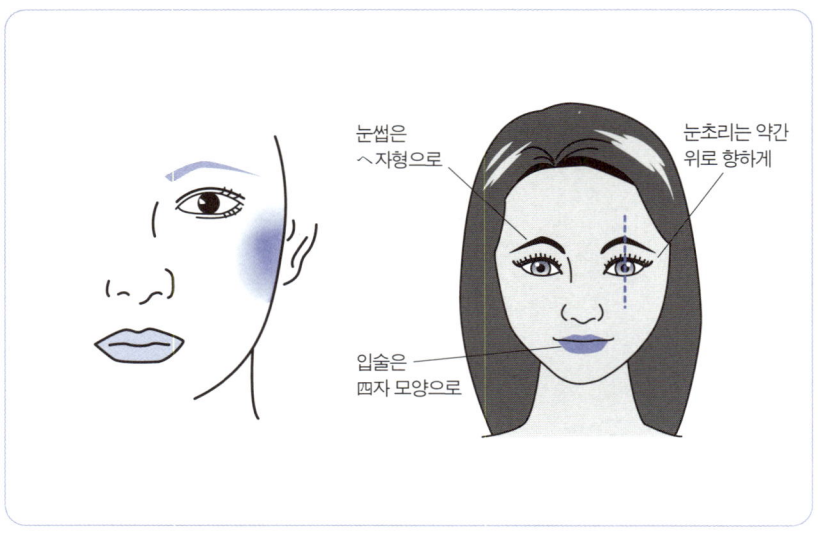

## 2 남편이나 연인의 금운을 높이는 메이크업

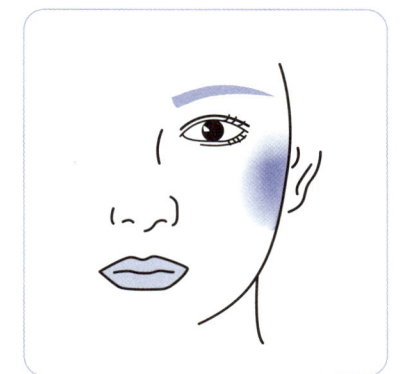

- 눈썹 : 굵게 각이 없는 듯 긴 一자형으로 그린다(자부심이 강하고 경쟁심이 있어 보인다).
- 눈 : 눈초리가 길게 째진 듯 약간 위로 향하게 그린다(사교적이고 자기주장이 약하다).
- 입술 : 상하 동일한 면적으로 윤곽이 정확하고 구각이 위로 향한 앙월구(미소가 많고 인정이 두텁다) 모양으로 그린다.
- 색 : 눈 상부에서부터 눈초리와 귀에서 뺨으로 혈색이 돌게 그린다.

---

### 🔗 금운을 향상시키는 세 가지 포인트

#### ① 이마의 주름

이마의 무늬[紋]란 횡으로 들어간 주름을 말하며, 위에서부터 천문·인문·지문이라고 한다. 각각의 의미는 다음과 같다. 천문(天紋)은 사회와 나라, 인문(人紋)은 자기 자신, 그리고 지문(地紋)은 가족이다. 각각의 길이와 깊이에

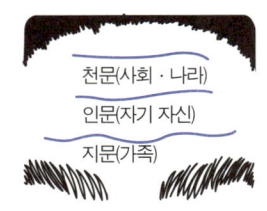

의해 무엇을 가장 중요하게 생각하는지 알 수 있다. 재운에 필요한 상은 2개 이상의 문이 틈 없이 들어가 있는 것, 즉 문이 깊고 길어야 큰 재산을 얻을 수 있다.

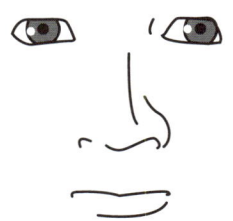

② 코

코는 금운을 보는 포인트로, 코끝이 크고 두께가 좋을수록 금운이 있다. 코가 크면 클수록 많이 숨을 들이마실 수 있다. 건강하고 지구력이 있기 때문에 재산을 만드는 스태미나가 있는 것이다.

③ 복덕궁

눈썹 바로 위의 색깔과 윤기도 포인트다. 이곳을 복덕궁이라 하여 재산을 나타낸다. 재운이 좋은 사람은 반드시 이곳에 윤기가 난다. 상처나 흠이 없어야 한다.

# 직업운을 높이는 메이크업

## 1 커리어 우먼의 이미지를 높이는 메이크업

- 눈썹 : 굵게 미산을 눈초리보다 끌어올리고 각을 이어 약간 아래로 향한 듯 하게 ∧ 모양으로 그린다.
- 눈 : 크고 날카롭게 그린다(강한 신념과 기백을 드러낸다).
- 입술 : 크고 두툼하게 아랫입술이 직선으로 四자 형태가 되도록 그린다(정열적이고 총명하며 자부심이 강하다).
- 색 : 눈 위와 귀에서 뺨에 걸쳐 갈색이 돌게 그린다.

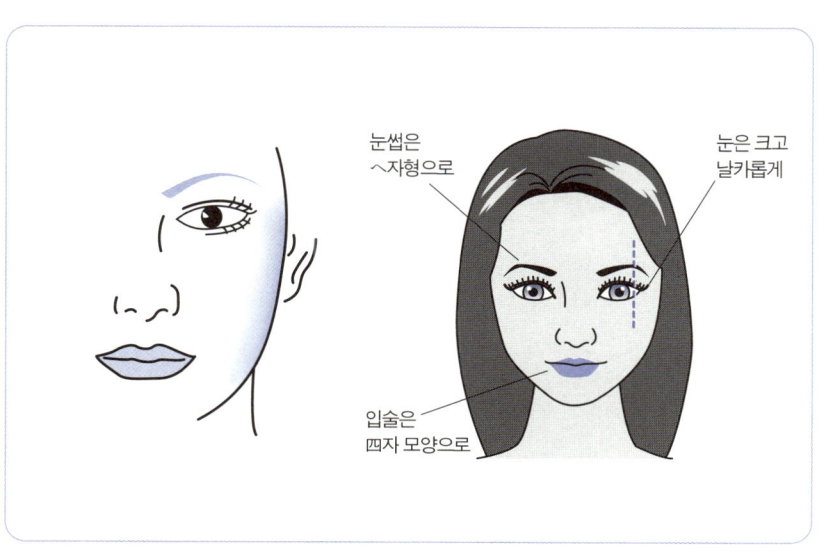

## 2 동료에게 사랑받고 윗사람에게 신뢰를 얻는 메이크업

- **눈썹** : 부드럽게 위로 향하고, 미간으로부터 각이 없이 아래로 약간 내려간 듯한 ∧ 모양으로 그린다(다정다감해 보이고 인내심이 강하다는 인상을 준다).
- **눈** : 눈시울이 아래를 향해 있고 눈초리가 깊으며 약간 아래로 내려간 듯 가늘게 그린다(우정이 두텁고 애정이 많다는 인상을 준다).
- **입술** : 작은 듯 상하 동일하게 그린다(미적 감각이 뛰어나고 자기 주장이 약하다).
- **색** : 눈초리와 귀에서 뺨으로 엷은 혈색이 돌게 그린다.

# 부록
# 경험 비결

경험 비결 / 남성의 빈궁상 / 여성의 빈천상 / 팔대(八大)란 무엇인가? / 팔소(八小)란 무엇인가? / 오장(五長)이란 무엇인가? / 오단(五短)이란 무엇인가? / 오소(五小)란 무엇인가? / 오로(五露)란 무엇인가? / 십대공망(十大空亡)이란 무엇인가? / 십살(十殺)이란 무엇인가? / 십대천라(十大天羅)란 무엇인가? / 육천상(六賤相)이란 무엇인가? / 육악(六惡)이란 무엇인가?

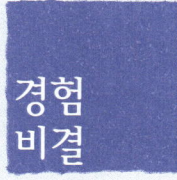

# 경험
# 비결

- 눈썹 뼈가 불거지고 인중에 수염이 없는 사람은 자녀를 많이 꺾일 상이다 (남성의 경우).
- 눈이 크고 광채가 드러난 사람은 형벌로 죽을 상이다.
- 콧대 뼈가 불거진 사람은 가산을 탕진하고 타향에서 죽을 상이다.
- 살진 사람이 얼굴이 붉으면 성질이 급하고 마음이 불량하다.
- 야윈 데다 머리카락이 노란 사람은 욕심이 많고 간사하다.
- 머리는 큰데 목이 가는 사람은 30세 전에 죽을 상이다.
- 목이 둥글고 머리가 작고 비틀어지고 이마가 깎인 사람은 평생 성공하지 못할 상이다.
- 눈동자가 노란 사람은 성질이 조급하다.
- 눈 안이 툭 비어진 사람은 관재(官災)와 형벌을 당할 상이다.
- 눈이 큰 남성은 항상 여자로 인해 구설수에 시달린다.
- 눈썹이 가는 남성은 여성의 재산을 얻을 상이다.
- 남녀 간에 머리카락이 농탁한 사람은 호색할 상이다.
- 남녀 간에 울대뼈가 불거진 사람은 재혼하고 객사할 상이다.
- 눈썹이 희박하고 입이 큰 사람은 언제든지 물에 놀랄 상이다.
- 귀 속에 검은 사마귀가 있거나 눈썹에 사마귀가 있으면 수액(水厄)을 당할 상이다.
- 눈썹에 검은 점이 있는 사람은 여성의 구설을 듣거나 수액이 있다.
- 곱슬머리인 사람은 호색하고 형벌을 당할 상이다.

- 노란 머리를 가진 동양인은 남녀를 불문하고 빈천할 상이다.
- 눈이 깊고 수염이 누런 사람은 살인할 상이니 극히 조심해야 한다.
- 눈썹 중간이 끊어진 사람은 운이 막힘이 많다.
- 인중에 수염이 없는 사람은 남의 일을 해 주나 공이 적다.
- 눈을 깜짝이지 않고 상하 좌우로 빗겨 보는 사람은 도둑질할 상이다.
- 눈썹이 아래로 처지고 귀가 낮게 붙은 사람은 대개 서자(庶子)가 많다.
- 귀의 갓이 없고 이마가 깎이고 뼈가 없는 여성은 첩으로 산다.
- 얼굴이 발딱 젖혀진 여성은 간음하고 재가할 상이다.
- 머리가 숙인 남성은 탐심이 많다.
- 몸은 큰데 손이 작은 사람은 평생 큰 재물을 모으기 어렵다.
- 몸은 작은데 손은 큰 사람은 평생 어리석다. 이런 사람은 두뇌는 좋지 않으나 손재주는 비상하므로 수공업을 하면 성공할 수 있다.
- 피부가 뱀 껍질처럼 생긴 사람은 패가할 상이다.
- 얼굴이 큰 여성은 대개 효행이 부족하다.
- 눈이 둥그런 여성은 시어머니를 해롭게 한다.
- 입이 뾰족하고 얼굴이 깊은 사람은 남의 하인 노릇밖에 못할 상이다.
- 얼굴은 큰데 코가 몹시 작은 사람은 독립심이 부족하다.
- 입이 크고 입술이 붉은 사람은 대개 음식 욕심이 많다.
- 배꼬리가 적고 등이 함(陷)한 사람은 평생 박복할 상이다.
- 허리가 비틀어지고 배꼽이 깊은 사람은 간사하고 음란할 상이다.
- 눈이 붉고 말을 더듬는 사람은 색(色)을 좋아하는 상이다.
- 눈이 짝눈이고 수염이 왼쪽으로 몰린 사람은 처 없이 사는 상이다.
- 오른쪽 어깨가 높은 사람은 빈 주먹으로 큰 부를 이룰 상이다.
- 왼쪽 어깨가 높은 사람은 부모의 유산을 탕진하고 말년에 가난해서 고생할 상이다.
- 꿈에 '군소리'를 하는 사람은 쓸데없는 말을 많이 하는 상이다.

- 아랫입술로 이를 싸는 버릇이 있는 남성은 아내를 두려워한다. 또는 아내가 신병이 있거나 평온치 못하다.
- 입술이 얇고 발발 떨리는 사람은 간사해서 재산을 모으지 못할 상이다.
- 입술이 푸른 사람은 늙어서 병들어 굶어죽을 상이다.
- 땀이 많이 나는 여성은 고생과 수고가 많을 상이고, 땀이 전혀 나지 않는 여성은 무자(無子)할 상이다.
- 땀 냄새가 향기로운 여성은 귀할 상이고, 땀 냄새가 고약한 여성은 천할 상이다.
- 어린아이가 잘 때 이를 갈면 부모에게 해로울 상이고, 입을 벌리고 자면 잔병이 많아 기르기가 어렵다.
- 어린아이의 손등이 소복하지 못하면 키울 때 욕을 볼 것이다.
- 스스로 묻고 스스로 대답하는 사람은 혼미하고 수도 길지 못할 상이다.
- 광대뼈가 나와 있고 뼈가 억센 여성은 독신으로 사는 것이 좋다. 남편과의 인연이 박하다.
- 간문에 십자 문이 있는 남성은 아내를 잘 때리거나 생리사별(生離死別)을 할 상이다.
- 눈 속에 검은 사마귀가 있는 남성은 총명할 상이다.
- 눈썹에 검은 사마귀가 있는 여성은 음란할 상이다.
- 귀가 엷고 검으며 콧대가 낮고 입이 뾰족하고 가슴이 나온 사람은 남의 종이 될 상이다.
- 젊은 사람이 눈에 영채(靈彩)가 없으면 요사한다.
- 늙은 사람이 머리와 목의 살결이 거친 사람은 열에 한 명도 살 수 없다.
- 여성의 입술이 희면 병을 얻고, 푸르면 죽는다.
- 머리가 비틀어진 남성은 큰 성공을 하기가 어렵다.
- 입술이 흰 여성은 무자(無子)하는 수가 많다.
- 눈썹에 긴 털이 난 사람은 장수하긴 하나 위로 향해 있으면 처자에게 해

롭다.
- 수염이 제비꼬리처럼 난 사람은 자식 열에 아홉이 죽는 상이다.
- 늙어서 귀가 희고 입술이 윤택한 사람은 자식이 귀하게 될 상이다..
- 늙어서 성교가 잦은 사람은 장수하고 자식도 귀하게 된다.
- 늙어서 수염이 빠지면 자식에게 해롭고, 머리가 빠지면 고생이 많다.
- 늙어서도 머리가 빠지지 않는 여성은 장수한다.
- 신두에 검은 점이 있으면 아들을 일찍 보고, 흰 사마귀가 있으면 아들을 늦게 본다.
- 코는 높은데 광대뼈가 너무 낮은 사람은 고봉(孤峯)이라 하여 패가망신할 상이다.
- 귓갓이 없으면 장수하고, 아들보다 손자가 영화롭다. 그러나 귀의 상부에 갓이 있으면 이와 반대다.
- 귓갓이 없는 사람은 외가(外家) 쪽에 후사가 없거나 가산을 탕진한다.
- 수염이 목 아래에 난 사람은 대개 외척의 재산을 얻을 상이다.
- 눈썹이 칼끝처럼 생긴 여성은 대개 자궁 수술을 한다.
- 와잠이 이중으로 된 여성은 대개 아버지가 다른 자식을 낳는다.
- 목 아래 뼈가 불거진 사람은 대게 50세 전에 죽는 이가 많거나 외가가 파산한다.
- 승장(承醬)에 수염이 없고 입술이 붉은 남성은 반드시 수액이 있다.
- 검은 사마귀 위에 털이 난 사람은 호걸스런 상이다. 또 자수성가한다.
- 유방 부위에 긴 털이 나 있으면 아들이 높이 된다.
- 유방 부위의 긴 털은 2~3개 정도가 좋다. 너무 많이 나서 우거진 듯하면 오히려 좋지 않다.
- 아랫입술이 윗입술을 싸고 있는 여상은 일생에 구설이 많을 상이요, 윗입술이 아랫입술을 싼 여성은 무자(無子)하기 쉽다.
- 발가락이 짧고 발의 장심[足中央]이 함(陷)하고 발의 뼈가 많은 사람은 빈

천할 상이다.
- 발의 살결이 좋고 두터우며 연한 털이 난 사람은 평생 안락하게 지낼 상이다.
- 발의 빛깔이 붉고 윤택한 사람은 고귀할 상이다.
- 발에서 고린내가 나는 사람은 빈천할 상이다. 발을 자주 씻는 것이 좋다.
- 귓속이 푸르면 좋지 않고, 희면 죽기 쉽다. 귀는 희고, 귓속은 붉어야 좋다.
- 머리카락이 거칠고 뻣뻣한 남성은 평소에 법을 잘 지키지 않을 상이다.
- 여성의 머리카락이 뻣뻣하고 거칠면 남편과 자식에게 해롭다.
- 얼굴이 몸에 비해 지나치게 흰 사람은 중형을 범할 상이다.
- 손가락이 여섯 개 달리면 아버지나 어머니에게 해롭고 평생 영달하기 어렵다.
- 몸은 희나 얼굴이 누런 사람은 초년에는 곤궁해도 중년과 말년에는 행복하다.
- 얼굴은 희나 몸이 누런 사람은 초년에는 좋아도 중년과 만년에는 곤궁하다.
- 손바닥에 잔금이 있는 여성은 반드시 아들을 낳을 상이요, 성기에 무늬가 없는 남성은 반드시 무자할 상이다.
- 손바닥에 공이가 박힌 여성은 평생 신고가 많을 상이다.
- 머리가 둥근 여성은 귀자(貴子)를 낳을 상이다.
- 이마가 깎인 남성은 평생 현달(賢達) 하기 어렵다.
- 손톱이 없는 여성은 평생 고생할 상이다.
- 배꼽 아래에 털이 많이 난 여성은 음란하고 천할 상이다.
- 배꼽이 낮은 사람은 여성은 무자(無子)하기 쉽다.
- 눈썹에 은은한 붉은 빛이 도는 여성은 귀하게 되고 남성은 부자가 된다.
- 허리와 배에 횡선이 있으면 귀하고 종문은 궁상이다.
- 붉은 줄은 대귀(大貴)하고 푸른 줄은 소귀(小貴)한다.
- 몸은 긴데 손이 짧은 사람은 성공하기 어렵다.

- 눈초리의 금이 천창으로 올라간 사람은 자수성가할 상이다.
- 이가 밖으로 난 여성은 형벌을 받을 수 있고, 안으로 향해 있으면 고독할 상이다.
- 얼굴이 검고 몸이 흰 여성은 천하다.
- 얼굴에 반점이 있고 몸이 푸른 사람은 천할 상이다.
- 얼굴이 누런 여성은 색(色)을 좋아한다.
- 입술이 푸르거나 흰 사람은 아들이 없다.
- 야윈 데다 혈색까지 희면 좋지 않고, 살찐 사람이 혈색이 희면 마음이 인자하다.
- 얼굴에 잔털이 없는 사람은 빈궁해지고 타국으로 달아날 상이다.
- 머리가 유하고 입이 바른 사람은 마음씨가 좋다.
- 소년의 피부에 검은 아롱점이 생기면 죽기 쉽다.
- 노인에게 흑반이 생기면 수반이라 하여 장수할 상이다.
- 소아가 허리가 넓으면 장수할 상이다.
- 살이 찌려면 허리부터 찌는 것이 좋다. 가슴이나 얼굴부터 찌면 좋지 않다.
- 사지가 마르기 시작하면 1년 내에 죽기 쉽고, 사지가 윤택하면 2년 내에 부자가 될 징조다.
- 늙은 사람이 흰머리가 검어지면 장수할 상이다. 늙어서 이가 나도 장수한다. 그러나 반드시 자식과 손자에게 해롭고 고독하다.
- 일·월각에 선모가 있거나 이마에 난문이 많은 사람은 사생아다.
- 이마는 큰데 얼굴이 작고 뾰족하거나 이마는 큰데 콧대가 거의 없는 사람은 무슨 일을 해도 이루어지는 것이 없다.
- 이마에 내 천(川)자 같은 문이 있는 사람은 이름을 날릴 상이다.
- 산림에 사마귀 한 개가 있는 사람은 큰 재산을 얻을 상이다.
- 사마귀에 두 개의 긴 털이 난 사람은 귀한 아들을 낳을 상이다.
- 와잠에 보랏빛이 돌면 귀한 아들을 낳고, 검거나 푸른빛이 돌면 처자에게

사망의 우환이 있다.
- 간문에 잡색이 있는 남성은 창부로써 처첩을 삼는다.
- 콧대에 1요(凹)가 있거나 1문(紋)이 있거나 흠이 있으면 반드시 한 번 실패하고, 두 개가 있으면 두 번 실패한다.
- 턱에 서숙알과 같은 백색이 있으면 아랫사람에게 해를 당한다.
- 간문에 백색이 생기면 여성과 술로 인해 몸을 망하고 처에게 해가 있다. 반면 백색과 흑색이 생기면 처를 상하고 자식을 잃는다.
- 발바닥에 곧은 선이 있는 것은 좋으나 횡문(橫紋)이 있으면 좋지 않다.
- 족문은 2~3개가 직선으로 위로 향한 것은 좋으나 교차된 것은 형이 많고 자손도 늦다.
- 손가락이나 발가락이 뱀 대가리나 매 주둥이처럼 생긴 사람은 일생에 간교하여 고독하다. 여성은 반드시 부모에게 해롭다.
- 여성에게 설안니가 나면 남편과 자식에게 해롭다.
- 여성은 오리발은 대개 천상이고, 남성의 오리발은 어리석다.
- 남성의 배꼽이 낮으면 의식이 부족할 상이요, 여성의 배꼽이 낮으면 아들을 생산치 못한다.
- 남녀를 막론하고 재산을 모으려면 혈이 왕성하고 기가 충만해야 한다.
- 기혈이 왕성하면 처자궁이 좋고, 기혈이 부족하면 처자궁이 좋지 않다.
- 남성은 인당과 준두로 평생의 길흉을 판단할 수 있고, 여성은 유방과 배꼽, 음문으로 자녀의 생산 여부와 귀천을 정확히 판단할 수 있다.
- 여성의 음문이 위로 향해 있으면 상급이라 하고, 아래로 향해 있으면 하급이라 한다.
- 배꼽이 깊으면 다산하고, 얕으면 자식을 생산하지 못한다. 배꼽에 털이 산란해도 하급이다.
- 유방은 붉고 검고 커서 위로 향한 것이 상급이고, 희고 작고 아래로 향한 것은 하급이다.

- 산근에 횡문이 한 개 있으면 고향을 떠날 상이요, 두 개 있으면 육친과 이별하고, 세 개가 있으면 빈주먹으로 자수성가할 상이다.
- 밤에 자면서 소리를 지르고 침을 흘리는 버릇이 있는 사람은 노인은 괜찮으나 소년은 좋지 않다. 33세에 죽거나 43세, 55세, 66세에 죽는다.
- 남녀 간에 중년에 머리카락이 빠지는 것은 노년에 고생할 상이요, 머리에 센털이 나도 곤궁할 상이다.
- 남자의 얼굴이 청수한 이가 대머리가 되면 고관이나 회사의 사장이 되고, 탁하게 생긴 얼굴에 대머리는 궁상이다.
- 노인이 잠이 많으면 죽기가 쉽고, 소년이 잠이 많으면 어리석다.
- 홀연 눈이 아래로 숙이고 아래만 보는 사람은 곧 죽는 상이요, 홀연히 조급하게 구는 사람은 중병이 있다.
- 소년에 머리가 희어진 사람은 부모를 잃고 크게 불리할 상이다.
- 콧구멍에는 털이 반드시 나 있어야 한다. 콧구멍을 창고라 하는데, 털이 많이 난 것을 여량(餘糧)이라 하고 두세 가닥 정도가 밖으로 나온 것을 장창이라 한다. 곳간에 양식이 남으면 좋아도 장창이면 좋지 않다.
- 난대정위를 정조라고 하는데, 정조가 얇아서 움직이면 평생에 재산을 모으지 못할 상이다.
- 턱에 한 개의 금이 있으면 주택이 한 채 있고, 두 개가 있으면 두 곳에 전장을 둔다. 그러나 수액이 있을 상이다.
- 잠을 잘 때 갑자기 소리를 지르는 사람은 악한 이에게 횡액(橫厄)으로 죽는다.
- 병든 사람이 엎어져 눕는 것은 생상(生相)이요, 보통 사람이 엎드려 누우면 일찍 죽는다.
- 누워서 콧노래를 부르거나 한숨을 짓는 것은 길조가 아니다. 대개 과부의 습관이다.
- 누워서 이를 갈면 처자궁에 해롭고, 누워서 불을 불듯 숨을 쉬면 소년에 형

벌로 죽는 상이다.
- 노인이 불을 불듯 숨을 쉬면 와석종신하지 못할 상이다.
- 등 뒤에 혹이 생긴 사람은 부(富)하나 그것이 오래가지 못할 상이다.
- 면상에 혹이 생긴 사람은 궁상이 많다. 아랫도리에 혹이 있어도 하천(下賤)할 상이다.
- 손톱이 밖으로 뻗은 사람은 고독하고, 손바닥이 붉고 두터운 사람은 부귀할 상이다.

## 남성의 빈궁상

옛 글에 남성에게는 51종의 고상(孤相)이 있고, 여성에게는 72종의 천상이 있다 했다. 중복된 것이 많아 이것을 추려 보았다. 그러나 빈궁상에 해당한다고 하여 비관할 필요는 없다. 아무리 부귀할 상이라도 한두 가지 결점은 있다.

- 머리가 틀어지고 깎인 사람
- 쉰 목소리를 내는 사람
- 머리카락이 거칠고 농탁한 사람
- 배의 위가 큰 사람
- 눈썹 꼬리가 아래로 숙여진 사람
- 배꼽이 지나치게 아래에 있는 사람
- 귀가 꽃이 핀 것처럼 뒤집힌 사람
- 허리가 틀어진 사람
- 눈빛이 드러난 사람
- 무릎에 힘줄이 드러난 사람
- 콧대가 죽은 사람
- 발바닥이 함(陷)하고 깎인 사람
- 콧대가 불거진 사람
- 손가락이 거칠고 단단한 사람
- 코끝이 뾰족한 사람
- 발뒤꿈치가 깎이고 작은 사람

- 턱이 뾰족한 사람
- 음성이 낮고 작은 사람
- 콧구멍이 보이는 사람
- 엉덩이가 뾰족하고 작은 사람
- 난대정위가 얇은 사람
- 손바닥이 얇은 사람
- 인중 주위에 무늬가 있는 사람
- 손가락이 틀어지고 짧은 사람
- 입이 뾰족한 사람
- 이빨이 드물고 얇은 사람
- 목에 뼈가 맺힌 사람
- 걸을 때 꾸물거리는 사람
- 변지에 잔털이 선 사람
- 눈이 작고 짧은 사람
- 배꼽이 나온 사람
- 개기름이 흐르는 사람
- 등에 고랑이 진 사람
- 기가 섞이고 탁한 사람
- 유방이 희고 작은 사람
- 허벅살이 너덜너덜한 사람
- 뼈가 억센 사람
- 혈색이 침침한 사람
- 수염이 갈라진 사람
- 배꼽이 아래로 향한 사람

이상에 해당하는 사람은 고독하지 않으면 가난하고 궁하다.

## 여성의 빈천상

여성에게는 72종의 천상이 있으나 중복된 것이 많다. 이것을 추려서 남녀 동등한 입장에서 아래와 같이 적어 보기로 한다.

- 머리가 뾰족한 여성은 첩상(妾相)이다.
- 머리카락이 누렇고 탁한 여성은 고독할 상이다.
- 귀가 뒤집힌 여성은 재가할 상이다.
- 눈썹꼬리가 숙여진 여성은 생이별을 한다.
- 눈에 살기가 있는 여성은 상부(喪夫)한다.
- 눈이 누런 여성은 성질이 조급하다.
- 코가 뾰족한 여성은 첩이 될 상이다.
- 입이 뾰족한 여성은 말년에 고독하다.
- 뻐드렁니가 난 여성은 남편과 자식궁에 해롭다.
- 이가 희면서 윤기가 없는 여성은 음란하다.
- 광대뼈가 불거진 여성 중에는 과부가 많다.
- 머리카락이 명문까지 난 여성은 단명한다.
- 목이 짧은 여성은 고생을 많이 한다.
- 등이 크고 골진 여성은 빈상이다.
- 가슴이 앞으로 나와 있는 여성은 상부나 생이별을 한다.
- 유방이 희고 작은 여성은 자식이 적다.
- 음문에서 냄새가 나는 여성은 천하다.

- 음문에 털이 없으면 좋지 않다.
- 음문에 털이 너무 지나치게 많은 여성은 천하다.
- 배꼽이 얕은 여성은 불임인 경우가 있다.
- 허리가 틀어진 여성은 가난하다.
- 다리에 힘줄이 많은 여성은 고생을 많이 한다.
- 살이 지나치게 많이 찐 여성은 대개 불임이거나 신약하다.
- 혈색이 검은 여성은 운에 막힘이 많다.
- 뼈가 억센 여성은 팔자가 세다.
- 소리가 우렁찬 여성도 팔자가 세다.
- 얼굴이 뒤로 젖혀진 여성은 재혼할 상이다.
- 눈에 항상 눈물이 도는 여성은 자식을 잃는다.
- 얼굴에 도화색이 도는 여성은 팔자가 세다.
- 얼굴에 반점과 주근깨가 많은 여성은 자손궁에 걱정이 많다.
- 눈꼬리가 아래로 처진 여성은 생이별을 한다.
- 말하기 전에 먼저 웃는 여성은 음란하다.
- 입을 삐죽거리는 여성은 질투심이 많다.
- 곁눈질하는 여성은 마음이 좋지 못하다.
- 배꼽이 음문에 가깝고 쑥 나온 여성은 불임이다.
- 얼굴은 큰데 코가 작은 여성은 가난하다.
- 여성인데도 남성 같은 여성은 과부나 독신으로 살 가능성이 높다.
- 입술이 희고 엷은 여성은 병약하고 구설이 많다.
- 손가락이 몹시 짧은 여성 중에는 식모가 많다.
- 눈에 흰 창이 많은 여성은 남편을 잃거나 자식을 잃는다.
- 몸에서 악취가 나는 여성은 빈천하다.

## 팔대 八大 란 무엇인가?

- 눈이 크고 광채가 있는 사람
- 코가 크고 연수가 높은 사람
- 입이 크고 양끝이 위로 향한 사람
- 귀가 크고 갓이 분명한 사람
- 머리가 크고 이마가 솟은 사람
- 얼굴이 크고 윤곽이 분명한 사람
- 몸이 크고 상정이 긴 사람
- 소리가 크고 맑은 사람

이상을 팔대(八大)라 하여 부귀할 상이다.

- 눈이 크나 광채가 없는 사람
- 코가 크나 연수가 낮은 사람
- 입은 크나 양끝이 아래로 향한 사람
- 귀는 크나 갓이 없는 사람
- 머리가 크나 이마가 낮은 사람
- 몸은 크나 하정이 긴 사람
- 소리는 크나 탁한 사람

이 또한 팔대이나 파격이라 빈천할 상이다.

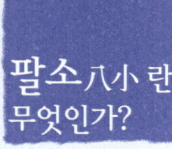

## 팔소八小 란 무엇인가?

- 눈은 작으나 가늘고 긴 사람
- 코는 작으나 연수가 높은 사람
- 입은 작으나 붉고 윤택한 사람
- 귀는 작으나 단단하고 윤택한 사람
- 머리는 작아도 골이 분명한 사람
- 얼굴은 작아도 위의가 있는 사람
- 몸은 작으나 단정한 사람
- 소리가 작으나 맑은 사람

이상은 비록 작아도 격에 들어서 부귀할 상이다.

## 오장五長 이란 무엇인가?

- 머리가 길고
- 얼굴이 길고
- 몸이 길고
- 손이 길고
- 발이 긴 사람을 오장(五長)이라 한다.

얼굴이 풍후(豊厚)하면 부(富)하고 청수하면 귀(貴)하다. 풍후하지만 탁한 사람은 빈천하다.

## 오단五短 이란 무엇인가?

- 머리가 짧고
- 얼굴이 짧고
- 몸이 짧고
- 손이 짧고
- 다리가 짧은 사람을 오단(五短)이라 한다.

다섯 가지가 고루 짧고 골육이 균일하고 인당이 명윤하고 오악이 조공한 사람은 부귀할 상이다.

## 오소五小란 무엇인가?

- 머리가 작고
- 눈이 작고
- 배가 작고
- 귀가 작고
- 입이 작은 사람을 오소(五小)라 한다.

다섯 가지가 비록 작더라도 단정하고 흠이 없는 사람은 귀하게 될 상이다. 만일 한두 가지는 크고 다른 곳은 작으면 빈천할 상이다.

## 오로五露란 무엇인가?

- 눈이 툭 솟고(수명을 재촉한다.)
- 콧구멍이 훤하고(저축이 없어 가난하다.)
- 귀가 뒤집히고(심신이 고생한다.)
- 입술이 걷히고(구설수에 많이 시달린다.)
- 울대뼈가 나온 자(외지에서 객사한다.)

이를 오로(五露)라 하는데, 하나하나 따져 보아도 좋지 않고 미관상으로도 보기 싫은 상이다. 그러나 다섯 가지가 모두 보기 싫게 생기면 오히려 재복이 많다. 팔대·팔소·오장·오소·오로가 모두 격에 맞으면 비록 얼굴이 못생겼어도 부귀하고, 격에 맞지 않으면 얼굴이 훌륭해도 가난하다.

## 십대공망 十大空亡 이란 무엇인가?

- 이마가 뾰족한 것은 천공(天空)이니 부모덕이 없고 관운이 부족하며 초년 고생이 많을 상이다.
- 턱이 뾰족한 것은 지공(地空)이니 말년에 재복과 처자덕이 없고, 육친이 냉담하여 늦게 고생한다.
- 콧구멍이 훤히 보이는 것은 인공(人空)이니 중년에 고생이 많다.
- 산근이 끊어진 것은 사공(四空)이니 형제덕과 처자덕이 적다.
- 인중에 수염이 없는 것이 오공(五空)이니 친구덕이 적고 아내는 있으나 자식이 적다.
- 얼굴이 삐딱해서 관골이 부족하고 귀가 작거나 크더라도 윤곽이 없으면 육공(六空)이니 매사가 용두사미인지라 시작은 있어도 끝을 맺지 못하고, 부모의 유산도 없고 명도 길지 못하다.
- 머리카락이 짧고 곱슬곱슬해서 불로 지진 것 같으면 칠공(七空)이니 성질이 강하고 자녀를 많이 잃으며, 윗사람을 공경하지 못하고 아랫사람과 친하지 못하며 불효자가 많다.
- 누당(淚堂 : 와잠)이 깊고 검으면 팔공(八空)이니 처자궁이 좋지 않고 음덕을 베풀 줄 모른다.
- 눈에 광채가 없으면 구공(九空)이니 단명 요절하기 쉽고 자녀와의 인연이 박해 형제덕이 없다.
- 귀 뒤에는 털이 있으나 눈썹이 없으면 십공(十空)이니 육친의 덕이 없고 형제가 없으며, 독신이 되고 무척 고단하다. 비록 장수하나 늙어서 의지할 곳이 없다.

이상 열 가지 공망(空亡)을 범한 사람은 고독하고 무의무탁(無依無托)한 이가 많다. 한두 가지 범한 것은 액이 가볍다.

## 십살十殺이란 무엇인가?

- 얼굴이 술 취한 것 같은 사람은 일살(一殺)이요.
- 사람이 없을 때 혼잣말하는 사람은 이살(二殺)이요.
- 괜히 침을 뱉는 사람은 삼살(三殺)이요.
- 눈에서 붉은 빛을 쏘는 사람은 사살(四殺)이요.
- 정신이 흐리멍텅한 사람은 오살(五殺)이요.
- 목소리가 깨진 종소리 같은 사람은 육살(六殺)이요.
- 아랫수염은 있고 윗수염은 없는 사람은 칠살(七殺)이요.
- 밥 먹을 때 식은땀을 흘리는 사람은 팔살(八殺)이요.
- 코가 휘어졌거나 구멍이 훤한 사람은 구설(九殺)이요.
- 겨드랑이에서 노랑 내가 나는 사람은 십살(十殺)이다.

이상 십살을 범한 사람은 풍파가 많고 빈천할 것이요, 한두 가지 범한 것은 약간 해가 있으나 극악은 면한다. 이런 사람은 마음을 수양해서 행동을 고치도록 노력하면 어느 정도 좋아질 것이니 비관하지 말고 개량에 노력해야 할 것이다.

## 십대천라 十大天羅란 무엇인가?

- 얼굴 전체에 연기처럼 검은 빛이 도는 것을 사기천라(死氣天羅)라 하여 죽기 쉽다.
- 얼굴 전체에 백분 가루를 흩어 놓은 듯 흰 빛이 도는 것을 상곡천라(喪哭天羅)라 하여 상복(喪服)을 입는다.
- 얼굴에 푸른색이 만연한 것을 우체천라(憂滯天羅)라 하여 걱정이 많다.
- 얼굴에 누런색이 도는 것을 질병천라(疾病天羅)라 하여 병에 걸릴 상이다.
- 얼굴에 개기름이 흐르는 것을 허화천라(虛花天羅)라 하여 모든 일이 될 듯 될 듯 되지 않는다.
- 눈을 곱게 흘기며 눈웃음을 치는 것을 간음천라(姦淫天羅)라 하여 남녀 간에 음란하다.
- 얼굴이 불처럼 시뻘건 것을 관사천라(官司天羅)라 하여 관재(官災)가 많다.
- 얼굴이 술 취한 것 같은 것을 형옥천라(刑獄天羅)라 하여 감옥에 갈 상이다.
- 남성의 소리가 애교가 있고 여성의 태도가 있는 것을 고형천라(孤刑天羅)라 하여 고독하며 처자에게 해롭다.
- 코끝에 아롱점이 있어 먼지처럼 더러운 것을 퇴패천라(退敗天羅)라 하여 모든 일이 실패할 상이다.

## 육천상六賤相 이란 무엇인가?

- 부끄러움을 모르는 사람은 일천(一賤)이요.
- 일을 당해서 웃기만 하는 사람은 이천(二賤)이요.
- 나아가고 물러감에 밝지 못한 사람은 삼천(三賤)이요.
- 남의 단점을 말하기를 좋아하는 사람은 사천(四賤)이요.
- 자기의 장점을 자랑하는 사람은 오천(五賤)이요.
- 사람에게 아부하는 사람을 육천(六賤)이라 한다.

## 육악六惡 이란 무엇인가?

- 사람을 바라볼 때 염소처럼 꼿꼿이 보는 사람은 마음이 선량하지 못하다.
- 입술이 걷혀서 이빨이 드러난 사람은 마음이 온화하지 못하다.
- 울대뼈가 드러난 사람은 처자에게 재앙이 많다.
- 몸은 큰데 머리가 작은 사람은 가난하고 녹이 없다.
- 상정이 짧고 하정이 긴 사람은 분파할 상이다.
- 뱀처럼 꾸물거리거나 참새처럼 팔짝 팔짝 뛰어 가는 사람은 패가할 상이다.

이렇게 생긴 사람은 절대로 큰 성공을 할 수 없다. 늘 식소사번(食小事煩)하고 노다공소(勞多功小)할 상이다.

**편저자 _ 김현남**

경북 상주 출생. 원광대학교 철학박사. 현재 현공풍수컨설팅 대표.
구미1대학, 공주영상정보대학 겸임 교수를 역임했으며, 원광대학교, 광주대학교, 동의대학교, 신라대학교에서 풍수와 관상을 강의했다. 《문화일보(AM7)》에 〈웰빙 풍수 칼럼〉을, 《영남일보》에 〈김현남의 웰빙 칼럼〉을 연재하고 있다.
저서 및 역서로 《일이 술술 풀리는 우리집 생활 풍수》(도서출판 아카데미북), 《반드시 성공하는 우리집 생활 풍수》(도서출판 아카데미북), 《부자가 되는 풍수 인테리어》(도서출판 동도원), 《현관의 방향이 좋아야 집안이 잘된다》(도서출판 동도원) 등을 비롯하여 여러 권이 있다.
e-mail : buddha3@hanmail.net

얼굴을 읽는다! 마음을 읽는다!
# 관상

**지은이** 김현남
**펴낸이** 양동현
**펴낸곳** 도서출판 나들목
　　　　출판등록 제6-483호
　　　　주소 02832, 서울 성북구 동소문로13가길 27
　　　　전화 02) 927-2345 팩스 02) 927-3199

**초판 1쇄 인쇄** 2008년 1월 5일
**초판 8쇄 발행** 2021년 9월 10일

ISBNN 978-89-90517-60-9 / 13590

※ 이 책은 신저작권법에 의해 보호를 받는 서적이므로 무단전재나 복제를 금합니다.
※ 지은이와의 협의에 의해 인지는 붙이지 않습니다.

www.iacademybook.com